ADOLF HELLER / 200 BIBLISCHE SYMBOLE

ADOLF HELLER

200 BIBLISCHE SYMBOLE

ANHAND VON ETWA 3000 BIBELSTELLEN ERLÄUTERT

Paulus-Paperback Band 19

Paulus-Verlag Karl Geyer KG

ISBN 3-87618-074-0

Umschlagzeichnung; Hugo Bernhardt, Stuttgart
Herstellung: St.-Johannis-Druckerei, Lahr
7. Auflage 2001

VORWORT

Die Heilige Schrift hat eine unvergängliche Lebenskraft. Dieses Buch rührt an die Herzen aller Völker. Es wirkt über die Jahrhunderte und Jahrtausende hinweg mit unveränderlicher Frische. Woher besitzt die Bibel dieses erstaunliche Vermögen?

Die erste Antwort, die darauf gegeben werden muß, kann immer nur lauten: in diesem Buch der Bücher hat der lebendige Gott selbst gesprochen, und er bekennt sich mit der Kraft seines Geistes bis auf den heutigen Tag immer aufs neue zu dem Zeugnis derer, die er sich einst als Werkzeuge seiner Wahrheit und seines Willens berufen hat. Die Bibel gleicht einer Starkstromanlage, die der lebendige Gott in dieser Welt gelegt hat. Wer mit einem armen und hungrigen Herzen nach Licht und Kraft verlangt, dem bleibt die Heilige Schrift nicht tot, dem leuchtet sie auf in herrlicher Klarheit.

Die unvergängliche Lebenskraft der Heiligen Schrift erklärt sich nicht nur aus ihrem einzigartigen göttlichen Inhalt. Das Geheimnis der Bibel, ihre Machtwirkung, ihre Anziehungskraft auf die höchsten und größten Geister der Menschheit beruht auch auf dem Wunder ihrer S p r a c h e. Die göttliche Botschaft hat sich hier eine Form geschaffen und gegeben, die dem erhabenen Zeugnisgehalt wahrhaftig ebenbürtig ist.

Unser modernes Reden ist abstrakt geworden. Das bildlose, anschauungslose, begriffliche Reden aber wirkt dünn und kraftlos. Es ermüdet den Leser und den Hörer viel rascher, und vor allem, es bleibt nicht haften in den Tiefen der Seele, es erreicht nur die oberste Schicht unseres Wesens im rationalen Bewußtsein. Die Sprache der Bibel redet in kräftigen, farbigen und satten Bildern. Diese Sprache lebt von heiligen Symbolen und Zeichen, deren Sinngehalt recht verstanden sein will, wenn wir einen vollen Zugang zum biblischen Zeugnis finden sollen. Wegen dieser bildgesättigten Fülle dringt das biblische Wort ganz anders in die Tiefen des menschlichen Herzens ein und kann dort Wurzeln schlagen.

Das vorliegende Buch möchte uns auf die Bedeutung der biblischen Symbole neu aufmerksam machen. Es zeigt uns auf Grund einer langanhaltenden Beschäftigung mit den Texten des Alten und Neuen Testaments, wie reich und mannigfaltig die Bildersprache der Heiligen Schrift in Wahrheit ist. Unser modernes Reden, das gerade auch in Predigt und Wortverkündigung oft bedenklich »von des Gedankens Blässe angekränkelt« ist, könnte von der Beschäftigung mit diesem Buch darum viel lernen. In Einzelheiten der Ausdeutung mag der Leser da und dort anderer Meinung sein. Möge sich deswegen niemand die Freude nehmen lassen, durch dieses besinnliche Werk neue Zugänge zum Verständnis der Heiligen Schrift erschlossen zu bekommen.

Professor D. Dr. A. Köberle

INHALTSÜBERSICHT[1]

[1] *Die Bibelstellen sind meist nach der Elberfelder Übersetzung angeführt*

AAS = GOTTESFERNE, VERWESUNG, GEISTLICHER TOD

Der Israelit durfte ein Aas weder berühren (3. Mose 5, 2; 11, 24. 25; 5. Mose 14, 8) noch davon essen (3. Mose 17, 15; 22, 8; 5. Mose 14, 21; Hes. 44, 31). Denn Aas ist ein Bild des Todes und der Gottesferne. Verwesung aber hat zu dem, der im Vollsinn das Leben ist, keinerlei Beziehung. Darum bezeugt der Prophet von sich, er habe sich nie verunreinigt und weder Aas noch Zerrissenes gegessen (Hes. 4, 14).

Dem Pharao von Ägypten läßt Gott androhen, daß er sein und seiner Untertanen Fleisch auf die Berge bringen und die Täler mit seinem Aas füllen werde (Hes. 32, 5). Damit will er sagen, daß er Pharao, der, bildlich gesprochen, ein Drache oder Meerungeheuer war (Hes. 32, 2), der Gottesferne und dem Verderben preisgibt.

Eine eigenartige Geschichte von dem Aas (oder Gerippe) eines Löwen lesen wir in Richter 14. Dort findet Simson in dem toten Löwen einen Bienenschwarm und Honig. Darum gibt er später das Rätsel auf: »Aus dem Fresser kam Fraß, und aus dem Grausamen kam Süßigkeit.« Diese Begebenheit schattet die köstliche Wahrheit ab, daß Gott aus dem Tode und der Verwesung Leben und Freude zu erwecken vermag und Fluch und Verderben zum Mutterschoß unerwarteter Segnungen bereiten kann.

In Matth. 24, 28 und Luk. 17, 36 wird das in Sünden stinkende Israel mit einem Aas verglichen. Doch wird das nicht der Endzustand des entgleisten, beiseitegestellten Volkes sein. Zur gegebenen Zeit und Stunde kommt nach äonischem Vorsatz auch aus diesem Aas, aus diesem Totengerippe (Hes. 37, 1—14) neues Leben und statt Fluch und Gestank beseligende Freude und Süßigkeit.

ACKER = WELT, GEGENWÄRTIGES WELTSYSTEM

Der unter Fluch stehende Acker ist nach den Worten des Herrn ein Bild der gegenwärtigen Weltzeit. Klarer und unzweideutiger kann keine Symboldeutung sein, als wenn Jesus in Matth. 13, 38 sagt: »Der Acker ist die Welt (der Kosmos).«

Wie auf einem Acker gute Früchte und Unkraut nebeneinander wachsen, so ist das auch in dieser Weltzeit der Fall. Und wie der Mensch nur unter fortwährender, ununterbrochener Pflege dem Boden gute Früchte abzuringen vermag und das von selbst wachsende Unkraut das Wertvolle immer wieder zu überwuchern und zu ersticken sucht, so ist das auch im Geistig-Geistlichen.

Nur unter Mühe, Arbeit und Schweiß wird bleibende Frucht geschaffen. Darum vergleicht sich der Apostel Paulus mit einem Ackersmann (2. Tim. 2, 6) und die Korinther mit Gottes Ackerwerk (1. Kor. 3, 9).

In Jes. 28, 23—29 wird Gott »wunderbar in seinem Rat und groß an Verstand« genannt, weil er dem Menschen so wertvolle, von tiefer symbolischer Bedeutung erfüllte Ratschläge erteilt, wie er den Acker auf verschiedene Weise bebauen und abernten soll, um vollwertige Frucht zu erzielen.

Pflügen und Ziehen von Furchen werden als Bild für die Schmerzen und Leiden gebraucht, die der Herr nach Ps. 129, 3 erduldete.

Der Umbruch des Pflügens ist auch ein Bild für Buße und Neuanfang, wie wir aus Jer. 4, 3, Hosea 10, 12 und anderen Schriftzusammenhängen ersehen.

Einst wird die Zeit kommen, da der Acker der Welt nicht mehr Dornen und Disteln tragen muß, sondern köstliche Früchte hervorbringen wird. Lesen wir aus der Fülle herrlicher Verheißungen nur eine: »Siehe, Tage kommen, spricht der Herr, da der Pflüger an den Schnitter und der Traubentreter an den Säemann reichen wird; und die Berge werden träufeln von Most« (Amos 9, 13).

ADLER = HÖHE, GESCHWINDIGKEIT, FÜRSORGE, TILGER DES BÖSEN

Der König unter den Vögeln wird in der Schrift wegen seines hohen und raschen Fluges gerühmt (Spr. 23, 5; Klagelieder 4, 19; Hiob 9, 26). Auch wird der Adler als Symbol der Kraft und Erneuerung genannt (Jes. 40, 31; Ps. 103, 5).

Es ist daher begreiflich, daß die Alten das Johannesevangelium durch den Adler symbolisierten, während das Matthäusevangelium durch einen Löwen, die Botschaft nach Markus durch einen Stier und die Lukasdarstellung durch einen Menschen oder Cherub versinnbildlicht wurden.

Der Adler, dessen Weg am Himmel ist (Spr. 30, 19), erhebt sich hoch über alle andern Tiere.

So zeigt uns auch Johannes in seinem Evangelium Jesum nicht als König Israels wie Matthäus, nicht als Knecht und Diener wie Markus und auch nicht als Menschensohn wie Lukas. Johannes stellt den Herrn vielmehr als Gottessohn dar, der hier nicht wie in den anderen Berichten einen Stammbaum braucht, da er nicht nur bei Gott, sondern Gott selbst war (Joh. 1, 1).

Der Adler ist auch ein Bild für rasch herbeieilende Nationen, die Gottes Strafgericht ausüben. Statt vieler Stellen wollen wir nur 5. Mose 28, 49 und Jer. 48, 40 nachlesen.

Auch Gottes Fürsorge wird durch den Adler abgeschattet. So lesen wir in 5. Mose 32, 11: »Wie der Adler sein Nest aufstört, über seinen Jungen schwebt, seine Flügel ausbreitet, so nahm er ihn (Jakob) auf und trug ihn auf seinen Fittichen.« Und in 2. Mose 19, 4 steht geschrieben: »Ihr habt gesehen, was ich an den Ägyptern getan habe, wie ich euch getragen auf Adlers Flügeln und euch zu mir gebracht habe.«

Adler werden auch als Tilger und Beseitiger des Bösen und Faulen genannt. Lies Hiob 39, 30; Spr. 30, 17; Jes. 46, 11; Hos. 8, 1; Matth. 24, 28 und Luk. 17, 36!

Wie die meisten Symbole hat auch der Adler Doppelbedeutung. Einmal ist er ein Bild für Gott und Christus, zum andern aber gilt er als unrein und durfte nicht gegessen werden (3. Mose 11, 13; 5. Mose 14, 12). Er ist deshalb auch ein Vorbild auf den Feind und seine Helfershelfer (Hab. 1, 8).

Es sei hier nur an die geheimnisvolle und eigenartige Geschichte von 1. Mose 15 erinnert, die wir in Verbindung mit Jer. 34, 18 sehr wohl verstehen können. Nach altem hebräischem Brauch wurde ein Bündnis durch ein Opfer besiegelt. Das Hindurchgehen zwischen den zerteilten Opferstücken sollte zur Darstellung bringen, daß mit dem, der den Bund bricht, ebenso verfahren wird wie mit den Opfertieren: er wird hingerichtet, entzweigeschnitten. In 1. Mose 15 suchten nun Raubvögel (satanische Mächte) das den Bund zwischen Gott und Abraham besiegelnde Opfer unmöglich zu machen. Deshalb stürzten sie sich auf die Äser, um sie zu fressen. Dabei erreichten sie aber das gerade Gegenteil. Durch die andauernde Abwehrarbeit, die im Verscheuchen der Adler bestand, wurde Abraham müde und schlief ein. Da er nun nicht durch die zerteilten Opferstücke gegangen war, konnte der Vertrag für ihn auch nicht bindend sein. Jedoch konnte der Bund von seiten Gottes, auch für den Fall, daß Abraham ihn brechen sollte, nie für ungültig erklärt werden. Denn der 17. Vers bezeugt es ganz klar, daß Gott als »rauchender Ofen und Feuerflamme« zwischen jenen Stücken hindurchgefahren war und somit sich verpflichtet hatte, seine Verheißung zu erfüllen.

Hier enthüllt sich uns wieder die herrliche Wahrheit, daß Gott auch aus der Bosheit des Feindes Gutes hervorkommen läßt.

ÄGYPTEN = UNTERDRÜCKUNG, KNECHTSCHAFT

Ägypten bedeutet soviel wie Einschließung oder Drangsalstätte. Es ist ein Symbol der Unterdrückung und Knechtung. Daher ist es auch kein Zufall, daß wir immer nur lesen »hinab nach Ägypten«, obwohl es höher und südlicher liegt als Kanaan. Dieses unscheinbare Wörtlein »hinab« hat eben geistliche Bedeutung.

Wer aufmerksam die Lebensgeschichte Abrahams, des Vaters des Glaubens, liest, erkennt die verhängnisvolle Bedeutung Ägyptens für seine Abirrungen vom Glaubensweg.

Ägypten knechtete und plagte das erwählte Volk (2. Mose 1, 14) und wird darum als »Haus der Knechtschaft« (2. Mose 20, 2) und als »eiserner Schmelzofen« (5. Mose 4, 20) bezeichnet.

Der Ägypter, den Moses erschlug, versinnbildlicht den alten Menschen; Moses dagegen ist der Typ des Gesetzes.

Wieviel tiefe Wahrheiten enthüllen sich hier dem geistlichen Verständnis.

Der Realparallelismus von Hosea 11, 1 mit Matth. 2, 15 (bitte diese beiden Stellen nachlesen!) zeigt uns, wie die Geschichte Israels auch da, wo es nicht ausdrücklich vermerkt ist, Vorbild auf Christus ist und erst in ihm ungeachtet aller Vor- und Teilerfüllungen ihre wahre Erfüllung findet und ihre Vollerfüllung finden wird.

Das abtrünnige, gottfeindliche Jerusalem wird in Offb. 11, 8 geistlicherweise Ägypten genannt.

Aus alledem erkennen wir, daß Ägypten feindlich gegen Gott eingestellt ist und dessen Volk unterdrückt. Darum können wir auch die schweren Gerichte über Ägypten, von denen die Schrift redet, wohl begreifen.

Wie wunderbar und gewaltig erstrahlt aber in diesem Licht Jes. 19, 21—25, wo wir lesen: »Der Herr wird sich den Ägyptern kundgeben, und die Ägypter werden den Herrn erkennen an jenem Tage; und sie werden dienen mit Schlachtopfern und Speisopfern und werden dem Herrn Gelübde tun und bezahlen. Und der Herr wird die Ägypter schlagen, schlagend und heilend; und sie werden sich bis zu dem Herrn wenden, und er wird sich von ihnen erbitten lassen und sie heilen. An jenem Tage wird eine Straße sein von Ägypten nach Assyrien; und die Assyrer werden nach Ägypten und die Ägypter nach Assyrien kommen, und die Ägypter werden mit den Assyrern Gott dienen. An jenem Tag wird Israel das dritte sein mit Ägypten und Assyrien, ein Segen inmitten der Erde; denn der Herr der Heerscharen segnet es und spricht: Gesegnet sei mein Volk Ägypten, und Assyrien, meiner Hände Werk, und Israel, mein Erbteil!« (Vgl. Jes. 1, 27!).

Das gottfeindliche Ägypten, das Land der Unterdrückung und Knechtung, wird durch Gericht gerettet (»schlagend und heilend!«) und wird samt Assyrien und Israel ein Segensquell inmitten der Erde.

Wie seltsam sind doch Gottes Wege und wie anbetungswürdig und erhaben seine Ziele!

ÄHRE = FRUCHTBARKEIT

Die sieben dürren Jahre Ägyptens werden durch sieben magere Ähren und die sieben fruchtbaren Jahre durch sieben fette Ähren gekennzeichnet (1. Mose 41, 5—27). Wir sehen also in der Ähre ein Symbol der Fruchtbarkeit.

Auf dem Felde des Boas, dieses wundervollen Vorbildes auf Christus, durfte Ruth, der Typ auf den Überrest Israels, Ähren lesen. Wenn wir in Ruth 4 die Verhandlungen im Tore Bethlehems zwischen dem Mann ohne Namen, dem Vorbild auf das Gesetz und die Engel, und Boas verfolgen, so finden wir ein Doppeltes:

Einmal erweist es sich, daß der Mann ohne Namen den Vorrang hat, aber seine Pflicht, Leben zu erwecken und Nachkommen zu zeugen, nicht erfüllen kann.

Zum andern sehen wir, daß Boas dem Löser ohne Namen deshalb den Vortritt läßt, weil er (Boas) seiner Sache völlig gewiß ist. Er nimmt Ruth zum Weib, wird ihr Goël oder Löser und macht sie zu einer Stammutter Christi.

Welche gewaltigen Gottgedanken sind hier dem Glauben aufgezeigt!

In Mark. 4, 28 lesen wir: »Die Erde bringt von selbst Frucht hervor, zuerst Gras, dann eine Ähre, dann vollen Weizen in der Ähre.« Wir finden hier in einem ganz einfachen Naturvorgang ein Geistesgesetz geoffenbart:

Zuerst kommt das Gras, das Menschlich-Natürliche, dann die Ähre, dann der volle Weizen, die eigentliche Frucht.

Das entspricht dem, was der Apostel in 1. Kor. 15, 46 schreibt: »Das Geistige war nicht zuerst, sondern das Natürliche (Seelische, Psychische) danach das Geistige.« Zuerst also entsteht das Seelisch-Natürliche und dann erst das Geistig-Geistliche.

Im Leben des Geistes läßt sich nichts erzwingen und lassen sich keine Stufen des Wachstums und Werdens überspringen:

Gras — Ähre — voller Weizen; Vorhof — Heiligtum — Allerheiligstes; Kindlein — Jüngling — Vater in Christo; guter — wohlgefälliger — vollkommener Gotteswille; Ratschluß — Vorsatz — Wohlgefallen; Schöpfung — Erlösung — Vollendung.

Wo wir auch hinschauen, welchen Zusammenhängen wir auch nachgehen, — überall erkennen wir diese Geistesgesetze gottgemäßer Entwicklung und Fruchtbarkeit.

ALTAR = ANBETUNG

Der Altar ist das Sinnbild der Anbetung. Denn alle Altäre haben es mit der Verehrung Gottes oder der Götzen zu tun. Sie sind mehr oder weniger verzerrte Abbilder des Altars, den der heilige Seher im Himmel schaut (Offbg. 6, 9).

Da die Dinge in den Himmeln nach viel gewaltigeren Maßstäben, nämlich nach Gottesmaßen gebildet sind, können wir durchaus begreifen, daß unter dem Altar die Seelen aller Märtyrer der Drangsalszeit Raum haben. Deshalb dürfen wir glauben, daß diese Seelen wirklich unter dem Altar beisammen sind bzw. sein werden, reden und Antwort erhalten.

Unter den mancherlei Altären auf Erden gibt es solche, die nach Gottes Willen sind und an denen er Wohlgefallen hat, aber auch andere, die den Götzen geweiht sind und darum Schandaltäre genannt werden. Denn der Götzendienst war meist mit abscheulichen Fleischessünden verknüpft.

Nach 2. Mose 34, 13; Richter 2, 2; 5. Mose 12, 3 u. a. St. sollten diese Götzenaltäre niedergerissen werden. Das taten auch Gideon (Richter 6, 28), Asa (2. Chr. 14, 3), Jehiskia (2. Chron. 32, 12), Josia (2. Chron. 34, 4) u. a. im Gehorsam des Glaubens. Dieses Niederreissen der Schandaltäre der Nationen war aber keine religiöse Leistung, die auf Anerkennung und Lohn hoffte, sondern vielmehr ein Ausfluß der Gotteserkenntnis und eine selbstverständliche Folge des für Gott Abgesondertseins.

Lesen wir nur 5. Mose 7, 5—8, wo geschrieben steht: »Ihre (der sieben gottlosen, auszurottenden Nationen) Altäre sollt ihr niederreißen, ihre Bildsäulen zerbrechen, ihre Ascherim umhauen und ihre geschnitzten Bilder mit Feuer verbrennen. Denn ein heiliges Volk bist du dem Herrn, deinem Gott. Dich hat der Herr, dein Gott, erwählt, ihm zum Eigentumsvolke zu sein aus allen Völkern, die auf dem Erdboden sind. Nicht weil euer mehr (oder: würdiger) wären als alle Völker, hat der Herr sich euch zugeneigt und euch erwählt, denn ihr seid das geringste unter allen Völkern; sondern wegen des Herrn Liebe zu euch und weil er den Eid hielt, den er euern Vätern geschworen, hat der Herr euch mit starker Hand herausgeführt und dich erlöst aus dem Hause der Knechtschaft.«

Von großer Bedeutung ist das einleitende, begründende Wörtlein »denn« im sechsten Vers. Nicht »damit« Israel ein heiliges Volk werde, soll es die Altäre der Götzen niederreißen, sondern weil es das Volk der Wahl ist. Diese Auswahl aber erfolgte nicht etwa deshalb, weil Israel das höchststehende und wertvollste aller Völker wäre. Das gerade Gegenteil trifft zu!

Israel ist das wertloseste und geringste unter allen Nationen, wie uns hier und an vielen anderen Stellen der Schrift gesagt wird.

Diese Grundlinien sind von tiefer Bedeutung zum Verständnis der Wahrheit der Erwählung, und zwar sowohl der irdischen Erwählung Israels als auch der himmlischen Erwählung der Gemeinde des Leibes des Christus.

Wir wollen im folgenden von den Altären, von denen uns die Schrift berichtet, zwei näher betrachten, und zwar den Brandopferaltar im Vorhof und den Rauchaltar im Heiligtum der Stiftshütte.

Der Brandopferaltar war mit Erz überzogen und maß fünf Ellen im Quadrat. Erz ist ein Bild des Gerichtes, und fünf ist die Zahl der Erlösung. Durch Gericht zur Erlösung! Das predigt uns der eherne Brandopferaltar, der auch eine Zufluchtsstätte für Übeltäter bildete (1. Kön. 2, 28). Es kann unmöglich hier näher ausgeführt werden, daß der Brandopferaltar das erste Gerät ist, das wir geistlicherweise antreffen, wenn wir zum Glauben kommen, — daß er ein Vorbild Israels und Christi ist, — warum er im Vorhof stand, — welches die verschiedenen Opfer und ihre geistliche Bedeutung waren u. s w. Der aufmerksame Bibelleser wird in Betrachtung des ehernen Altars eine Fülle von Belehrung, Ermahnung und Ermunterung finden.

Der Rauchaltar war nicht mit Erz, sondern mit Gold überzogen und stand nicht im Vorhof, sondern im Heiligtum (lies 2. Mose 30, 1—10!). Er hatte es nicht wie der eherne Altar mit Sünde, sondern mit Lob und Dank und Fürbitte zu tun und schattet nicht das am Kreuz leidende Lamm, sondern den für die Seinen fürbittenden Hohepriester ab.

Gott gebe, daß der Altar der Anbetung in deinem und meinem Leben nie fehlen möge!

ANGESICHT = HINWENDUNG, GEGENWART

In 5. Mose 4, 37 wird uns gesagt, daß Gott mit seinem Angesicht und seiner großen Kraft Israel aus Ägypten herausgeführt hat. Seine Liebe und seine Erwählung werden als Grund dieses Heilserweises angegeben. Die Ursache göttlicher Gnadentat aber ist nicht in irgend einer Leistung des Geschöpfes, sondern allein in dem Schöpfer begründet.

Wer aber ist das Angesicht Gottes? Es ist Christus in seinem heiligen Lenken und Leiten und seiner sündenaufdeckenden Gegenwart. Darum lesen wir in 2. Mose 23, 20. 21: »Siehe, ich sende einen Engel vor dir her, um dich auf dem Wege zu bewahren und an den Ort zu bringen, den ich bereitet habe. Hüte dich vor ihm und höre auf seine Stimme und sei nicht widerspenstig gegen ihn; denn er wird euere Übertretung nicht vergeben, denn mein Name ist in ihm.«

Wo immer wir dem leuchtenden Angesicht Gottes begegnen, finden wir zunächst Lichts- und Gerichtsoffenbarung.

Die in Schuldbewußtsein verstrickten ersten Menschen versteckten sich vor dem Angesicht Gottes (1. Mose 3, 8), und von Kain lesen wir, daß er vom Angesicht Gottes hinwegging (1. Mose 4, 14. 16).

Nur über wem das Angesicht Gottes leuchtet, d. h. wer sich vom Licht Gottes durchrichten läßt, kann Errettung erfahren (Ps. 80, 3. 19).

Der natürliche Mensch aber flieht vor dem Angesicht Gottes (Ps. 139, 7), denn »das Angesicht des Herrn ist wider die gerichtet, die Böses tun« (1. Petr. 3, 12). Darum beten in Offb. 6, 16 die Gottlosen zu den Felsen und Bergen um Bedeckung vor dem Angesicht dessen, der auf dem Thron sitzt und vor dem Zorn des Lammes. Und in Offenbarung 20, 11 wird gesagt, daß Himmel und Erde vor dem Angesicht Gottes, des Richters, entfliehen (Vgl. Jer. 21, 10; 44, 11 u. a. St.).

Diese sündenaufdeckende Heiligkeitsoffenbarung Gottes ist aber nur Stufe, nur Durchgang, nur Weg. Allerdings ist diese Wirkung des Angesichtes Gottes, dieses Gerichtetwerden und Sichselbstrichten für alle Geschöpfe unerläßlich. Doch ist sie nicht das letzte, nicht die ureigentliche, wesenhafte Art der Gottesoffenbarung und Gottesgegenwart. Deshalb lesen wir vom Angesicht Gottes und Christi für solche, die in seinem Lichte durch Zerbruch und Selbstgericht gegangen sind, gar tröstliche und herrliche Dinge.

Nachdem der Herr, der sein Angesicht nicht vor Schmach und Speichel verbarg (Jes. 50, 6; Matth. 26, 67), das Erlösungswerk vollendet und durch seine glorreiche Auferstehung die Vollgültigkeit seines Kreuzestodes beglaubigt und besiegelt hatte, fuhr er über alle Himmel (Eph. 4, 10), um jetzt vor dem Angesicht Gottes für die Seinen zu erscheinen (Hebr. 9, 24).

Den Frommen ist das Angesicht des Herrn nicht Gegenstand der Furcht, die sie in die Flucht und ins Versteck treibt, sondern vielmehr Hilfe, Heil und Herrlichkeit (Ps. 13, 1). Darum betet David in Psalm 51, 11: »Verwirf mich nicht von deinem Angesicht!« Er frohlockt in Ps. 140, 13: »Die Aufrichtigen werden vor deinem Angesicht wohnen« und jauchzt in Psalm 16, 11: »Fülle von Freuden ist verbunden mit deinem Angesicht.«

So verstehen wir auch die Klage des Propheten, wenn er sagt: »Du hast dein Angesicht vor uns verborgen und uns vergehen lassen durch unsere Missetaten« (Jes. 64, 7), und Gott bezeugt von sich selbst: »Im Zorneserguß habe ich einen Augenblick mein

Angesicht vor dir verborgen, aber mit ewiger Güte werde ich mich deiner erbarmen« (Jes. 54, 8).

Ziel und Erfüllung aller Sehnsucht und Hoffnung aber ist in den kurzen Worten von 1. Kor. 13, 12 ausgedrückt, wo Paulus schreibt: »Jetzt sehen wir durch einen Spiegel, undeutlich, dann aber von Angesicht zu Angesicht.«

Möchten wir solche sein und immer mehr werden, in deren Herzen »der Lichtglanz der Erkenntnis der Herrlichkeit Gottes im Angesicht Christi« leuchtet (2. Kor. 4, 6)!

ANKER = HOFFNUNG

Vom Anker lesen wir nur in Apg. 27 und Hebr. 6, und nur an letzterer Stelle kommt dieses Wort in übertragener, geistiger Bedeutung vor.

Der Anker ist ein treffendes Bild der Hoffnung und wird auch in der Symbolik des Volksmundes in dieser Bedeutung gebraucht. Hebr. 6, 18b. 19 lautet: »Wir haben Zuflucht genommen zum Ergreifen der vor uns liegenden Hoffnung, welche wir als einen sicheren und festen Anker der Seele haben, der auch in das Innere des Vorhangs hineingeht ...«

Der Anker hält bei Sturm und Wellenschlag das leicht bewegliche Schiff fest, daß es nicht abgetrieben wird und an Untiefen zerschellt.

So wird auch das Schifflein unseres Glaubens (siehe »Schiff«) durch die Hoffnung gehalten. Mögen Sünden und Sorgen mit heftigem Wellenschlag uns von Gott abbewegen wollen, mag das wütende, wallende Völkermeer (siehe »See«) uns Furcht und Grauen einflößen (Ps. 46, 3. 6; Jes. 17, 12. 13), — der Anker der Hoffnung hält uns fest.

Der Anker wäre aber völlig zwecklos, wenn er im Schiff bliebe und nicht in festen Ankergrund gesenkt würde. So ist auch eine Hoffnung, die den eigenen Glauben zum Gegenstand hat, Torheit. Nicht unser Glaube, sondern Christus ist der Grund, drauf wir uns gründen, in den wir den Anker unserer Hoffnung senken. Nur wer in Christo gewurzelt, befestigt und verankert ist, kann in allen Stürmen und Erschütterungen äußerer und innerer Art fest und unbeweglich bleiben zum Preis der Gnade Gottes.

ARM = MACHT, SCHUTZ, STÄRKE

Christus ist der Arm Gottes. Als solcher stellt er dessen Macht und Stärke dar. Darum sagt Maria in ihrem Lobgesang: »Er (Gott) hat Macht geübt mit seinem Arm; er hat zerstreut, die in der Gesinnung ihrer Herzen hochmütig sind« (Luk. 1, 51).

Daß der Arm Gottes ein Sinnbild seiner Machtentfaltung ist, ersehen wir auch aus 2. Mose 6, 6, wo Gott den Kindern Israel durch Moses sagen läßt: »Ich bin der Herr, und ich werde euch herausführen unter den Lastarbeiten der Ägypter hinweg und werde euch erretten aus ihrem Dienste und euch erlösen mit ausgestrecktem Arm und durch große Gerichte.«

Wenn das Volk an seine wunderbare Errettung erinnert wird, wird auch meist der machtvolle Arm Gottes genannt (5. Mose 5, 15; 7, 19; 9, 29; 26, 8; 2. Kön. 17, 36; Ps. 136, 11. 12; Apg. 13, 17).

Der ausgestreckte Arm Gottes bedeutet Schutz und Errettung für die Seinen, aber Furcht und Schrecken für deren Feinde. Vergleichen wir nur Jes. 33, 2 mit 2. Mose 15, 16; Jes. 30, 30; Jer. 21, 5; Hes. 20, 33. Oder lesen wir Ps. 89, 10: »Mit deinem starken Arme hast du deine Feinde zerstreut.«

In Jes. 53, 1 klagt der Prophet, daß der Arm Gottes (Christus) so wenigen enthüllt ist und seine Messiasbotschaft deshalb keinen Glauben findet. Daß mit dem Arm des Herrn wirklich Christus gemeint war, erhellt unzweideutig aus Joh. 12, 37. 38, wo bezeugt wird: »Wiewohl er (Jesus) aber so viele Zeichen vor ihnen getan hatte, glaubten sie nicht an ihn, auf daß das Wort des Propheten Jesajas erfüllt würde, welches er sprach: Herr, wer hat unserer Verkündigung geglaubt, und wem ist der Arm des Herrn geoffenbart worden?«

Dennoch wird einmal die herrliche Segenszeit des messianischen Königreiches kommen, wenn sich Jes. 52, 10 erfüllen wird: »Der Herr hat seinen heiligen Arm entblößt vor den Augen aller Nationen, alle Enden der Erde sehen die Rettung unseres Gottes.« Dann bewahrheitet sich auch Jes. 40, 10, wo wir lesen: »Siehe, der Herr kommt als ein Starker, und sein Arm übt Herrschaft für ihn.« Und wiederum wird die kühne, gewaltige Bitte des Propheten erhört werden, wenn er ruft: »Wache auf, wache auf! Kleide dich in Macht, du Arm des Herrn! Wache auf, wie in den Tagen der Vorzeit!« (Jes. 51, 9).

Dann wird der Arm Gottes, der in seinem Erdenleben einem armseligen Reis, einem erbärmlichen Sproß aus dürrem Erdreich glich (Jes. 53, 1. 2), dessen Aussehen und Gestalt gar sehr entstellt waren (Jes. 52, 14), der verlassen und für nichts geachtet war (Jes. 53, 3), — dieser dann in Macht erscheinende Arm des Herrn wird die Nationen vor Bewunderung frohlocken machen (Jes. 52, 15) und das Wohlgefallen Gottes zum herrlichen Ziele führen (Jes. 53, 10b).

Laßt uns nie vergessen, daß keine Macht des Himmels und der Erde uns dem starken und ewigtreuen Rettergott zu entreißen vermag, dessen Vaterarme uns tragen (5. Mose 33, 27) und mit dem wir in Christo viel enger und inniger verbunden und vereinigt sind als irgend ein Geschöpf im weiten Weltenall!

ASCHE = WERTLOSIGKEIT, TRAUER, VERGÄNGLICHKEIT

Die Schrift versinnbildlicht das Wesen des Menschen nach verschiedenen Seiten. Sie gebraucht entsprechend den Eigenschaften, die sie kennzeichnen will, verschiedene Symbole. Eines davon ist die Asche.

»Ich bin Staub und Asche«, sagt Abraham zu Gott in 1. Mose 18, 27; und der Dulder aus Uz klagt, daß er der Asche gleich geworden sei (Hiob 30, 19).

Wenn Christus als Sonne der Gerechtigkeit erscheinen wird, dann wird sich für die Gerechten, die seinen Namen fürchten, hinsichtlich ihrer Feinde und Unterdrücker Mal. 4. 1 erfüllen: »Siehe, der Tag kommt, brennend wie ein Ofen; und es werden alle Uebermütigen und jeder Täter der Gesetzlosigkeit zu Stoppeln werden; der kommende Tag wird sie verbrennen, spricht der Herr der Heerscharen.«

Sodom und Gomorra wurden eingeäschert und zur Zerstörung verurteilt, um allen Gottlosen, sowohl Menschen als Engeln, als warnendes Beispiel zu dienen (2. Petr. 2, 6).

Daß unser großer, wunderbarer Gott aber selbst das, was zu Asche wurde, wieder ins Dasein rufen und neu erstehen lassen kann, ersehen wir unzweideutig aus Hes. 16, 53, wo er das Zerstörtsein Sodoms als Gefangenschaft kennzeichnet, die aber eine Ende haben wird. (Vgl. Matth. 11, 24 und Judas 7 mit dieser Bibelstelle!).

Asche ist auch ein vielgebrauchtes Sinnbild für Trauer. Zum Zeichen der Erniedrigung und Betrübnis des Herzens, der Trauer und der Buße setzte man sich in Asche oder streute sich Asche aufs Haupt (Hiob 2, 8).

Wie anschaulich ist die Buße der Tamar in 2. Sam. 13, 19 geschildert, wo wir lesen: »Da nahm Tamar Asche auf ihr Haupt und zerriß das lange Gewand, das sie anhatte, und sie legte ihre Hand auf ihr Haupt und ging und schrie im Gehen.«

Mordokai und viele Juden taten Buße in Sack und Asche (Esther 4, 1. 3), und Jeremias rief dem abtrünnigen, gottlosen Israel zu: »Tochter meines Volkes, gürte dir Sacktuch um und wälze dich in der Asche, traure wie um den Eingeborenen, führe bittere Klage, denn plötzlich wird der Verwüster über uns kommen« (Jer. 6, 26).

Ja, in Klagelieder 3, 14—16 sagt er sogar: »Meinem ganzen Volke bin ich zum Gelächter geworden, bin ihr Saitenspiel den ganzen Tag. Mit Bitterkeiten hat er (Gott) mich gesättigt, mit Wermut mich getränkt. Und er hat mit Kies meine Zähne zermalmt, hat mich niedergedrückt in die Asche.«

Über den König von Tyrus weissagt Hesekiel: »Alle, die das Ruder führen, die Seeleute, alle Steuermänner des Meeres, werden aus ihren Schiffen steigen, werden an Land treten; und sie werden ihre Stimme über dich hören lassen und bitterlich schreien, und sie werden Staub auf ihre Häupter werfen und sich in der Asche wälzen. Und sie werden sich deinethalben kahl scheren und sich Sacktuch umgürten und werden deinetwegen weinen mit Betrübnis der Seele in bitterer Klage« (Hes. 27, 29—31).

Und Gott sagt zu dem nämlichen König von Tyrus in seiner Eigenschaft als Symbol auf Satan: »Du warst ein schirmender, gesalbter Cherub, und ich hatte dich eingesetzt; du warst auf Gottes heiligem Berge, du wandeltest inmitten feuriger Steine... der du das Bild der Vollendung warst, voll von Weisheit und vollkommen an Schönheit, du warst in Eden, dem Garten Gottes... ich habe dich, du schirmender Cherub, vertilgt aus der Mitte der feurigen Steine... du hast deine Heiligtümer entweiht; darum habe ich aus deinem Innern ein Feuer ausgehen lassen, welches dich verzehrt hat, und ich habe dich zu Asche gemacht ...« (Hes. 28, 12—18).

Daniel suchte den Herrn mit Gebet und Flehen in Fasten, Sacktuch und Asche (Dan. 9, 3), und als der König von Ninive die Bußpredigt von Jonas vernahm, »stand er auf von seinem Throne und legte seinen Mantel ab und hüllte sich in Sacktuch und setzte sich in die Asche« (Jona 3, 6).

Der Herr bedrohte in Matth. 11, 20—24 Chorazin, Bethsaida und Kapernaum, die Stätten seiner Wirksamkeit, indem er sagt, daß Tyrus und Sidon längst in Sack und Asche Buße getan hätten, wenn sie seine Wunderwerke gesehen hätten.

So wichtig, grundlegend und unerläßlich Buße, Beugung und Selbstgericht auch sind, so bilden sie doch nicht Herzstück und Ziel der Gedanken Gottes; er hat kein Wohlgefallen daran. Oder könnte ein Vater Wonne empfinden, wenn sein Kind leidet und sich selbst geißelt? Bußgesinnung ist notwendig, gut und heilsam; aber Buße und Beugung, Angst und Gericht sind nicht Ziel, sondern nur Weg!

Zum andern aber hat der Pharisäismus aller Zeiten und aller Religionen aus dem Fasten und Büßen wie aus allen äußeren Darstellungen geistlicher Wahrheiten eine religiöse Leistung, eine lohnheischende Schaustellung gemacht, die Gottes Mißfallen erregt. Lesen wir in diesem Zusammenhang nur zwei Jesajaworte:

In Jes. 58, 5 sagt Gott durch den Propheten: »Ist dergleichen ein Fasten, an dem ich Gefallen habe, ein Tag, an welchem der Mensch seine Seele kasteit? Seinen Kopf zu beugen wie ein Schilf, und Sacktuch und Asche unter sich zu betten, nennst du das ein Fasten und einen dem Herrn wohlgefälligen Tag?« An Fasten, Sacktuch und Asche hat Gott, besonders wenn es äußere Form geworden ist, keinerlei Wohlgefallen.

In Jes. 61, 1—3 werden uns sieben Christusaufgaben genannt. Die letzte lautet: »Zu trösten alle Trauernden, um den Trauernden Zions aufzusetzen und ihnen zu geben Kopfschmuck statt Asche, Freudenöl statt Trauer, ein Ruhmesgewand statt eines verzagten Geistes; damit sie genannt werden Terebinthen der Gerechtigkeit, eine Pflanzung des Herrn zu seiner Verherrlichung.«

Kopfschmuck statt Asche; Freudenöl statt Trauer! In diesen wenigen Worten liegen große Verheißungen verborgen; denn der Kopfschmuck gehörte zum Priestergewand, und mit Öl wurden in der Regel nur Könige, Priester und Propheten gesalbt.

Gott wolle auch an uns geistlicherweise diese herrliche Zusage erfüllen und uns schon jetzt in unserm Niedrigkeitswandel allezeit das Freudenöl des Heiligen Geistes statt Furcht und Angst und den Kopfschmuck priesterlicher Gesinnung statt Asche der Vergänglichkeit und Trauer geben und erhalten!

AUE = SEGNUNG, WOHLTAT

In dem lieblichen Hirtenpsalm Davids sagt der begnadete Sänger: »Er lagert mich auf grünen Auen, er führet mich zu stillen

Wassern« (Ps. 23, 2). Damit will er bezeugen, daß Gott ihm reichliche Segnungen und Wohltaten erweist.

Wenn die Gesetzlosen und Gottesfeinde auch gleich der Pracht der Auen in Wohlfahrt leben, so müssen und werden sie doch wie der Rauch dahinschwinden (Ps. 37, 20).

Einst wird für die arme, verfluchte Erde das Gnadenjahr des Herrn anbrechen. Dann erfüllt sich auch Ps. 65, 12: »Es triefen die Auen der Steppe, und mit Jubel umgürten sich die Hügel.«

Tiere kennzeichnen oft seelische Eigenschaften. So versinnbildlicht der Stier die Kraft, das Lamm die Geduld, das Roß den Stolz und die Fleischeslust, die Taube die Unschuld und Reinheit u. s. w. Darum ist es von tiefer Bedeutung, wenn wir lesen, daß jemand reich an Viehherden oder Kleinvieh ist. Vielleicht erscheint uns hier das Wort »Deine Herden werden an jenem Tage weiden auf weiter Aue« (Jes. 30, 23) in hellerem Lichte. Durch die Erlösung, die in Christo Jesu ist, gibt es schon jetzt ein Läutern und Lösen unserer naturhaft-seelischen Funktionen; Jes. 30, 23 erfüllt sich geistlicherweise jetzt schon an uns. Buchstäblich aber wird dieses Wort wahr im messianischen Königreich, wo Wolf und Lamm, Löwe und Rind beisammen weiden werden, wie Jes. 65, 25 verheißt.

Jetzt aber erfüllt sich an dem unter dem Fluch stehenden Volk immer noch Jer. 23, 10; 25, 37, wo wir lesen: »Das Land trauert wegen des Fluches, die Auen der Steppe verdorren ... Die Auen des Friedens werden zerstört vor der Glut des Zornes des Herrn.«

Ihren Höhepunkt aber erreichen die Gerichte über das abgefallene Volk in der Drangsalszeit. Schlagen wir über diese in der Schrift ausführlich geschilderte Trübsalsperiode nur ein Joelwort (1, 18—20) nach! »Wie stöhnt das Vieh! Die Rinderherden sind bestürzt, weil sie keine Weiden haben; auch die Kleinviehherden büßen. Zu dir, Herr, rufe ich; denn ein Feuer hat die Auen der Steppe verzehrt und eine Flamme alle Bäume des Feldes versengt. Auch die Tiere des Feldes schreien lechzend zu dir; denn vertrocknet sind die Wasserbäche, und ein Feuer hat die Auen der Steppe verzehrt«.

Und doch schaut der gleiche Prophet auch die darauf folgende verheißene Segenszeit und frohlockt darüber: »Fürchte dich nicht! Frohlocke und freue dich! ... es grünen die Auen der Steppe ... die Tennen werden voll Getreide sein und die Kufen überfließen von Most und Öl ... und ich werde erstatten ... und mein Volk soll nimmermehr beschämt werden« (Joel 2, 21—26).

Möchten wir inmitten aller Nöte und Spannungen dieser Weltzeit, auch wenn Leib und Seele zu verschmachten drohen, im Geiste glückselig sein und in das Bekenntnis Davids einstimmen, daß der Herr uns auf grünen Auen lagert und zu stillen Wassern führt, indem er uns segnet mit jeder geistlichen Segnung inmitten der Himmelswelten (Eph. 1, 3)!

AUGE = GEGENWART, GESINNUNG

Das Auge Gottes wird oft als Bild seiner alles durchschauenden Gegenwart gebraucht.

So sagt Elihu in Hiob 34, 21. 22; 36, 7a: »Seine (Gottes) Augen sind auf die Wege des Menschen gerichtet, und er sieht alle seine Schritte. Da ist keine Finsternis und kein Todesschatten, daß sich darein verbergen könnten, die Frevel tun ... Er zieht seine Augen nicht ab von dem Gerechten.«

David bezeugt in Ps. 11, 4b: »Seine (Gottes) Augen schauen, seine Augenlider prüfen die Menschenkinder« (Vgl. Offb. 2, 18!).

Selbst das, was uns nicht bewußt ist bezüglich unseres Lebens, ist seinen Augen nicht verborgen, wie in Ps. 139, 13—16 so wunderbar geschrieben steht: »Du bildetest meine Nieren; du wobest mich in meiner Mutter Leibe ... Nicht verhohlen war mein Gebein vor dir, als ich gemacht wurde im Verborgenen ... Meinen Keim sahen deine Augen ...«

Seine Augen sind offen über alle Wege der Menschenkinder (Jer. 32, 19), und »kein Geschöpf ist vor ihm unsichtbar, sondern alles bloß und aufgedeckt vor den Augen dessen, mit dem wir es zu tun haben« (Hebr. 4, 13).

Aus den angeführten Schriftzusammenhängen erkennen wir, daß das Auge vielfach ein Sinnbild für die Allgegenwart Gottes ist.

Das Auge zeigt aber auch Gesinnung, Charakter und Herzenseinstellung an.

Darum lesen wir in Matth. 6, 22: »Die Lampe des Leibes ist das Auge. Wenn nun dein Auge einfältig ist, so wird dein ganzer Leib licht sein«, und die Geschichte vom Splitter und Balken im Auge kennen wir alle (Matth. 7, 3—5).

»Lasse deine Augen Wohlgefallen haben an meinen Wegen«, sagt Gott in Spr. 23, 26 und meint damit nicht das Auge als Organ, sondern die Gesinnung und Herzenseinstellung des Menschen.

Hohe Augen und erhobene Augenlider (Spr. 30, 13) sind ein Bild des Hochmuts (Jes. 2, 11; 5, 15; 10, 12).

Von hurerischen Augen und Augen voll Ehebruchs lesen wir in Hes. 6, 9 und 2. Petr. 2, 14, und in Matth. 5, 29; 18, 9 fordert der Herr seine Jünger auf, ein ärgerniserregendes Auge auszureißen.

Wenn das Auge das Licht des Leibes genannt wird, so will das sagen, daß die Gesinnung unseres Herzens alle Betätigungen des Leibes, all unser Tun und Lassen zu Werken des Lichts oder der Finsternis macht.

In wie starkem Maß unser Auge Eingangspforte von Verderben oder Heil ist und wie wichtig die Folgen eines einzigen Blicks sein können, erkennen wir schon in der Sündenfallgeschichte in 1. Mose 3. »Das Weib sah ... und sie nahm ... und sie gab ... und er aß ...« lesen wir im sechsten Vers.

Mit einem Blick des Hochmuts fing Nebukadnezars Fall an (Dan. 4, 29—33), und Achan beschreibt die drei Stationen, wie er zum Dieb und dadurch zum Fluch für sein Volk wurde, mit den Worten: »Ich sah ... ich gelüstete ... ich nahm ...« (Jos. 7, 21).

Ganz ähnlich erging es David, dem Geliebten Gottes, der zum Ehebrecher und Mörder wurde. Mit einem Blick begann seine Blutschuld; sein Auge wurde zur Eingangspforte der Hölle in sein Herz und Leben. »Er sah ... und sandte hin ... und ließ sie holen ...«, lesen wir in 2. Sam. 11, 2—4.

So aber, wie Sünde und Verderben die Folge eines Blickes sein können, ist es auch mit Heil und Errettung.

Wer von den in der Wüste gebissenen Juden die erhöhte Schlange anschaute, wurde gesund (4. Mose 21, 4—9; Joh. 3, 14. 15).

Und wie werden wir in Christi Bild umgestaltet? »Durch Anschauen seiner Herrlichkeit«, sagt uns Paulus in 2. Kor. 3, 18.

Gott gebe, daß wir mit erleuchteten Augen des Herzens die Hoffnung seiner und unserer Berufung erkennen (Eph. 1, 18) und solche sind, die nicht mit Zaum und Zügel, durch Zwang und Gericht gebändigt werden müssen, sondern sich von seinen Augen leiten lassen (Ps. 32, 8. 9)!

AUSSATZ = SÜNDE

Wie der Aussatz seinen Sitz im Innern des Körpers hat, alles durchdringt und verdirbt und von jeder menschlichen Gemeinschaft ausschließt, so ist es auch mit der Sünde. Darum wurde der Aussatz von jeher als Sinnbild der Sünde gebraucht.

Als der Herr dem Täufer die Kennzeichen des kommenden Königreiches aufzählte, nannte er dabei auch das Gereinigtwerden von Aussätzigen (Matth. 11, 4—6; Luk. 7, 21—23).

Nach dem Gesetz des Aussatzes wurde nicht etwa der für rein erklärt, an dem keinerlei Zeichen der Krankheit mehr zu sehen waren, sondern vielmehr der, der so völlig vom Aussatz bedeckt war, daß gar kein rohes Fleisch mehr sichtbar war (3. Mose 13, 12. 13).

Das ist für den Glauben eine grundlegende anbetungswürdige Offenbarung göttlicher Heilsvermittlung. Solange wir nur einzelne Sünden an uns erkennen, sind wir nicht rettungsreif. Wenn wir aber durch den Geist Gottes davon überführt sind, daß nichts Gesundes an uns ist, daß wir, im Bilde gesprochen, völlig vom Aussatz bedeckt sind, ist jede Möglichkeit der Selbsthilfe dahin, wir sind »nichts« geworden und sind dadurch fähig, die Erwählung Gottes zu erfassen (1. Kor. 1, 28).

Auf noch eine andere wunderbare Tatsache sei hier hingewiesen. Während in der Regel nur Könige, Priester und Propheten mit heiligem Salböl gesalbt wurden, lesen wir in 3. Mose 14, 18, daß dieses dem gewöhnlichen Israeliten bei Todesstrafe verbotene Öl auch auf das Haupt des zu reinigenden Aussätzigen getan wurde.

Wen Gott der Vater annimmt, der braucht nicht, wie es sich der heimkehrende verlorene Sohn ausdachte, Sklavenstellung einzunehmen und die niedersten Dienste zu verrichten, nein, der wird »gekrönt« mit Gnade und Barmherzigkeit, wird gesalbt mit dem heiligen Öle, das sonst nur Königen, Priestern und Propheten zuteil wurde (Ps. 103, 4).

In Luk. 17, 12 lesen wir von zehn galiläischen Aussätzigen, die der Herr heilte. Der Glaube sieht darin eine Prophetie auf das messianische Königreich. Dort wird Christus all das, was er während seines Erdenlebens im Kleinen, im Anbruch ausführte (Apg. 1, 1), in Fülle und Herrlichkeit zur Gestaltung und Entfaltung bringen. Zehn ist die Zahl der Nationenfülle, und daß die Heilung in dem »Galiläa der Nationen« (Matth. 4, 15) geschah, schattet die Tatsache ab, daß dereinst alle Völker des Heils teilhaftig werden (Jes. 42, 6; Offb. 22, 2).

Naemann, ein Typ auf den Feind, wurde dadurch von seinem Aussatz geheilt, daß er siebenmal im Jordan untertauchte (2. Kön.

5, 14). Die Sieben ist die Zahl der Vollständigkeit, und der Jordan ist ein Bild des Todes. Nicht nur einmal wie der Mensch (Hebr. 9, 27), sondern vielmals, »der Tode«, müssen die Mächte der Gesetzlosigkeit sterben, um von dem Aussatz der Sünde und Gottfeindschaft geheilt und errettet zu werden!

AXT = GERICHT, AUSROTTUNG

Mit der Axt werden Bäume gefällt (5. Mose 19, 5; 20, 19; Richter 9, 48). Das will sagen, daß der natürliche Mensch (siehe »Baum«!) unter Gericht kommt und ausgerottet wird.

Die Bäume, an deren Wurzel nach Matth. 3, 10 die Axt gelegt war, sind das gerichtsreife Haus Israel. Wer hier in der Axt einen prophetischen Hinweis auf die Römer sieht, die als Symbol eine Axt in Rutenbündeln mit sich führten, dem sei es unbenommen. Es mag vielleicht so sein.

Der heilige Sänger sieht nicht nur rückschauend, sondern auch vorschauend die Zerstörung des Tempels, wenn er in Ps. 74, 3b—7 klagt: »Alles im Heiligtum hat der Feind verderbt. Es brüllen deine Widersacher inmitten deiner Versammlungsstätte; sie haben ihre Zeichen als Zeichen gesetzt. Sie erscheinen wie einer, der die Axt emporhebt im Dickicht des Waldes; und jetzt zerschlagen sie sein Schnitzwerk allzumal mit Beilen und Hämmern. Sie haben dein Heiligtum in Brand gesteckt, zu Boden entweiht die Wohnung deines Namens.« Auch hier begegnet uns die Axt als Gerichtswerkzeug.

Von dem Volk des Nordens, das mit großer Heeresmacht über Ägypten herfallen wird, sagt uns Jer. 46, 22: »Sie kommen über Ägypten mit Beilen wie Holzhauer.«

Ernst und lehrreich zugleich ist die Androhung Gottes an Assyrien, wie wir sie in Jes. 10, 5—19 aufgezeichnet finden. Lesen wir daraus Vers 13—15: »Er (der König von Assyrien) hat gesagt: Durch die Kraft meiner Hand und durch meine Weisheit habe ich es getan, denn ich bin verständig ... meine Hand hat den Reichtum der Völker erreicht ... ich habe die ganze Erde zusammengerafft ... — Darf die Axt sich rühmen wider den, der damit haut? Oder die Säge sich brüsten wider den, der sie zieht? ...« Die Assyrer waren Gerichtswerkzeuge in Gottes Hand, brüsteten sich aber, aus eigener Kraft und Weisheit die Völker unterjocht zu haben.

Gott gebrauchte vier Symbole um zu zeigen, daß er es ist, der vermittelst Assyrien sein ungehorsames Volk züchtigt. Er nennt Assyrien »Rute meines Zorns« (Vers 5), »Axt«, »Säge« und »Stock« (Vers 15).

Alles, was Gott an Liebes- und Gnadenerweisen ausführt, tut er durch seinen Sohn. Alles jedoch, was er an Gericht und Verderben wirkt, führt er durch Werkzeuge aus, die sich aber dessen gar nicht bewußt sind, Instrumente in Gottes Hand zu sein und wegen ihrer Gewalttat sich selber Gerichte aufhäufen. Das sind gar wunderbare Zusammenhänge, die dem Unglauben Torheit und Widerspruch in sich selbst sind, die aber der Glaube wohl zu fassen und über die er anzubeten vermag.

Gepriesen sei unser Vater in Christo Jesu, daß wir nicht Axtdienste des Todes und der Verdammnis zu tun brauchen (2. Kor. 3, 7. 9), sondern durch Gnade zu Gnade errettet wurden (Eph. 2, 5) und dazu berufen sind, »in den kommenden Ewigkeiten den überschwenglichen Reichtum seiner Gnade in Güte« an uns zu erfahren (Eph. 2, 7) und dem ganzen All zu vermitteln (Eph. 1, 23)!

BÄCKER = TÄTIGKEIT DES FEINDES

Die abgefallenen, untreuen Israeliten werden in ihrem Fluchzustand in Hosea 7, 4 »Ehebrecher« genannt und mit einem Ofen verglichen, der von einem Bäcker geheizt ist. Dieser Bäcker heizt nicht nur den Ofen, sondern bringt den Teig durch Sauerteig zur Gärung (Vers 4) und schläft während der Nacht (Vers 6). Wenn wir bedenken, was Ofen, Sauerteig und Schlaf (siehe diese!) bedeuten, können wir verstehen, daß der Bäcker den Feind in seiner Tätigkeit abschattet.

Daß von den beiden Mitgefangenen des Joseph (1. Mose 40) der Mundschenk begnadigt, der Bäcker aber erhängt wurde, ist für den Glauben, dem die ganze Schrift Gottesoffenbarung ist, keine zufällige, bedeutungslose Nebensache. Der Mundschenk hat es mit der Frucht des Weinstocks zu tun, ist also ein Christustyp. Der Bäcker hingegen gibt sich mit dem Sauerteig der Bosheit, dem Ofen der Drangsal und dem Feuer des Gerichtes ab, versinnbildlicht also die Funktionen des Feindes Gottes.

Doch kann der Feind nicht tun, was er will, sondern muß auch in seinen Gerichtstätigkeiten Gottes Liebesziele erreichen helfen. Gleichwie durch die Hitze des Ofens die verderbliche, zersetzende Wirkung des Sauerteiges zum Stillstand kommt, so hat der, der am Fleische leidet, mit der Sünde abgeschlossen (1. Petr. 4, 1). Verderber des Fleisches ist aber nach 1. Kor. 5, 5 der Feind, der jedoch ohne Wissen und wider Willen die Errettung des Geistes dadurch herbeiführen hilft.

Paulus wurde durch die Faustschläge der Dämonen in seinem Dienst nicht nur nicht behindert, sondern im Gegenteil in der Demut gehalten und dadurch zum Empfang größerer, herrlicherer Offenbarungen befähigt (2. Kor. 12, 7). Und als der Apostel des Leibes des Christus in Rom ins innere Gefängnis überführt wurde, da klagte er nicht, daß der Feind nun seinen Wirkungsbereich beschränkt und seinen Dienst gehemmt habe, sondern er bezeugt, daß seine Umstände zur Förderung des Evangeliums geraten sind (Phil. 1, 12).

Fürchten wir uns nicht vor dem, der uns nach Leib und Seele gemäß Gottes Rat und Willen in so mancherlei Öfen der Trübsal bringen darf, sondern freuen uns darüber, daß uns alles, auch das, was uns böse Mächte als Schaden und Verlust zuzufügen trachten, zum Guten mitwirken muß (Römer 8, 28)!

BÄR = GRIMM, ZORN

Der Grimm und die Erbitterung eines Menschen werden in 2. Sam. 17, 8 mit einer Bärin verglichen, der die Jungen geraubt wurden.

In Hosea 13, 8 sagt Gott bezüglich seines Zornes über das untreue Israel: »Ich werde sie anfallen wie eine Bärin, welche der Jungen beraubt ist, und ich werde den Verschluß ihres Herzens zerreißen.«

Jeremias, dem weinenden Propheten, kommt es vor, als verhalte sich Gott ihm gegenüber wie ein lauernder Bär, der nur auf Grimm und Rache bedacht ist (Klagel. 3, 10a).

Weltreiche erscheinen uns oft in der Gestalt von Tieren, die ihr, d. i. der Weltreiche, innerstes Wesen enthüllen. So treiben die Völker unbewußt symbolische Selbstoffenbarung, wenn sie sich durch Tiere versinnbildlichen. Sprechen wir nicht von dem deutschen

Adler, dem englischen Löwen, dem gallischen Hahn, dem russischen Bären und dem chinesischen Drachen?

So wird auch das medisch-persische Reich in Daniel 7, 5 durch einen Bären dargestellt, und das Weltreich der Endzeit wird Füße haben gleich denen eines Bären (Offb. 13, 2), d. h. es wird in Grimm und Zorn alles niedertreten, was ihm irgend im Wege steht.

Die zwei Bären, die die den Elisa verspottenden 42 Knaben zerrissen (2 Kön. 2, 23. 24), offenbaren, wie heilig und teuer die Knechte Gottes in den Augen ihres Herrn sind.

In Amos 5, 19 werden Löwe, Bär und Schlange genannt, die in den Gerichten, die dem Tage des Herrn vorangehen, über Israel herfallen werden.

Und dennoch werden einst, wenn der Grimm Gottes vollendet ist (Offb. 15, 1), Kuh und Bärin miteinander weiden und ihre Jungen zusammen lagern (Jes. 11, 7a).

Wenn dann keinerlei Fluch mehr sein wird (Offb. 22, 3), werden die Mächte und Gewalten, die jetzt noch Dienste des Todes und der Verdammnis auszuüben haben, umgewandelt sein in Gottes Art und Wesen.

BARFUSS = RECHTLOSIGKEIT, SCHMACH

Jesaja mußte »zum Zeichen und Vorbild« drei Jahre lang ohne Oberkleid und barfuß gehen (Jes. 20, 3). Damit wollte der Herr den Ägyptern und Abessiniern zeigen, welches ihr Los sein wird, wenn sie in die Gefangenschaft Assyriens kommen. Alle diese Geschehnisse werden trotz mancher schon erfolgten anbruchhaften Erfüllung am Abschluß unseres Zeitlaufes kurz vor der Aufrichtung des messianischen Königreiches buchstäblich in Erfüllung gehen. Deshalb sieht der biblisch orientierte Glauben am Weltgeschehen, wie der Zeiger an Gottes Uhr der zwölften Stunde zueilt. Denn viele fast vergessene und kaum genannte Staaten beginnen sich wieder zu bilden und in den Mittelpunkt des Weltinteresses zu rücken.

Sklaven durften keine Schuhe tragen, sondern mußten zum Zeichen ihrer Rechtlosigkeit barfuß gehen. Um die Schmach der Barfüßigkeit zu begreifen und ihre tiefe Bedeutung zu verstehen, wollen wir 5. Mose 25, 5—10 lesen.

Wenn ein kinderloses Weib Witwe geworden war, so hatte der nächste Verwandte des Mannes die Pflicht, sie als Eheweib zu nehmen und ihr Samen zu erwecken. Wenn er es aber nicht tun wollte, so sollte er im Tor, der Stätte des Gerichts, geschmäht und ein Barfüßer werden. Im Licht von Römer 7, 2—4 erkennen wir, daß der erste Mann das Gesetz, der zweite aber Christus ist. Das erleben wir an uns selbst, und das erfährt im Großen auch Israel. Denn durch das Gesetz kann nichts vollendet, kann kein Leben gezeugt werden. Erst Christus, der zweite Mann, vermag die Erlösungs- und Liebesbedürfnisse seiner Geschöpfe zu stillen und zu erfüllen. Dadurch, daß der sich zur Lösung weigernde Bruder des Verstorbenen der Schmach und Entehrung verfällt, verpflichtet sich Gott, in Christo alles zu lösen und zu neuem Leben zu erwecken.

Es ist die gleiche Linie, wie wir sie in Hohelied 8, 7b finden: »Wenn ein Mann allen Reichtum seines Hauses statt der Liebe geben wollte, man würde ihn nur verachten.«

Nicht den Reichtum seines Hauses, nicht seine Gaben und Güter, sondern ihn selber, der die Liebe ist, begehrt unser Herz, braucht die durch das Gesetz und den Engeldienst enttäuschte, in sich selbst zerrüttete Schöpfung.

BAUCH = NIEDERE TRIEBE

Das Wort Bauch begegnet uns zum ersten Mal in 1. Mose 3, 14. Dort verflucht Gott die Schlange zum Kriechen auf dem Bauch. Der Feind bewegt sich in den niederen Trieben des Menschen. Dort ist seine Einflußsphäre und sein Wirkungsbereich.

Alles, was auf dem Bauche kroch, sollten die Israeliten nicht essen (3. Mose 11, 42).

Das Teil der »Leute dieses Zeitlaufs« besteht darin, daß sie ihren Bauch mit Gutem füllen lassen (Ps. 17, 14).

In Römer 16, 17. 18 ist die Rede von solchen, die Zwiespalt und Ärgernis anrichten, indem sie durch süße Worte und schöne Reden die Herzen der Arglosen verführen. Der Apostel sagt von ihnen, daß sie nicht dem Herrn Christo, sondern ihrem eigenen Bauch dienen. Sie suchen weder Gottes und Christi Ehre noch das Heil der Menschen, sondern weiden ihre niederen Triebe, wie Geltungsbedürfnis, Habgier, Ruhmsucht usw. (vgl. 2. Kor. 1, 24; 2, 17; 11, 20).

Paulus spricht in Phil. 3, 18 unter Tränen von Feinden des Kreuzes Christi. Solche führten vielleicht den Namen Jesu im Munde (sie werden ja nicht Feinde Christi, sondern Feinde des Kreuzes Christi genannt!), wollten aber nicht mit und in ihm Kreuzesstellung einnehmen. Diese Gefahr besteht für uns alle! Im folgenden Vers 19 sagt Paulus ein Vierfaches von ihnen. Sie sind durchaus irdisch eingestellt, und ihr Lustverlangen ist auf Befriedigung ihrer niederen Triebe gerichtet. Ihre Hingabe, ihr Eifer und ihre Liebe gelten eigentlich nur ihrem Bauch.

Wenn der Apostel sagt, daß ihr telos (= Ende oder Teilziel) das Verderben ist, so ist damit nicht gemeint, daß sie niemals eine Wiederherstellung und Zurechtbringung erfahren. Es verhält sich da genau wie in Amos 8, 2, wo Gott bezüglich Israels sagt: »Das Ende ist über mein Volk gekommen, ich werde fortan nicht mehr schonend an ihm vorübergehen.« Lesen wir aber nun nach, wie wunderbar Gott im nächsten Kapitel, Amos 9, 14. 15 die endgültige Rettung Israels beschreibt! Da ist die Rede vom Ende seiner schmählichen Gefangenschaft, dem Zerstreutsein unter die Nationen, vom Wiederaufbau, Bepflanzen und Genießen der zerstörten Städte, Weinberge und Gärten und vom segensreichen Verwurzeltsein im gottgegebenen Land der Verheißung. So lernen wir verstehen, daß das Ende von Amos 8, 2 nicht endgültiger, unwiderbringlicher Abschluß, sondern nur notwendiges Gerichtsziel ist.

In Titus 1, 12 zitiert Paulus einen Kreter, der seine Landsleute als faule (unnütze oder träge) Bäuche kennzeichnet, die, ohne geistliche Energie, nur auf Befriedigung ihrer niederen Triebe bedacht sind.

Wie wichtig ist doch die apostolische Mahnung von 1. Kor. 6, 13, wo uns zugerufen wird: »Die Speisen für den Bauch und der Bauch für die Speisen... der Leib aber für den Herrn, und der Herr für den Leib.«

BAUM = MENSCH IN SEINEM NATÜRLICHEN WACHSTUM

»Ich sehe Menschen wie Bäume umherwandeln« (Mark. 8, 24), sagt der Blindgeborene, als er sehend wurde; und die Furcht Ahas' und seines Volkes vor den Syrern wird in Jes. 7, 2 mit dem Beben der Bäume des Waldes vor dem Winde verglichen.

Wir finden oft in der Schrift, daß fruchtbare Bäume Abbilder von Frommen, unfruchtbare Bäume dagegen Symbole auf Gottlose sind.

»Terebinthen der Gerechtigkeit« sollen die wiederhergestellten Erlösten Zions genannt werden (Jes. 61, 3), und im ersten Psalm wird der glückselige Gottesfürchtige ein fruchtbarer, an Wasserbächen gepflanzter Baum genannt (vgl. 1. Mose 49, 22; Jer. 17, 8; Jes. 65, 22).

Die Weisheit, welche letztlich Christus ist (1. Kor. 1, 30), wird in Sprüche 3, 18 »ein Baum des Lebens« genannt. Vgl. 1. Mose 2, 9; 3, 22 mit Offb. 2, 7; 22, 2!

»Die Frucht des Gerechten ist ein Baum des Lebens« sagt Spr. 11, 30a und in Spr. 15, 4 wird die »Lindigkeit der Zunge« als Baum des Lebens bezeichnet.

Von faulen Bäumen, die abgehauen und verbrannt werden sollen, lesen wir in Matth. 3, 10; 7, 19 u. a. St., und in Judas 12 werden eingeschlichene Gottlose, die die Gnade Gottes in Ausschweifungen verehren, spätherbstliche, fruchtleere, zweimal entwurzelte, erstorbene Bäume genannt.

Nach Jes. 56, 3 sollen sich Söhne der Fremde, die sich an den Herrn angeschlossen haben, nicht in kleinmütigem Unglauben für einen dürren Baum halten.

Wie köstlich und gesegnet werden die Zeiten sein, wenn einmal alle Bäume des Feldes in die Hände klatschen (Jes. 55, 12), Fruchtbäume und alle Zedern den Herrn loben (Ps. 148, 9) und jeder Baum in Jubel ausbrechen wird über die Erlösung Gottes (Jes. 44, 23)!

BECHER, KELCH = DARREICHUNG, VERMITTLUNG

Der Becher oder Kelch ist das Sinnbild der Darreichung und Vermittlung. Es gibt Kelche des Heils, der Freude und der Segnungen, aber auch Becher des Grimms, des Zornes und der Rache (1. Kor. 10, 21a). Betrachten wir zunächst einige der letzteren Art!

In Jes. 51, 20—23 wird der Zustand Israels beschrieben als »ohnmächtig hingesunken«, »voll des Grimmes des Herrn, des Scheltens deines Gottes«.

Gott verheißt dem vom Grimme trunkenen Volk: »Siehe, ich nehme aus deiner Hand den Taumelbecher, den Kelch meines

Grimms; du wirst hinfort nicht mehr trinken. Und ich gebe ihn in die Hand deiner Peiniger« (vgl. Offb. 18, 6!).

In Jer. 49, 12 lesen wir: »Siehe, deren Urteil es nicht war, den Becher zu trinken, die müssen ihn trinken.«

Vom Becher des Entsetzens und der Betäubung steht in Hes. 23, 33 geschrieben, und Offb. 14, 10 spricht von dem »Wein des Grimmes Gottes, der unvermischt in dem Kelch seines Zornes bereitet ist« (vgl. Jer. 51, 7; Ps. 75, 8!).

Wir werden in diesem Zusammenhang gewiß an die Worte des Herrn erinnert, die seinen Todesgang und seine Gottverlassenheit einen Kelch nennen: Matth. 20, 22. 23; Joh. 18, 11; Luk. 22, 42.

Vielfach ist auch der Kelch das Bild einer Darreichung von Freude, Heil und Segen. Wer dächte da nicht zunächst an das wunderbare Wort in 1. Kor. 10, 16, wo vom Kelch der Segnung die Rede ist, den zu segnen wir Vollmacht und Auftrag haben?

In Ps. 116, 12. 13 zeigt der Psalmist, wie man Wohltaten Gottes gottgemäß vergelten kann. Nicht etwa dadurch, daß man Gott etwas g i b t ! Das macht der religiös-gesetzliche Mensch. Der Psalmist sucht seinen Dank dadurch zu erzeigen, daß er noch mehr n i m m t ! Er will den Becher der Rettungen ergreifen und dabei den Namen des Herrn anrufen. Wir erfreuen und ehren unsern Gott und Vater dadurch, daß wir aus seiner unerschöpflichen Gnadenfülle immer mehr Heils- und Segensgüter nehmen.

Nach Markus 9, 41 soll selbst die geringe Darreichung eines Bechers kalten Wassers nicht unbelohnt bleiben, wenn sie geschieht, »weil ihr Christi seid« und im Namen des Herrn.

Jesus wirft den Pharisäern in Lukas 11, 39 vor, daß sie zwar das Äußere, die Form des Bechers reinigen, daß aber das Innere des Kelches, der Gehalt und das Wesen, voll Raub und Bosheit ist.

Wohl uns, daß wir nicht den Taumelkelch des Zornes Gottes zu trinken brauchen, weil unser Herr und Haupt ihn für uns getrunken hat, sondern des Kelches der Segnung teilhaftig sein dürfen!

BERG = GÖTTERBOTE, BÜNDNIS

Im Wechselgesang des Wallfahrtliedes von Ps. 121 erwarten die einen ihre Hilfe von den Bergen (Vers. 1), die andern jedoch von dem Herrn, dem Schöpfer des Himmels und der Erde (Vers 2).

Der Glaube sieht in den Bergen mehr als nur Erhöhungen aus Erde und Stein. So sagt Paulus in Gal. 4, 25: »Hagar (das Symbol des Gesetzes) ist der Berg Sinai.« Welch eine kühne Deutung! Vom Sinai ging der Fluch des von den Engeln gegebenen Gesetzes aus (Gal. 3, 10). Denn der Sinai, zu deutsch Dornbusch, verkörpert die Mächte und Gewalten, welche Mittler des Gesetzesbundes waren (Apg. 7, 53; Gal. 3, 19b).

Darum werden in der Schrift Bergen auch geschöpfliche Eigenschaften zugeschrieben. Berge sehen und zittern (Hab. 3, 10), wanken und weichen (Jes. 54, 10), hüpfen wie Widder und Schafe (Ps. 114, 4) und brechen in Jubel aus (Jes. 55, 12; Ps. 98, 8). Dem Glauben sind solche Zeugnisse mehr als nur belanglose, orientalische Redefiguren.

In Jer. 51, 25 spricht Gott eine eigenartige Drohung aus. Er sagt: »Siehe, ich will an dich, du Berg des Verderbens, der die ganze Erde verderbt; und ich will meine Hand wider dich ausstrecken und dich von den Felsen hinabwälzen und dich zu einem verbrannten Berge machen.« Wer ist dieser Berg des Verderbens? Wie furchtbar muß seine Macht sein, wenn er nach Gottes eigenen Worten die ganze Erde verdirbt! Dieser Berg ist ein Abbild dessen, der der wirkliche, wesenhafte Verderber ist, des »Engels des Abgrundes« (Offb. 9, 11).

Dem Berg des Verderbens steht der Berg Gottes gegenüber. Von diesem Gottesberg stehen in Jes. 2, 2—4 gar köstliche Dinge.

Der Stein Christus, der einst die morschen Weltreiche zerschlägt, wird als großer Berg die ganze Erde füllen, wie wir in Dan. 2, 35. 36 lesen. Gottes Gerechtigkeit, die ja letztlich nichts anderes ist als Christus (1. Kor. 1, 30), wird in Ps. 36, 6 mit Bergen verglichen. Der Berg Zion, Christus, wird zwar von anderen gipfelreichen Bergen beneidet, aber Gott begehrt ihn dennoch zu seinem Wohnsitz (Ps. 68, 16).

Wenn wir verstanden haben, daß Berge oft Bilder für Gottesboten und Engelmächte sind, so lernen wir Matth. 17, 20 und 1. Kor. 13, 2 in hellerem Lichte verstehen. Dann sagen uns diese Worte, daß unser Glaube Einfluß auf himmlische Fürstentümer und Gewalten hat, was ja auch der Apostel Paulus in Eph. 3, 10 bezeugt.

So verschieden die Berge, die Mächte und Himmelswelten, die Gewalten und Fürstentümer auch sein mögen, einst werden sie alle über Gottes Werk und Wesen in Jubel ausbrechen

(Jes. 44, 23; 49, 13; 55, 12), von Segen überfließen (Amos 9, 13) und den Herrn loben und preisen (Ps. 148, 7—9).

BESCHNEIDUNG = REINIGUNG

Die Beschneidung hat vorbildliche Bedeutung (Römer 2, 28. 29). In Christo gilt weder Beschneidung noch Vorhaut, sondern nur der durch die Liebe wirksame Glaube, der uns zur neuen Kreatur macht (Gal. 5, 6; 6, 15).

Daß die Beschneidung etwas ist, was eigentlich geistig-geistliche Bedeutung hat und darum am Herzen vorgenommen werden muß, ersehen wir schon aus mosaischen Zeugnissen. So lesen wir in 5. Mose 10, 16: »Beschneidet die Vorhäute eures Herzens!«; und in 5. Mose 30, 6 steht geschrieben: »Dein Gott wird dein Herz und das Herz deiner Kinder beschneiden.« Hier ist auch durch das wichtige Wörtlein »damit« oder »auf daß« Zweck und Folge der Beschneidung angegeben: »Damit du den Herrn, deinen Gott, liebst von ganzem Herzen und mit deiner ganzen Seele.« Das stimmt ganz mit dem petrinischen Zeugnis überein, welches uns sagt, daß eine Seele gereinigt wird zur ungeheuchelten Liebe (1. Petr. 1, 22).

Wir dürfen auch in unserem Leben immer wieder erfahren, daß jede geistliche Beschneidung, jede Selbstreinigung durch den Glauben, jede Beugung und jedes Selbstgericht vor dem Angesicht des Herrn uns in tieferen Genuß der Gottes- und Christusliebe und zu größerer Befähigung der Bruder- und Menschenliebe führt.

Daß die Beschneidung eine Reinigung des Herzens ist und vor Gericht bewahrt (Liebenkönnen ist die positive — und Bewahrung vor dem Gericht die negative Seite der gleichen Erfahrung!), ersehen wir u. a. aus Jer. 4, 4, wo wir lesen: »Beschneidet euch für den Herrn und tut hinweg die Vorhäute eurer Herzen, ihr Männer von Juda und ihr Bewohner von Jerusalem, damit mein Grimm nicht ausbreche wie ein Feuer und unauslöschlich brenne wegen der Bosheit eurer Handlungen!«

Die äußere Beschneidung als religiöse Leistung verpflichtet, das ganze Gesetz zu halten (Römer 2, 25; Gal. 5, 3). Wer aber glaubt, dadurch Heil und Errettung zu erlangen, der verwirft dadurch Christus (Gal. 5, 2 .4). Eine Botschaft, die nicht die Gnade Gottes, sondern die Leistungen des Geschöpfes als Segensgrundlage hat, gefällt dem natürlichen Menschen; er nimmt keinerlei Anstoß an ihr (Gal. 5, 11).

Wir sind als Glieder des Christus mit ihm beschnitten in seiner Beschneidung (Kol. 2, 11). Als wir in der Vorhaut unseres Fleisches geistlicherweise tot waren, hat Gott uns mit und in Christo auferweckt und lebendig gemacht (Kol. 2, 13). Nun gilt das gewaltige und wunderbare Zeugnis, das wir in Phil. 3, 3 lesen: »Wir sind die Beschneidung, ... die wir nicht auf Fleisch vertrauen.« In der Gemeine ist Christi Beschneidung Leben und Wesen geworden. So sehen wir, daß auch dieses mosaische Zeremoniell Vorbild und Schatten auf den Körper Christi ist, wie wir in Kol. 2, 17 bezeugt finden.

Welch eine hohe, heilige Verpflichtung ergibt sich für uns aus der Erkenntnis, daß wir die Beschneidung Christi, das Gereinigt- und Geschiedensein von allem Unflat des Herzens, darstellen!

BETT = RUHE, ERQUICKUNG, KRANKHEIT

Hiob suchte in seinem Bett Ruhe und Erquickung (Hiob 7, 13); aber dem König von Babel wird in Jes. 14, 11 angedroht: »In den Scheol hinabgestürzt ist deine Pracht, das Rauschen deiner Harfen. Maden sind unter dir gebettet, und Würmer sind deine Decke.«

Gott ließ dem Pharao durch Moses sagen, daß, wenn er Israel nicht ziehen lasse, Frösche (= unreine Geister; siehe Offb. 16, 13!) in seinem Schlafgemach und seinem Bette seien und ihn um Ruhe und Erquickung brächten.

Wenn uns in 5. Mose 3, 11 berichtet wird, daß das Bett Ogs, des Königs von Basan, von Eisen war, so will das sagen, daß Gericht und Gewalt seine Ruhestätte und seine Erquickung bildeten.

David klagt in Ps. 6, 6b: »Jede Nacht schwemme ich mein Bette, mache mit meinen Tränen mein Lager zerfließen.« Damit will er andeuten, daß er statt Ruhe und Erquickung Angst und Jammer erfährt.

Das Bett als Krankheitslager wird auch oft als Sinnbild des Elendes und der Schmerzen gebraucht. Denken wir nur an die Krankenheilungen des Herrn, wobei das Bett meist erwähnt wird (Matth. 9, 2; Mark. 2, 9—11; Luk. 5, 24. 25; Joh. 5, 8 ff.).

Wo und wie wir auch gebettet sein mögen, immer sind wir in Gottes heiliger Lichtsgegenwart, so daß sich selbst an denen, die Gott zu entfliehen suchen, Ps. 139, 8—10 erfüllt, wo David bezeugt: »Führe ich auf zum Himmel, du bist da; bettete ich mir in dem Scheol, siehe, du bist da. Nähme ich Flügel der Morgenröte und ließe mich nieder am äußersten Ende des Meeres, auch daselbst würde deine Hand mich leiten und deine Rechte mich fassen.«

Wir aber, an denen sich Ps. 149, 5 jetzt schon im Geiste und Glauben erfüllt, dürfen jubeln über die Herrlichkeit Gottes und jauchzen auf unsern Lagern.

BLEI = UNEDLES, WERTLOSIGKEIT

Die Zurechtbringung und Wiederherstellung der Schöpfung Gottes geschieht durch Gerichtsprozesse. Darum lesen wir in Jes. 1, 27: »... erlöst durch Gericht.«

Dieser Erlösungsweg wird öfter mit einem Schmelzprozeß verglichen. So steht z. B. in Jes. 1, 25 geschrieben: »Ich werde meine Hand gegen dich wenden und werde deine Schlacken ausschmelzen wie mit Laugensalz und hinwegschaffen all dein Blei.« Das Blei, das ausgeschmolzen und hinweggeschafft werden soll, ist das Unedle und Wertlose im Wesen eines Volkes.

Das abtrünnige Volk der Wahl wird deshalb mit unedlen Metallen verglichen, wie wir in Hes. 22, 18 lesen: »Das Haus Israel ist mir zu Schlacken geworden; sie sind alle Erz und Zinn und Blei und Eisen im Schmelzofen; Silberschlacken sind sie geworden.«

In Sach. 5, 7. 8 wird von einer seltsamen Vision berichtet. Von einem Maßgefäß wurde eine Bleiplatte aufgehoben. Ein Weib ward sichtbar, welches der Herr als die Gesetzlosigkeit oder Gottlosigkeit bezeichnet. Dann wurde das Weib wieder in das Epha hineingestoßen und das Maßgefäß mit der Bleiplatte wieder verschlossen. Zur festgesetzten Zeit und Stunde soll diesem im Epha jetzt noch verschlossenen Weib der Gottlosigkeit in der Ebene Sinear die Stadt Babylon erbaut werden. Wie nahe stehen wir heute diesen Endzeitereignissen!

Gebe Gott, daß wir zu denen gehören, die auf den Christusgrund nicht Eisen, Erz und Blei, sondern Gold, Silber und Edelsteine bauen (1. Kor. 3, 12) zum Lob und Preis seiner Herrlichkeit!

BLINDHEIT = VERSTOCKUNG, VERHÄRTUNG

»Blinde Pharisäer!« ruft der Herr in Matth. 23, 26 in seiner Strafrede der siebenfachen »Wehe!« seinen Feinden entgegen, nachdem er sie vorher (Matth. 15, 14) »blinde Blindenleiter« genannt hat.

In Offb. 3, 17 nennt der verherrlichte Christus solche, die sich hinsichtlich ihres geistlichen Lebens selbst betrügen, elend und jämmerlich, arm, blind und bloß.

Unter den elf Gebrechen, die einen Priester zum Dienst untauglich machen, wird die Blindheit an erster Stelle genannt (3. Mose 21, 18—20).

Desgleichen ist die Blindheit die erste der sechs Krankheiten eines Rindes oder Schafes, wodurch das betreffende Tier vom Opfer ausgeschlossen wird (3. Mose 22, 22).

An Israel hat sich bis zur Stunde der Fluch von 5. Mose 28, 29 erfüllt, wo geschrieben steht, daß das Volk am Mittag wie ein Blinder im Finstern einhertappt und kein Gelingen hat. In Jes. 43, 8 wird es »das blinde Volk« genannt, dessen Wächter blind und ohne Erkenntnis sind (Jes. 56, 10). Ergreifend beschreibt der Prophet den Zustand seines Volkes, wenn er sagt: »Wir harren auf Licht, und siehe, Finsternis, auf Helle, aber im dichten Dunkel wandern wir. Wie Blinde tappen wir an der Wand herum, wie solche, die keine Augen haben. Wir straucheln am Mittag wie in der Dämmerung; wir sind unter Gesunden den Toten gleich« (Jes. 59, 9b. 10).

Ein Gläubiger, bei welchem Treue, Entschiedenheit, Erkenntnis, Selbstbeherrschung, Ausdauer, Gottseligkeit, Bruderliebe und Gottesliebe fehlen, »ist blind, kurzsichtig und hat die Reinigung seiner vorigen Sünden vergessen« (2. Petr. 1, 5—9).

Aus diesen und vielen andern Stellen ersehen wir, daß die Blindheit ein Abbild der Verstockung und Verhärtung des Herzens ist.

In diesem Licht erscheinen die Heilungswunder an Blinden und die Verheißungen hinsichtlich der Beseitigung aller Blindheit in herrlichem Lichte. Lesen wir statt vieler nur einige Zeugnisse, die hierher gehören!

»Der Herr öffnet die Augen der Blinden«, wird in Ps. 146, 8 bezeugt. Wer diese Verheißung in ihrem Vollumfang für alle Wesen und Welten zu fassen vermag, der fasse sie!

Zu den vier Messiasaufgaben, die der Herr nach Luk. 4, 18 zu erfüllen im Begriff stand, gehörte auch, den Blinden das Gesicht auszurufen.

Noch einige Jesajaverheißungen wollen wir nachschlagen! 29, 18: »Aus Dunkel und Finsternis hervor werden die Augen der Blinden sehen.« 42, 6: »Ich werde dich setzen zum Licht der Nationen: um blinde Augen aufzutun.« 42, 16: »Ich will die Blinden auf einen Weg führen... die Finsternis vor ihnen will ich zum Licht machen.« 42, 18: »Ihr Blinden, schaut her um zu sehen!«

Glückselig, wem Gott durch seinen Geist vermittelst seines Wortes ins Herz leuchtet, »damit ihm ausstrahle der Lichtglanz des Evangeliums der Herrlichkeit des Christus, welcher das Bild Gottes ist« (2. Kor. 4, 4)!

BLITZ = PLÖTZLICHES ZORNGERICHT

Wenn Gott ein plötzliches Zorngericht androht, das er über seine Feinde bringen will, so redet er von dem »Blitz seines Schwertes« (5. Mose 32, 41), und Hiob 20, 25 spricht von dem »Blitz aus seiner Galle«.

In Ps. 76, 3 steht geschrieben von den »Blitzen des Bogens«, und in Sach. 9, 14 lesen wir: »Der Herr wird auf sie schießen (oder über ihnen erscheinen), und sein Pfeil wird ausfahren wie der Blitz.«

Ps. 11, 6 redet von einem Blitzregen auf die Gottlosen, und Ps. 18, 14 zeigt, wie Gott Blitze schleudert und seine Feinde verwirrt. Der Herr sah den Satan wie einen Blitz aus dem Himmel fallen (Luk. 10, 18) und zeigt damit das plötzliche Zorngericht an, das durch den Feind an anderen geschieht und über ihn selber kommen wird. Auch der zum Gericht wiederkommende Herr wird im Bilde eines Blitzes dargestellt. So sagt er selbst in Lukas 17, 24: »Gleichwie der Blitz blitzend leuchtet von einem Ende unter dem Himmel bis zum anderen Ende unter dem Himmel, also wird der Sohn des Menschen sein an seinem Tage.«

In Dan. 10, 6 lesen wir von der Gestalt eines heiligen Engels Gottes: »Sein Leib war wie ein Chrysolith, und sein Angesicht wie das Aussehen eines Blitzes und seine Augen wie Feuerfackeln und seine Arme und Füße wie der Anblick von leuchtendem Erze; und die Stimme seiner Worte war wie die Stimme einer Menge.«

Der mit Gericht in Verbindung stehende Thron Gottes wird uns in Offb. 4, 5 geschildert. Da heißt es: »Aus dem Throne gehen hervor Blitze und Stimmen und Donner; und sieben Feuerfackeln brannten vor dem Throne, welches die sieben Geister Gottes sind.« Und in Offb. 8, 5 lesen wir: »Der Engel nahm das Räucherfaß und füllte es von dem Feuer des Altars und warf es auf die Erde; und es geschahen Stimmen und Donner und Blitze und ein Erdbeben.«

So furchtbar und erschreckend die Blitze, die Zeichen plötzlichen Gerichtes, auch sein mögen, — der Glaube sieht in diesen Entladungen göttlichen Zorns wie in allen Gerichten zugleich Wegbereiter göttlicher Gnade und Künder neuer Segnungen. So steht in Ps. 135, 7 geschrieben, daß Gott Blitze zum Regen macht, d. h. er kündigt durch die Blitze an, daß bald Regen, ein Bild göttlichen Segens, kommen wird.

Das ist das gleiche Zeugnis, das wir in Sach. 10, 1 lesen, wo es heißt: »Erbittet von dem Herrn Regen zur Zeit des Spätregens; der Herr schafft die Wetterstrahlen, und er wird ihnen (d. h. den Wetterstrahlen oder Blitzen) Regengüsse geben, Kraut auf dem Felde einem jeden.«

Es ist für den Glauben ein gar tröstliches Wissen, daß die Blitze Gottes, so erschrecklich und furchtbar sie auch sind, doch letztlich nicht vernichten und ausrotten sollen, sondern trotz all ihres Gerichtsernstes Vorboten kommender Erlösung sind.

BLUME = IRDISCHE SCHÖNHEIT UND LIEBLICHKEIT

Die Blume oder Blüte ist ein Bild irdischer Schönheit und Lieblichkeit. Deshalb vergleicht der Psalmist die rasch vergängliche Schönheit des Menschen mit frühe blühendem Gras (Ps. 90, 5. 6). »Wie Gras sind des Menschen Tage; wie eine Blume des Feldes blüht er«, lesen wir in Ps. 103, 15, und das abgefallene, untreue Volk wird »eine welkende Blume« genannt (Jes. 28, 1. 4). Die Anmut des menschlichen Fleisches ist wie die Blume des Feldes, die gar bald abfällt (Jes. 40, 6—8), und der Mensch wird wie des Grases Blume vergehen (Jak. 1. 10).

Das messianische Reich wird ein Reich ausgesprochen irdischer Segnungen sein. Deshalb finden wir darüber eine Reihe von Zeugnissen, die das Blühen, die irdische Schönheit und Lieblichkeit der Geschöpfe, zum Gegenstand haben. Lesen wir statt vieler nur etliche Verheißungen aus dem Psalter und den Propheten!

»Der Gerechte wird blühen« (Ps. 72, 7). — »Die gepflanzt sind im Hause des Herrn werden blühen, ... noch im Greisenalter treiben sie, sind saftvoll und grün« (Ps. 92, 13. 14). — »Die Steppe wird aufblühen wie eine Narzisse« (Jes. 35, 1). — »Blühen soll mein Volk wie die Lilie, ... und blühen wie ein Weinstock« (Hos. 14, 5. 7).

Nicht die schnell vergängliche Blume menschlicher Schönheit und Lieblichkeit, sondern die bleibende Frucht des Geistes sollte das Sinnen und Sehnen unserer Herzen beschäftigen und unser geheimstes Wollen und Wünschen beeinflussen und gottgemäß umgestalten.

BOCK = BÖSARTIGKEIT, UNREINIGKEIT

In dem großen Völkergericht, das uns in Matth. 25 beschrieben wird, werden die gottlosen Völker als Böcke geschildert (vgl. Hes. 34, 17!).

Die »Leitböcke der Erde« wurden im Totenreiche aus ihrem Schlummer und Hingestrecktsein aufgestört, als der König von Babel in den Scheol hinabsank und zu ihnen in ihr Maden- und Würmerlager gebettet wurde (Jes. 14, 9—11). Diese Leitböcke sind unruhige Tyrannen, die ähnlich wie der König von Babel Unterdrücker und Erpresser waren (vgl. Sach. 10, 3!).

In 3. Mose 16 wird uns eine Seite des Opfers Christi in den Anordnungen bezüglich des Sündenbockes Asasel vorgeschattet. In Vers 21. 22 lesen wir: »Aaron lege seine beiden Hände auf den Kopf des lebendigen Bockes und bekenne auf ihn alle Ungerechtigkeiten der Kinder Israel und alle ihre Übertretungen nach allen ihren Sünden; und er lege sie auf den Kopf des Bockes und schicke ihn durch einen bereitstehenden Mann fort in die Wüste, damit der Bock all ihre Ungerechtigkeiten auf sich trage in ein ödes Land; und er schicke den Bock fort in die Wüste.«

Christus wurde für uns zur Sünde gemacht (2. Kor. 5, 21) und deshalb vom Vater verlassen (Matth. 27, 46). Auf Golgatha wurde alle Boshaftigkeit und Unreinigkeit in Christo hinweggetan und für immer beseitigt. Dort ist für Gott das Ende alles Fleischeswesens gekommen, sodaß selbst Paulus kühnlich sagen kann: »Von nun an kenne ich niemand mehr dem Fleische nach« (2. Kor. 5, 16).

Nur wer in Christo ist, steht unter dem Wohlgefallen Gottes, aber nicht der, der in religiösen Zeremonien äußere Gesetze erfüllt und in der Kainsgesinnung die Opfer eigener Leistungen bringt. Darum sagt Gott bezüglich der äußeren Opfergaben: »Ich werde nicht Farren nehmen aus deinem Hause noch Böcke aus deinen Hürden ... sollte ich das Blut von Böcken trinken?« (Ps. 50, 9. 13); »Am Blut von Farren und Kälbern und jungen Böcken habe ich kein Gefallen« (Jes. 1, 11b); »Christus ist nicht gekommen mit dem Blut von Böcken und Kälbern, sondern mit seinem eigenen Blut« (Hebr. 9, 12. 13).

Wohl uns, daß uns unser Vater nicht in unserm Naturzustande der Bosheit und Unreinigkeit ansieht, sondern in Christo, unserm Herrn und Haupt! Diese Erkenntnis macht, wenn sie geistlich gefaßt ist, nicht leichtfertig und träge, sondern treibt uns im Gegenteil in heiliges Selbstgericht und völlige Hingabe an Gott, damit alle Bocksnatur unseres natürlichen Fluchzustandes abgetan bleibe und wir in das Strahlbild seiner Herrlichkeit umgestaltet werden.

BOGEN = MACHT, STÄRKE, UNVERMUTETES

Der Bogen als Kriegs- oder Jagdgerät begegnet uns zum erstenmal in 1. Mose 27, 3. Dort mußte Esau auf Befehl seines Vaters mit seinem Bogen aufs Feld gehen, um ein Wildbret zu erjagen. Während Jakob den gottgemäßen Dienst und die Geisteslinie vorschattet, ist Esau ein Bild eigenwilliger Naturkraft und des Fleisches.

Von der als Gerichtswerkzeug von Gott gebrauchten Nation steht in Jes. 5, 28 geschrieben, daß ihre Pfeile geschärft und alle ihre Bogen gespannt sind.

Der Feind hat feurige Pfeile (Eph. 6, 16) und einen Bogen (Offb. 6, 2); unerwartet befehdet er mit Macht und Gewalt die Menschheit. Darum lesen wir auch in Ps. 11, 2 und 37, 14 daß die Gesetzlosen den Bogen spannen (vgl. 1. Mose 49, 22. 23; Richter 5, 11!).

Auch Gott benützt zu Gerichtszwecken manchmal den Bogen, indem er Nationen gebraucht, um andere zu strafen. Lies

Sach. 9, 13! In Ps. 7, 11. 12 wird gesagt, daß Gott in seiner Eigenschaft als zürnender Richter seinen Bogen spannt und auf den Gottlosen zielt, und in Klagelieder 2, 4a steht geschrieben: »Seinen Bogen hat er (Gott) gespannt wie ein Feind.«

Wenn auch der Bogen als Gerichtswerkzeug benützt wird und dann und wann Gottes heilige Macht und unantastbare Stärke offenbart, so ist er doch kein Mittel zur Errettung. Deshalb lesen wir in Hosea 1, 7b: »Ich werde sie nicht retten durch Bogen und durch Schwert und durch Krieg, durch Rosse und durch Reiter.« Und an vielen Stellen wird uns gesagt, daß dereinst die Bogen zerbrochen werden sollen. Schlagen wir dazu folgende Schriftworte nach: Ps. 37, 15; 46,9; Jer. 49, 35; 51, 56.

Nicht durch seine Macht und Stärke, die einmal nach 1. Kor. 15, 24 abgetan werden wird, sondern durch seine Gnade und Liebe wird Gott seine herrlichen Rettungsgedanken und allumfassenden Vollendungsziele verwirklichen.

BORN, BRUNNEN, QUELLE = SEGEN, HEIL, REINIGUNG

Im heißen Orient spielt das Wasser eine ungleich größere und wichtigere Rolle als bei uns im wasserreichen Westen. Darum finden wir auch in der Schrift, sonderlich im alten Testament, das Wasser oft als Symbol gebraucht.

Der Born, der Brunnen oder die Quelle ist »lebendiges Wasser«. Dieses lebendige oder fließende Wasser wird oft als Bild der Person, des Geistes, des Wortes und der Segnungen Gottes benützt. »Mich, den Born lebendigen Wassers, haben sie verlassen«, klagt Gott in Jer. 2, 13 und nennt sich auch in Jer. 17, 13 einen »Born lebendigen Wassers«.

Auch der Geist Gottes wird durch fließendes Wasser versinnbildlicht. So lesen wir in Joh. 7, 38—39: »Wer an mich glaubt, gleichwie die Schrift sagt, aus dessen Leibe werden Ströme lebendigen Wassers fließen. Dies aber sagte er von dem Geiste, welchen die an ihn Glaubenden empfangen sollten; denn noch war der Geist nicht da, weil Jesus noch nicht verherrlicht worden war.« Jes. 44, 3 gibt gleichfalls diese Deutung: »Ich werde Wasser gießen auf das Durstige und Bäche auf das Trockene; ich werde meinen Geist ausgießen auf deinen Samen und meinen Segen auf deine Sprößlinge.«

Nach Spr. 18, 4 wird das Wort aus Gottes Munde einem sprudelnden Bach verglichen. »Die Worte aus dem Munde eines Mannes (der eine Mann der Sprüche ist Christus, während der andere seinen Gegenspieler, Satan, abschattet!) sind tiefe Wasser, ein sprudelnder Bach, ein Born der Weisheit« (vgl. Spr. 25, 25!).

Überaus zahlreich sind die Stellen, in denen Segnungen Gottes »lebendiges Wasser« genannt werden. Lesen wir z. B. aus dem Propheten Jesaja nur 41, 17. 18; 48, 18; 55, 1a; 58, 11b; 66, 12a u. a. m.!

Im Gespräch mit dem samaritischen Weib bezeichnet der Herr seine Gabe als lebendiges Wasser (Joh. 4, 6—14), und in den beiden letzten Kapiteln der Schrift (Offb. 21, 6; 22, 17) werden alle Dürstenden aufgefordert, das Wasser des Lebens umsonst zu nehmen.

In 1. Mose 25, 11 lesen wir: » . . . Gott segnete Isaak . . . und Isaak wohnte bei dem Brunnen Lachai-Roi.« Was soll das heißen? Ismael ist ein Bild fleischlichen Samens mit irdischen Segnungen. Isaak dagegen schattet den Geist der Sohnschaft und der Erkenntnis ab. Die geistesmäßigen Segnungen, die sich zunächst nicht in gewaltigem äußerem Wirken kundtun, werden dargestellt durch das Wohnen bei dem Brunnen Lachai-Roi, d. h. des lebendig Schauenden. Das anbetende Anschauen des lebendigen Gottes, diese wohlgefällige Mariastellung, die stille, verborgene Lebens- und Liebesgemeinschaft mit ihm, ist nicht Ismaels, sondern Isaaks Art.

Weil Brunnen und Quellen Gotteserkenntnis bedeuten, so lesen wir von den Philistern, den Feinden des Volkes Gottes, daß sie die Brunnen der Knechte Abrahams, des Vaters des Glaubens, verstopften und mit Erde füllten. Erde oder Ton aber ist ein Bild irdischer, fleischlicher Gesinnung! So versuchen auch die gottlosen oder frommen Feinde der Gläubigen, den Strom göttlicher Segnungen und die lebendige Christuserkenntnis zu unterbinden und unmöglich zu machen.

Möchten wir solche sein, die geistlicherweise an dem Brunnen des lebendig Schauenden wohnen und gleich Isaak, dem Typ der Sohnschaft und Erkenntnis, alle durch fleischliche Befleckung verstopften Brunnen der Lebens- und Liebesgemeinschaft mit Gott wieder aufgraben (1. Mose 26, 18)!

BROT = KRAFT- UND LEBENSMITTEILUNG

Es gibt natürlich-irdisches Menschenbrot, Engelsbrot oder Himmelsgetreide (2. Mose 16, 4; Ps. 78, 23—25; 105, 40) und Gottesbrot oder wahrhaftiges Lebensbrot, welches Christus ist (Joh. 6, 33—35. 51).

Jesus, das wahrhafte Brot, wurde zu Bethlehem geboren. Bethlehem aber heißt auf deutsch Brothaus. Wie tief und gewaltig ist doch die Symbolik der heiligen Schriften!

Nicht nur der Herr Jesus wird als Lebensbrot bezeichnet, auch die, die als sein Leib, als seine Fülle gliedmäßig mit ihm verbunden sind, werden Brot genannt (1. Kor. 10, 17).

Brot ist auch ein Bild unserer Glaubensnahrung. So lesen wir in 5. Mose 8, 3: »Der Mensch lebt nicht vom Brot allein, sondern auch von allem, was aus dem Munde Gottes hervorgeht« (vgl. Matth. 4, 4!). Wie vielen ergeht es geistlicherweise nach Ps. 102, 4, wo wir lesen: »Wie Kraut ist versengt und verdorrt mein Herz, denn ich habe vergessen, mein Brot zu essen«, weil sie nicht dem Ruf der Weisheit folgten: »Kommet, esset von meinem Brote und trinket von meinem Weine, den ich gemischt habe!« (Spr. 9, 5).

Die Entstehung des Brotes versinnbildlicht wichtige Wahrheiten. Zunächst muß das Weizenkorn sterben, um Frucht zu bringen (Joh. 12, 24). Dann werden die Körner zerrieben und zermahlen. Auch das ist, menschlich gesehen, ein schmerzlicher Prozeß. Dem Süßteig wird Sauerteig zugesetzt! (siehe »Sauerteig«!). Dann haben der Bäcker und sein Ofen ihre Arbeit durch Erhitzen und Glut zu verrichten. Sie bringen die Wirkung des Sauerteigs zum Stillstand und machen das Brot genießbar.

Das gebrochene Brot (Matth. 15, 36; Mark. 8, 19; Lukas 24, 35; Apg. 2, 46; 20, 7. 11; 27, 35) schattet nicht nur die Erlösungstat des Herrn ab (Matth. 26, 26), sondern ist auch ein Sinnbild unserer Stellung als Glieder des Christus (1. Kor. 10, 16). Die Gabe Gottes erhält man »ohne Geld und ohne Kaufpreis« (Jes. 55, 1). Angesichts unserer Feinde bereitet er uns einen Tisch und läßt unsern Becher überfließen (Ps. 23, 5).

Wer erhält jetzt oder dereinst das Brot des Lebens? Ps. 146, 7 sagt uns, daß Gott den Hungrigen Brot gibt. Er vermag sehr wohl, die Satten und Selbstzufriedenen hungrig zu machen und einen solchen Mangel an Brot zu schicken, daß seine Geschöpfe zu ihm umkehren (Amos 4, 6; 8, 11).

Wenn schon ein Mensch seinem nach Brot verlangenden Sohn keinen Stein gibt (Matth. 7, 9), wieviel weniger wird der Gott der Treue und Vater der Erbarmung uns irgend einen Mangel leiden lassen (Ps. 34, 9)!

Nicht nur denen, die auf ihn warten, gibt er Speise zur rechten Zeit (Ps. 104, 27), sondern selbst seine Feinde wird er dereinst speisen und tränken (Spr. 25, 21; Römer 12, 20).

BRUNST = BRENNENDE, BEGEHRENDE ZUNEIGUNG

Das Wort Brunst wird in der Schrift in fleischlich-seelischem Sinn, aber auch in geistig-geistlicher Bedeutung gebraucht. In Jer. 2, 24 wird Israel eine brünstige Wildeselin genannt, die an die Wüste gewohnt ist, und der Apostel Paulus ermahnt uns, die böse Begierde oder Brunst im Tode zu halten (Kol. 3, 5) und nicht in Leidenschaft der Lust wie die Nationen zu leben (1. Thess. 4, 5).

In Hosea 11, 8 läßt uns Gott in sein von brünstiger Liebe erfülltes Vaterherz schauen. Dort lesen wir: »Wie sollte ich dich hingeben, Ephraim, dich überliefern, Israel? Wie sollte ich dich wie Adama (rote oder blutige Erde) machen, wie Zeboim (Ottern oder Schlangen) dich setzen? Mein Herz hat sich in mir umgewendet, erregt sind alle meine Erbarmungen.« Dieses wunderbare Wort von den »erregten Gotteserbarmungen« heißt bei Luther: »Meine Barmherzigkeit ist zu brünstig.« Van Ess übersetzt: »Es glühet mein Mitleid«, während die englische Scoffield-Bibel von »angezündeter Reue« redet. Menge verdeutscht: »Mein Mitleid gerät in Wallung«, und die französische Osterwaldübersetzung spricht von erhitztem Mitgefühl.

Weil Gottes Herz in Liebesbrunst für uns erglüht, darum sollen und können auch wir als seine Nachahmer brünstig im Geiste sein (Römer 12, 11). So lesen wir von Apollos von Alexandrien, daß er brünstig im Geiste redete und sorgfältig die Dinge von Jesu lehrte (Apg. 18, 24. 25). Auch Petrus fordert die Empfänger seiner Briefe auf, inbrünstig einander zu lieben (1. Petr. 1, 22; 4, 8).

Gott gebe, daß diese heilige Inbrunst der Liebe allezeit unsere Herzen durchglühe, erfülle und überströme, zum Lob seiner herrlichen Gnade!

BRUST = LIEBESERWEIS, GEMEINSCHAFT, SEGNUNG

In 1. Mose 49, 25 lesen wir von »Segnungen der Brüste«. Gleichwie die Mutterbrust für das Kindlein Segen ausströmt und diesem Lebenskraft und Liebesgewinn vermittelt, so ist auch Gott ein El Schaddai.

El bedeutet soviel wie Macht oder Stärke, und Schaddai ist abgeleitet von dem Wort schad, das soviel wie Mutterbrust bedeutet. Schaddai könnte man also mit »der Vollbrüstige« oder »der Segen-Ausströmende« übersetzen. Weil Gott sowohl das männliche als auch das weibliche Prinzip in sich vereinigt, so vergleicht er sich manchmal mit einer Mutter (Jes. 49, 15; 66, 13). Oder denken wir nur daran, daß Kinder Gottes nach Joh. 1, 13 »aus Gott geboren« sind!

In diesem Zusammenhang verstehen wir auch, weshalb wir in Offb. 1, 13 davon lesen, daß der Herr »an den Brüsten« (gemeint ist nach dem Urtext der Frauenbusen) mit einem goldenen Gürtel umgürtet ist. Christus ist eben der vollkommene Mensch, der die durch den Fluch getrennten Prinzipien wieder in sich vereinigt.

Der Lieblingsjünger Johannes lag während der Mahlzeit an der Brust des Herrn (Joh. 13, 23. 25; 21, 20), d. h. er hatte innigste Liebesgemeinschaft mit ihm.

Seinem Eigentumsvolk verheißt Gott: »Du wirst saugen die Milch der Nationen und saugen an der Brust der Könige; und du wirst erkennen, daß ich, der Herr, dein Heiland bin« (Jes. 60, 16). Das will sagen, daß Gott dem Israel von seinen früheren Feinden Segnungen und Liebeserweisungen widerfahren läßt.

Gleichwie Aaron die Namen der Stämme auf dem Brustschild an seinem Herzen trug (2. Mose 28, 29), so trägt Gott die Seinen auf dem treuen Herzen seiner Liebe.

BURG, FESTE = SICHERHEIT, ZUFLUCHT

Die Burg oder Festung ist ein Bild der Sicherheit und Zuflucht, die der Glaube in Gott findet. So bezeugt David in 2. Sam. 22, 2: »Der Herr ist meine Burg und mein Erretter!« (vgl. Ps. 18, 2).

In Ps. 31, 2. 3 nennt der heilige Sänger Gott ein »Haus der Berghöhen« und seine Burg. (Siehe auch Ps. 71, 3; 91, 2; 144, 2!)

Israels trügerische Zuflucht und falsche Sicherheit wird in Jes. 17, 9 mit verlassenen und verwüsteten Wald- und Bergruinen verglichen, weil es den Gott seines Heils und den Fels seiner Schutzwehr vergessen hat.

Gott bezeichnet die von ihm erweckten und zum Gericht bestellten Chaldäer (zu deutsch Verwüster oder Teufel!) mit einem zum Fraß eilenden Adler, der jeder Festung lacht und sie einnimmt (Hab. 1, 6—10).

Zur Zeit des Endes werden sich die Menschen statt auf Gott und sein Wort auf alle möglichen irdisch-kreatürlichen Sicherheiten verlassen. Man wird noch in dem Augenblick, da schon das Verderben über sie hereinbricht, von »Frieden und Sicherheit« reden (1. Thess. 5, 3) und Satan und seinen Lügen- und Gewaltoffenbarungen glauben; wird er doch in Dan. 11, 38 »Gott der Festungen« genannt. Der Feind aber ist eine falsche Festung, eine trügerische Zuflucht, während Gott der wahre Bergungsort ist, der uns mit Rettungsjubel umgibt (Ps. 32, 7).

In Sach. 9, 11. 12 ist die Rede von Gefangenen der Grube, in welcher kein Wasser ist. Aus dem Schriftganzen geht hervor, daß diese Grube ohne Wasser ein Bild des Totenreiches ist.

Diese Toten werden »Gefangene der Hoffnung« genannt, d. h. sie sind nicht ohne Hoffnung und Aussicht im Totenreich hingestreckt. Um des Blutes des Bundes, also des vorgeschatteten Opfers Christi willen werden auch sie aus der Grube entlassen, erhalten doppelte Erstattung und dürfen zur wahren Festung, zum Gott ihres Heils, zurückkehren.

Wohl dem, der nicht nur mit den Lippen, sondern in heiliger Herzensfreude singen kann: »Ein feste Burg ist unser Gott!«

DIAMANT, EDELSTEIN = HÄRTE, STANDHAFTIGKEIT, HERRLICHKEIT

Diamanten und köstliche Steine werden oft als Sinnbilder der Härte, der Standhaftigkeit oder der Herrlicheit gebraucht. So beschreibt der Prophet die Gestalt eines Engels in Dan. 10, 6: »Sein Leib war wie ein Chrysolith.«

Von dem Feind, der im Bild des Königs von Tyrus dargestellt ist, wird bezüglich seines Zustandes vor seinem Fall gesagt: »Allerlei Edelgestein war deine Decke: Sardis, Topas und Diamant,

Chrysolith, Onyx und Jaspis, Saphir, Karfunkel und Smaragd und Gold... Du wandelst inmitten feuriger Steine« (Hes. 28, 12b—14).

»Mit diamantener Spitze«, also unausrottbar ist Judas Sünde in die Tafel ihrer Herzen und an die Hörner ihrer Altäre geschrieben (Jer. 17, 1).

Hesekiel hatte ernste Gerichtsbotschaften an sein abtrünniges Volk auszurichten. Damit er dabei nicht weich werde und nachgebe, sagte Gott zu ihm: »Das Haus Israel wird nicht auf dich hören wollen, denn sie wollen nicht auf mich hören. Denn das ganze Haus Israel ist von harter Stirn und verstockten Herzens. Siehe, ich habe dein Angesicht hart gemacht gegenüber ihrem Angesicht, und deine Stirn hart gegenüber ihrer Stirn; wie einen Diamant, der härter ist als ein Fels, habe ich deine Stirn gemacht« (Hes. 3, 7—9a).

Auch in Sach. 7, 12 wird der Diamant als Sinnbild der Härte gebraucht, aber diesmal von dem sich verstockenden Israel: »Sie machten ihr Herz zu Diamant, um das Gesetz nicht zu hören, noch die Worte, welche der Herr der Heerscharen durch seinen Geist sandte mittelst der früheren Propheten.«

Edelsteine schatten nicht nur Standhaftigkeit und Hartnäckigkeit, sondern auch Gottes Herrlichkeit ab. So lesen wir in 1. Kor. 3, 12: »Wenn jemand auf diesen Grund baut Gold, Silber, köstliche Steine...«

Die Offenbarung zeigt uns die Fluchesherrlichkeit Babels und die wahre Herrlichkeit der neuen Gottesstadt durch Edelsteine an.

In Offb. 17, 4 steht geschrieben: »Das Weib war bekleidet mit Purpur und Scharlach und übergoldet mit Gold und Edelgestein und hatte einen goldenen Becher in ihrer Hand voll Greuel und Unreinigkeit ihrer Hurerei«, und Offb. 18, 12—16 sagt uns, daß unter Babels Waren auch Edelgestein sein wird.

Die echte Herrlichkeit der neuen Stadt des Friedens erstrahlt uns in Offb. 21, 19. 20 in wunderbarem Lichte: »Die Grundlagen der Mauern waren geschmückt mit jedem Edelstein: die erste Grundlage Jaspis, die zweite Saphir, die dritte Chalcedon, die vierte Smaragd, die fünfte Sardonix, die sechste Sardis, die siebente Chrysolit, die achte Beryll, die neunte Topas, die zehnte Chrysopras, die elfte Hyazinth und die zwölfte Amethyst.«

Gott gebe uns, daß wir zu denen gehören dürfen, die auf die Christusgrundlage ihrer Rettung nicht Heu, Holz und Stroh, sondern Gold, Silber und Edelgestein bauen!

DONNER = SCHRECKLICHE MACHTENTFALTUNG

Gottes Gerichtsstimme und Zornessprache wird in der Schrift vielfach als Donner bezeichnet. So fragt der Herr seinen Knecht Hiob aus dem Sturm: »Kannst du donnern mit einer Stimme wie er?« (40, 4), und Ps. 29, 3 bezeugt: »Die Stimme des Herrn ist auf den Wassern; der Gott der Herrlichkeit donnert, der Herr auf großen Wassern.«

Wegen ihres Abfalls wird Ariel (Gottesherd = Jerusalem) heimgesucht werden mit Donner und Erdbeben und großem Getöse (Jes. 29, 6).

Bei der Gesetzgebung spielt der Donner eine erschreckende Rolle (2. Mose 19, 16; 20, 18); Hiob 26, 14 spricht von dem Donner seiner Macht, und in Ps. 104, 7 wird die Stimme des Donners das Schelten Gottes genannt.

Wenn der Thron Gottes mit Gericht in Verbindung steht, so ist meist von Blitzen und Donner die Rede (Offb. 4, 5; 8, 5; 11, 19; 16, 17. 18).

Die Herrlichkeitsbotschaft Gottes aus dem Himmel hielt die Volksmenge für Donner (Joh. 12, 28. 29). Das will uns etwas sagen! Wo der Unglaube nur Donner, d. h. Machtdrohung und Schrecken hört, erkennt der Glaube Herrlichkeitsabsichten Gottes.

Gepriesen sei unser Vater in Christo Jesu, vor dessen Gerichtsdonner und Schreckensmacht wir nicht mehr zu erbeben brauchen, weil wir ihm ins Herz schauen und seine tiefsten Gnadengedanken und Liebesabsichten anbetend erkennen dürfen!

DORNEN = FLUCH UND UNFRUCHTBARKEIT

»Sie haben Weizen gesät und Dornen geerntet«, sagt Gott über sein verstoßenes Erbteil in Jer. 12, 13 und will damit andeuten, daß Unfruchtbarkeit und Fluch das vorläufige Ergebnis seiner Wege sind. In den letzten Worten Davids (2. Sam. 23) werden in den Versen 3—7 »der Herrscher in Gottesfurcht« und »die Söhne Belials« gegenübergestellt. Der erste wird durch einen wolkenlosen Sonnenaufgang gekennzeichnet, der Heil und Rettung sprossen läßt, während die Teufelskinder mit Dornen verglichen werden, die man nicht anfaßt, sondern wegwirft und verbrennt.

Dornen und Disteln soll der um des gefallenen Menschen willen verfluchte Acker tragen (1. Mose 3, 18).

Der gleiche Fluch traf den von Gott gepflanzten Weinberg Israel (Jes. 5, 6).

Auch in Edoms Palästen werden Dornen und Disteln aufschießen (Jes. 34, 13). und selbst die Altäre Bethels sollen von Dornen und Disteln überwuchert werden (Hosea 10, 8).

Feigen und Trauben (Fruchtbarkeit und Freude) kann man nicht von Dornen und Disteln ernten (Matth. 7, 16), da jeder Baum (Mensch und Volk) nur seinem Charakter und seiner Art entsprechende Frucht zu bringen vermag.

Israel ist so sehr abgewichen und entartet, daß Gott klagt: »Der Beste unter ihnen ist wie ein Dornstrauch, der Rechtschaffenste wie eine Dornhecke« (Micha 7, 4a). Es ist daher kein Zufall, daß das zum unfruchtbaren Dornstrauch entartete Volk seinen Messias verwarf und mit Dornen krönen ließ (Joh. 19, 2).

Wenn ein ehemals gottgesegnetes Land nur Dornen und Disteln hervorbringt, so ist ihm Fluch und Verbrennung nahe, wie wir bezüglich der israelitischen Priester in Hebr. 6, 8 lesen.

Die zurechtgebrachte Braut des Herrn wird in Hohelied 2, 2 eine Lilie inmitten der Dornen genannt.

Damit das verirrte Volk wiederhergestellt werde, will Gott dessen eigenwilligen Weg mit Dornen verzäunen oder versperren, daß es nicht mehr seinen Götzen nachlaufen kann (Hosea 2, 6. 7). Möchten wir lernen, Gott auch für die mancherlei bewahrenden Dornhecken unseres Lebens zu danken!

Nach Matth. 13, 22 werden die Sorgen des Zeitlaufs und der Betrug des Reichtums ebenfalls mit Dornen verglichen.

So gehaltvoll und wichtig ein Gottesausspruch auch sein mag, im Munde eines Toren ist er nicht mehr als ein Dornzweig in der Hand eines Trunkenen (Spr. 26, 9). Das will sagen, daß das Wort Gottes, wenn es nicht geistlich gebraucht und recht geteilt wird (2. Tim. 2, 15), unfruchtbar bleibt und sogar Verderben und Unheil anrichten kann.

Wie wird es sein, wenn einmal die Verheißung von Jes. 55, 13 im Vollumfang wahr geworden sein wird! Dann werden nicht nur Dornsträucher und Brennesseln zu Zypressen und Myrten werden, sondern jeder Fluch wird in Segen, aller Tod in Leben und jegliches Leid in Herrlichkeit verwandelt und umgestaltet sein!

DRACHE = TYRANNEI, VERWÜSTUNG, FEIND

In Offb. 12, 9 lesen wir von dem großen Drachen, der alten Schlange, welche Teufel und Satan genannt wird. In seiner Eigenschaft als Tyrann und Verwüster wird der Feind als Drache und Seeungeheuer bezeichnet. Dabei ist nicht an ein bestimmtes Tier gedacht, wie auch das hebräische Wort tannin (= der Langgestreckte) für verschiedene Ungeheuer gebraucht wird.

Von dem Teufel als Drachen lesen wir in Offb. 12, 3. 4. 7. 9. 13. 16. 17; 13, 2. 4. 11; 16, 13; 20, 2.

Nebukadnezar von Babel (Jer. 51, 34) und Pharao von Ägypten (Hes. 32, 2; 29, 3) werden auch als solche Seeungeheuer dargestellt, da sie Typen auf Satan sind.

Gott vermag die Häupter der Wasserungeheuer zu zerschmettern (Ps. 74, 13. 14; Jes. 51, 9) und wird zu seiner Zeit den Leviathan, die flüchtige, gewundene Schlange, das Meerungeheuer, töten (Jes. 27, 1).

Im Glauben aber dürfen wir jetzt schon Löwen und Drachen unter den Füßen haben (Ps. 91, 13) und ein Leben des Sieges und innigster Gemeinschaft mit Gott führen.

DRESCHEN = GERICHTSMÄSSIG AUSSONDERN

Gott bezeichnet es in Amos 1, 3 als Freveltat, daß Damaskus sein geliebtes Gilead mit eisernen Dreschschlitten gedroschen hat und nennt Babel in Jes. 21, 10 »Gedroschenes und Sohn seiner Tenne« (vgl. Jer. 51, 33: »Die Tochter Babel ist wie eine Tenne zur Zeit, da man sie stampft«).

Das untreue Volk hat für seinen Abfall von Gott und seine Vermischung mit den Völkern nur Fluch und wohlverdientes Gericht geerntet. Darum nennt Gott Israels Ungehorsam inmitten der Nationen »Hurerei auf allen Korntennen« (Hosea 9, 1).

David vertilgte das Volk Rabbas mit eisernen Dreschwagen (1. Chron. 20, 3), und Gott verheißt dem »Wurm Jakob«, dem »Häuflein Israel«, daß er es zu einem neuen, scharfen Dreschschlitten mache, d. h. zu Gerichtszwecken benutze (Jes. 41, 14. 15). Das deckt sich mit Micha 4, 13, wo wir lesen: »Mache dich auf und drisch, Tochter Zion! Denn ich werde dein Horn zu Eisen und deine Hufe zu Erz machen, und du wirst viele Völker zermalmen; und ich werde ihr Geraubtes dem Herrn weihen und ihr Vermögen dem Herrn der ganzen Erde.«

In Matth. 3, 12 sagt der Täufer bezüglich Jesu, des kommenden Richters und Wiederherstellers: »Seine Wurfschaufel ist in seiner Hand, und er wird seine Tenne durch und durch reinigen und seinen Weizen in die Scheunen sammeln; die Spreu aber wird er verbrennen mit unauslöschlichem Feuer.«

Noch zwei Gottesworte über das Dreschen, die aber mit Tröstlichem verbunden sind, seien hier genannt. »Dill wird nicht mit dem Dreschschlitten ausgedroschen und das Wagenrad nicht über den Kümmel gerollt; sondern Dill wird mit dem Stabe ausgeschlagen und Kümmel mit dem Stocke«. Was soll das heißen? Dill und Kümmel würden durch die eisernen Dreschgeräte völlig vernichtet. Darum werden sie durch Stab und Stock aus ihrer Naturgebundenheit gelöst, um als wertvolle Frucht dem Hausherrn brauchbar zu sein.

So verfährt auch Gott. Er gebraucht Trübsal, Angst und Gericht nur da, wo es unbedingt nötig ist und belastet kein Geschöpf über seine Fähigkeit. Welch reichen Trost sieht der Glaube in diesem einfachen Hinweis von Jes. 28, 27!

In 1. Kor. 9, 10 lesen wir, daß der Dreschende auf Hoffnung dreschen soll. Das will sagen, daß auch das Gerichtswerk des Dreschens nicht etwas ist, was endlos weitergeht (»nicht unaufhörlich drischt er«: Jes. 28, 28), sondern das »auf Hoffnung« geschieht, d. h. Rettungsziele und Liebesabsichten verwirklichen hilft.

Lob und Preis sei unserm Gott und Vater, daß er »ep elpidi« (auf Hoffnung) drischt!

DURST = VERLANGEN NACH GOTT

»Meine Seele lechzt nach dir ... meine Seele dürstet nach Gott« ruft der heilige Sänger in Ps. 42, 1. 2 aus, und Amos 8, 11 spricht vom Durst nach Gottes Wort.

»Es dürstet nach dir meine Seele« lesen wir in Ps. 63, 1, und in Ps. 143, 6 betet David: »Gleich einem lechzenden Lande lechzt meine Seele nach dir.«

Auch das Verlangen nach Gerechtigkeit wird mit Durst verglichen (Matth. 5, 6), und nur der Glaube vermag den Durst unserer Herzen bleibend zu stillen (Joh. 6, 35).

»Bringet dem Durstigen Wasser entgegen!« gebietet Gott seinem Volk bezüglich der verschmachtenden Araber (Jes. 21, 14) und fordert im Bilde eines orientalischen Wasserverkäufers alle Durstigen auf, ohne Geld und ohne Kaufpreis Wasser, Wein und Milch zu trinken (Jes. 55, 1).

Alle Dürstenden sollen aus der Quelle des Wassers des Lebens umsonst nehmen (Offbg. 22, 17), und selbst seine Feinde will und wird Gott dereinst mit dem Wasser des Lebens, welches der Christus ist, tränken (Spr. 25, 21).

Erst dann, wenn Gott alles in allen ist, wird sein Durst nach seiner Schöpfung und das lechzende Verlangen aller und jeder Kreatur nach ihm, ihrem Ursprung und Ziel, restlos gestillt sein.

ECKSTEIN = VORBILD, VOLLENDUNG

Was sollen wir uns unter einem Eckstein (wörtlich Haupt der Ecke) oder Spitzenstein vorstellen? Denken wir an den Schlußstein eines Gewölbes, der das ganze zusammenhält und abschließt, oder an den Schluß- und Spitzenstein einer Pyramide, der sowohl Vorbild als auch Vollendung der Pyramide ist! In diesem Lichte vermögen wir Worte wie Ps. 118, 22: »Der Stein, den die Bauleute verworfen haben, ist zum Haupt der Ecke geworden« und Eph. 2, 20. 21: »Ihr seid aufgebaut auf die Grundlage der Apostel und Propheten, indem Jesus Christus selbst Eckstein (oder Spitzenstein) ist, in welchem der ganze Bau wohl zusammengefügt wächst zu einem heiligen Tempel im Herrn« anschaulich zu erfassen. Von Christus, der als Baustein für untauglich erklärt und, von den Bauleuten Israels verworfen, dennoch zum Haupt der Ecke wird, lesen wir verschiedene Male in der Schrift. Dabei wird öfter Ps. 118, 22 zitiert. Schlagen wir folgende Stellen nach: Matth. 21, 42; Mark. 12, 10; Lukas 20, 17; Apg. 4, 11; 1. Petr. 2, 7!

Auch von dem Eckstein als Grundlage steht verschiedene Mal geschrieben. So fragt Gott aus dem Sturm seinen Knecht Hiob, ob er etwa dabei gewesen sei, als unter dem Jubel der Morgensterne (Engelfürsten) und aller (aller!) Söhne Gottes (Engel) der Eckstein der Erde gelegt, d. h. die Erde geschaffen wurde (Hiob 38, 1—7).

In Jes. 19, 13 wirft Gott den Häuptern oder Ecksteinen der Stämme oder Kasten Ägyptens vor, daß sie ihr Land irregeführt haben, und sagt prophetisch über seinen Sohn, daß dieser ein Stein der Bewährung, ein kostbarer, aufs festeste gegründeter Eckstein ist (Jes. 28, 16), der die auf ihn Vertrauenden vor ängstlicher Unruhe und Hast bewahrt.

In Sach. 10, 4 steht geschrieben, welches der Ursprung des wahren Ecksteins ist.

In Jer. 51, 25. 26 wird Babel ein »Berg des Verderbens« genannt, der die ganze Erde verderbte und deshalb derart verbrannt werden soll, daß man weder Eckstein noch Grundstein von ihm nehmen kann, d. h. daß er zu keinen Aufgaben und Ämtern in Gottes Heilsplan mehr gebräuchlich ist.

Christus aber ist grundlegender Eckstein und krönendes Haupt, Fundament und Abschluß, Vorbild und Vollendung zugleich.

EHE = LIEBESMÄSSIGE VEREINIGUNG GOTTES MIT SEINER SCHÖPFUNG

Die irdische Ehe kann geistlicherweise in verschiedener Hinsicht gedeutet werden. So bezieht Paulus die liebesmäßige Vereinigung in Eph. 5, 32 auf Christus und die Gemeinde, wenn er schreibt: »Dieses Geheimnis (von 1. Mose 2, 24) ist groß; ich aber sage es in Bezug auf Christus und die Gemeinde.« Damit will der Apostel nicht etwa lehren, daß wir die Braut oder das Weib des Christus seien. Denn er schreibt doch zwei Verse vorher: »Wir sind Glieder seines Leibes« (Vers 30).

Israel wird an vielen Stellen des Alten und Neuen Testamentes Braut, Weib, Witwe oder Hure genannt je nach der Stellung, die es zu Jehova-Christus einnimmt. Weil das Volk seinen rechtmäßigen Eheherrn betrogen und sich anderen Göttern hingegeben hat, wird es häufig des Ehebruchs beschuldigt (Jer. 3, 8. 9; 13, 27; Hosea 3, 1). Die Art und Weise, wie der Herr mit der Ehebrecherin umging, war von tiefer prophetischer Bedeutung (Joh. 8, 1—11)!

In Römer 7, 1—6 gebraucht Paulus das Bild der Ehe, um uns zu zeigen, daß wir nicht mehr dem Gesetz und der Sünde, dem Fleisch und dem Satan verbunden sind, sondern vielmehr Christo angehören.

Die Ehe, das Bild der Einheit, wird nicht nur Christus und seine Gemeinde vereinigen. Wie aus einer Reihe von Schriftzeugnissen hervorgeht, wird Gott dereinst mit seiner gesamten Schöpfung in völliges Einssein der Liebe kommen.

EISEN = SÜNDE

Eisen ist unedles Metall und wird oft als Bild der Sünde und Widerspenstigkeit gebraucht. Wir begegnen ihm schon auf den ersten Blättern der Schrift, in 1. Mose 4, 22. Dort lesen wir von Tubalkain, einem Hämmerer von erzenem und eisernem Werkzeug. Sein Name heißt auf deutsch: Besitzer des Erdreichs. Er gehörte nicht zu der gottesfürchtigen Sethlinie, sondern zählte zu den gottlosen Kainiten.

Judas Sünde ist nach Jer. 17, 1 mit eisernem Griffel in die Tafel ihrer Herzen eingeritzt, und Gott nennt sein widerspenstiges Volk »Erz und Eisen« (Jer. 6, 28). Ähnlich steht in Hes. 22, 18 geschrieben, wo Gott Israel als Schlacken, Erz, Zinn, Eisen und Blei im Schmelzofen bezeichnet.

Sirach spricht in seinem apokryphen Buch (12, 10) von Feinden, die ihre Tücke nicht lassen wollen, als von Eisen, das immer wieder rostet.

Edles Metall rostet bekanntlich nicht. So wie das Eisen von dem in der Luft enthaltenen Sauerstoff angegriffen und zersetzt wird, so unterliegen auch die Menschen dem fortwährenden Einfluß der bösen Geister in der Luft (Eph. 2, 2; 6, 12), die wohl über das Eisen der Sünde, nicht aber über das Silber der Erlösung und das Gold des Glaubens Macht und Gewalt haben.

Wir lesen manchmal von eisernen Fesseln und Riegeln (Ps. 107, 10; Jes. 45, 2; Richter 16, 21). Das will uns sagen, daß der natürliche Mensch von der Sünde gefangen und gefesselt ist.

Der eiserne Schmelzofen redet die gleiche ernste Sprache (1. Kön. 8, 51; Jer. 11, 4; 5. Mose 4, 20).

In 5. Mose 28, 48 droht Gott, daß er seinem untreuen Volk ein eisernes Joch auf den Hals legen werde, bis er es vertilgt habe (vgl. Jer. 28, 14).

Von einem eisernen Szepter (oder Gerichtsrute) lesen wir in Ps. 2, 9 und Offb. 2, 27, und Dan. 2, 40 sagt bezüglich des Zweckes und

Dienstes des Eisens, daß es zum Zermalmen, Zerschlagen und Zertrümmern dient.

Wenn wir dereinst auf die Nöte und Irrungen unseres Lebens zurückschauen werden, dann werden wir auch das Geheimnis vom Segen der Sünde verstehen und in höherem, geistlichen Sinn das Wort des alten Sirach begreifen, wenn er zu den zehn Stücken, die der Mensch in seinem Leben braucht, auch das Eisen rechnet (39, 31).

Weil aber Gott nicht ewiglich rechtet und nicht immerdar ergrimmt sein will, weil ja der Geist und die Seelen darüber verschmachten würden (Jes. 57, 16), so erfährt auch einmal das Eisen der Sünde eine selige Umwandlung in das Silber der Erlösung, wie in Jes. 60, 17 geschrieben steht: »Statt des Eisens werde ich Silber bringen.«

Glückselig, wer das in seinem göttlichen Vollumfang zu glauben und zu fassen vermag!

EITER = NEID

»Neid (oder Eifersucht) ist Eiter in den Gebeinen« lesen wir in Spr. 14, 30, und in Spr. 12, 4 wird ein schändliches, d. h. Schande bereitendes Weib mit Fäulnis oder Eiter in den Gebeinen verglichen.

Nach dem Gesetz durften keine Aussätzigen und Eiterflüssigen im Lager des Volkes bleiben, sondern mußten aus der Gegenwart Gottes entfernt werden (4. Mose 5, 2. 3). So vermag auch niemand, der in Neid und heimlicher Schande lebt, die heilige Segensnähe Gottes zu genießen.

In Ps. 38, 5 vergleicht David seinen Sündenzustand mit stinkenden und eiternden Wunden und klagt zwei Verse später, daß seine Lenden voll Brand und nichts Heiles an seinem Fleische ist. Was David hier von sich sagt, bezeugt Gott über sein ungetreues Volk, wie in Jes. 1, 5b. 6 geschrieben steht: »Das ganze Haupt ist krank, und das ganze Herz ist siech. Von der Fußsohle bis zum Haupte ist nichts Gesundes an ihm: Wunden und Striemen und frische Schläge; sie sind nicht ausgedrückt und nicht verbunden und nicht erweicht worden mit Öl.« Obgleich aber diese Wunde unheilbar ist und es für seine eiternden Geschwüre kein Pflaster gibt (Jer. 30, 12. 13), so wird Gott doch, dem kein Ding unmöglich ist, zur rechten Zeit und Stunde dem gänzlich verderbten Volk einen Verband anlegen und es heilen (Jer. 30, 17).

Gepriesen sei der große »Wiederbringer aus Toten« (Hebr. 13, 20), der dem Verlorenen solange nachgeht, bis er es findet (Luk. 15, 4) und der der wahrhaftige Arzt aller Kranken ist (Mark. 2, 17; Matth. 9, 12; Luk. 5, 31)!

ENTWÖHNUNG = GEISTLICHE REIFE, INNERES WACHSTUM

An dem Tag, da Isaak entwöhnt wurde, bereitete sein Vater Abraham ein großes Mahl (1. Mose 21, 8). Nicht die Geburt des verheißenen Samens, sondern die Entwöhnung wurde gefeiert! Wie wichtig muß demnach Abraham, welcher Vorbild und Vater des Glaubens ist, der Umstand sein, daß Isaak, der Typ der Sohnschaft und Erkenntnis, der Säuglings- und Unmündigkeitsstellung entwachsen ist!

Den von der Milch Entwöhnten soll Erkenntnis gelehrt werden (Jes. 28, 9), und erst Entwöhnte können vor Gott erscheinen und vor ihm bleiben (1. Sam. 1, 22). Darum bezeugt auch der Psalmist, daß seine Seele in stillem Gottvertrauen einem entwöhnten Kinde gleicht (Ps. 131, 2).

Sowohl der Schreiber des Hebräerbriefes (5, 12—14) als auch der Apostel Paulus (1. Kor. 3,1—3) tadeln die Gläubigen, die wegen ihrer Unmündigkeit immer noch nicht fähig sind, feste Speise zu geniessen.

Entwöhnt ist im geistlichen Sinn der, der sich aus der Knechtesstellung, die sich nur um Leistung und Lohn sorgt, in die Sohnesstellung hineinwächst und in heiligem Eifer die Gedanken und Pläne des Vaters zu verstehen trachtet. Wie wenige Gläubige gibt es, die sich in heißer Liebe um Gottes Interessen kümmern! Die meisten sind zufrieden, wenn sie das Heil erfaßt haben und so das geliebte eigene Ich nun endlich sichergestellt ist! Die Säuglingsstufe unterscheidet sich in nichts von der Knechtesstellung (Gal. 4, 1). Wenn aber ein Kindlein in Christo in die Jünglings- und Väterstufe hineinreift, dann wiederholt sich in tausend Formen 1. Mose 21, 9 (bitte nachschlagen!).

Erst im Licht von Gal. 4, 21—31 verstehen wir, daß das Gesetzeswesen immer in brutaler Weise das Geisteswesen unterdrücken und verspotten muß. Solange Isaak nicht entwöhnt war, ließ ihn Ismael in Ruhe. Erst durch die Lösungsprozesse zunehmender Reife zieht man Haß und Hohn solcher Gläubigen auf sich, denen Unmündigkeit und Knechtsstellung als Zeichen wirklicher Demut erscheinen und die jedes Vorwärtsschreiten als Schwärmerei und Anmaßung heftig bekämpfen. Erst jener Tag, an dem wir vor dem Preisrichterstuhl Christi offenbar werden, wird das furchtbare Kapitel der Verfolgung Isaaks durch Ismael restlos enthüllen.

Möchten wir zu denen gehören, die schweigend und leidend, bekämpft und unverstanden ihren gottverordneten Weg in der glückseligen Gewißheit gehen, daß es unserem Vater wohlgefallen hat, uns auf der Isaakslinie entwöhnter Sohnschaft zu Trägern seiner Verheißungen in Christo Jesu zuzubereiten!

ERDE, LEHM, TON = IRDISCH-FLEISCHLICHE GESINNUNG, VERGÄNGLICHKEIT, WERTLOSIGKEIT

In Jak. 3, 15. 17 werden zwei Arten von Weisheit gegenübergestellt. Von der »Weisheit von oben« werden acht Eigenschaften aufgezählt. Die »Weisheit von unten« dagegen heißt irdisch, psychisch (oder seelisch), dämonisch.

Von den Feinden des Kreuzes Christi sagt Paulus, daß sie auf das Irdische sinnen (Phil. 3, 19). In Kol. 3 ermahnt er uns, die Glieder, die auf der Erde sind, im Tode zu halten (Vers 5) und nicht auf das zu sinnen, was auf der Erde ist (Vers 2). Wir sehen also, daß Erde und irdische Gesinnung im Gegensatz zu Gott und geistlicher Gesinnung stehen und fleischlich, vergänglich und wertlos sind.

Die Erde vermag in ihrem unerneuerten Zustande nicht vor Gottes Angesicht zu bestehen (Offb. 20, 11). Darum wird auch denen, »die auf der Erde wohnen«, d. h. deren Sinnen und Trachten irdisch ist, besonderes Strafgericht angedroht. Lies Offb. 6, 10; 8, 13; 11, 10; 13, 8. 14; 14, 6; 17, 2. 8!

Dem zweiten aus dem Himmel stammenden Geistesmenschen Christus wird in 1. Kor. 15, 47 der erste von der Erde stammende seelische Mensch Adam gegenübergestellt, und 2. Kor. 4, 7 bezeichnet unsern Leib der Niedrigkeit als ein Gefäß aus Erde.

Das in die Erde fallende und darin sterbende Weizenkorn ist ein Abbild des in den vergänglichen Fleischleib herabsteigenden Sohnes Gottes, der sein Leben freiwillig in den Tod gab (Joh. 12, 24).

Wenn das letzte der vier Weltreiche, die Daniel gezeigt werden, in Zehen von Eisen und Ton ausläuft (Dan. 2, 42), so zeigt das die

Härte und Gewalttat einerseits und die Wertlosigkeit und fleischliche Gesinnung der Menschen andererseits an.

Wer sein böses Herz durch feurige Worte verbirgt, wird in Spr. 26, 23 mit einem irdenen Geschirr verglichen, das mit Schlackensilber überzogen ist. Auch hier erkennen wir wieder, daß die Erde ein Sinnbild fleischlicher Gesinnung ist.

Die Kinder Israels waren mit gediegenem Gold aufgewogen, d. h. sie sollten ein Glaubenszeugnis der Treue Gottes sein. Durch ihre Untreue und ihren Ungehorsam aber sind sie wertlosen irdenen Krügen gleichgeachtet, wie wir in Klagelieder 4, 2 lesen.

In Hiob 4, 19 wird der Mensch im Gegensatz zu den Engeln ein »in Lehmhäusern Wohnender« genannt, dessen Grund im Staub ist, und in Jer. 18, 6 bezeichnet sich Gott als Töpfer, in dessen Hand ein Volk nicht mehr ist als eine willenlose Tonmasse auf der Scheibe. Gleichwie ein Töpfer Ton zerknetet, so werden einst gottlose Fürsten wie Lehm zertreten werden (Jes. 41, 25).

Der ehemalige Glanzstern und Sohn der Morgenröte, der über die Sterne Gottes seinen Thron erhob und sich dem Höchsten gleich machen wollte, wurde »zur Erde gefällt«, d. h. der Vergänglichkeit und niederer Gesinnung preisgegeben (Jes. 14, 12—14).

Als die Schriftgelehrten und Pharisäer beim Herrn die Ehebrecherin anklagten, beugte sich Jesus nieder und schrieb in die Erde (Joh. 8, 1—8). Dabei dachte der Herr wohl an Jer. 17, 13, wo wir lesen: »Die von mir weichen, werden in die Erde geschrieben werden; denn sie haben den Born lebendigen Wassers, den Herrn, verlassen.« Es ist ein gewaltiger Unterschied, ob unser Name in dem heiligen Buch des Lebens eingetragen oder in den vergänglichen Staub der verfluchten Erde geschrieben ist.

Und doch hat unser großer, wunderbarer Gott aller Gnade zwischen sich und der Erde einen Bund geschlossen (1. Mose 9, 13), fordert die Erde auf, die Verheißungsworte seines heiligen Mundes zu hören (5. Mose 32, 1) und wird all sein Wohlgefallen, das auf Rettung und Leben zielt (Hes. 18, 23; 33, 11), nicht nur in den Himmeln, sondern auch auf der Erde ausführen (Ps. 135, 6).

ERNTE = ÄONISCHER ABSCHLUSS

»Die Ernte ist die Vollendung des Zeitalters (Aeons)« (Matth. 13, 39). Diese Worte finden wir unter den verschiedenen

Erklärungen und Gleichnisdeutungen, die der Herr nach der Entlassung der Volksmenge seinen Jüngern gibt (Vers 36—38).

Äon und äonisch, leider meist sehr unverständlich mit Ewigkeit und ewig übersetzt, ist nicht nur ein Zeitbegriff, sondern auch ein Artbegriff. Ein Äon ist ein gewisser Zeitabschnitt, in welchem ein bestimmtes göttliches Gnaden- oder Gerichtsziel erreicht wird. So decken sich ja auch, um ein schwaches Beispiel zu benützen, bei der Nennung des Wortes Ernte die beiden Vorstellungen von Zeit und Ausreife.

In Jer. 8, 20 klagt Israel: »Vorüber ist die Ernte, die Obstlese ist zu Ende, und wir sind nicht gerettet.« Der Dienst der Propheten bewirkte nicht Israels Rettung, sondern vielmehr Fluch und erhöhte Verantwortung.

Jer. 51, 33 nennt das nahende Gericht über Babel die kommende »Zeit der Ernte«, und Gott sagt in Hosea 6, 11: »Auch über dich, Juda, ist eine Ernte verhängt.« Bezüglich des großen Gerichts über die Nationen im Tale Josaphat (Joel 3, 2. 11. 12) läßt Gott verkündigen: »Leget die Sichel an, denn die Ernte ist reif« (Vers 13a). Das gleiche Zeugnis lesen wir in Offb. 14, 15b: »Schicke deine Sichel und ernte; denn die Stunde des Erntens ist gekommen, denn die Ernte der Erde ist überreif geworden.«

Über sein verstoßenes Erbteil, das der Liebling seiner Seele war (Jer. 12, 7), klagt Gott: »Sie haben Weizen gesät und Dornen geerntet; sie haben sich erschöpft und nichts ausgerichtet« (Jer. 12, 13a). Das Zeitalter der Propheten endet trotz aller Gottessaaten mit einer Fluchesernte.

Gal. 6, 8 spricht von Fleischessaat und Geistessaat und entsprechender Verderbens- und Lebensernte, und Ps. 126, 5. 6 redet in köstlichen Worten voll tiefer Prophetie und Symbolik von Tränensaat und Freudenernte.

In Christo, unserem verherrlichten Haupt, sind wir über die Abschlüsse und Enden der Äonen dem Geist und Glauben nach erhöht (1. Kor. 10, 11), wenn wir auch dem Leibe nach seufzen und uns sehnen, bald mit unserem verklärten Haupte vereinigt zu werden (2. Kor. 5, 2—4; 1. Thess. 4, 17. 18).

ERSTLING = ANBRUCH, VERHEISSUNG FÜR ALLE ANDERN GLEICHER ART, GARANT

Der Erstling, Erste oder Erstgeborene unter Menschen und Vieh war dem Herrn geheiligt, wie wir in 2. Mose 13, 2 lesen: »Heilige mir alles Erstgeborene, was irgend die Mutter bricht, unter den Kindern Israels, an Menschen und an Vieh; es ist mein« (vgl. 2. Mose 34, 19!). Weil es aber nicht gut möglich war, daß alle erstgeborenen Söhne Priester geworden wären, hat Gott statt ihrer einen ganzen Stamm aus dem Volk herausgenommen, der ihm zu besonderem Dienst geheiligt war, nämlich die Leviten. So gebietet Gott in 4. Mose 3, 12: »Ich, siehe, ich habe die Leviten aus der Mitte der Kinder Israels genommen anstatt aller Erstgeburt, welche die Mutter bricht unter den Kindern Israels; und die Leviten sollen mir gehören« (vgl. 4. Mose 3, 14. 45; 8, 16—18!).

Dieses Heiligen der Erstlinge war Prophetie. Denn in Römer 11, 16 bezeugt Paulus, daß, wenn der Erstling heilig ist, auch der Teig oder die Masse heilig ist. Darum wird auch dereinst nicht nur ein einziger Stamm Priester sein, sondern das Volk in seiner Gesamtheit, wie in Jes. 61, 6 bezeugt wird. Ja, selbst aus den Nationen wird Gott solche nehmen, die den heiligen Priester- und Levitendienst tun, wie in Jes. 66, 21 verheißen ist.

In Ps. 89, 20—27 spricht Gott davon, daß er David zum Erstgeborenen machen werde, zum Höchsten der Könige der Erde, und in Sach. 12, 10 werden das Leid und die Klage, die einst über den durchbohrten Jehova-Christus von Jerusalem und dem Haus David angestimmt werden, mit der Wehklage über einen Erstgeborenen verglichen.

Das Nilpferd oder der Behemoth (Wasserstier oder Großtuer) wird in Hiob 40, 14 »der Erstling der Wege Gottes« genannt. Diese Riesentiere sind die Abbilder der Urmächte und Urgewalten und schatten nicht das Liebeswesen und die Herrlichkeitsziele, sondern die Gerichtswege Gottes ab; denn 5. Mose 32, 4 bezeugt, daß alle Wege Gottes recht (wörtlich: Gericht) sind. Unter allen Völkern wird Israel der erstgeborene Sohn genannt (2. Mose 4, 22), und Paulus bezeichnet sich als den ersten oder vordersten Sünder (1. Tim. 1, 15).

Was mit dem Erstling geschieht, vollzieht sich später auch an allen anderen. Deshalb werden dereinst alle Nationen errettet und beseligt, und Paulus ist nicht der einzige Sünder, der des Heiles teilhaftig wird, sondern vielmehr Vorbild und Modell für alle andern (1. Tim. 1, 16).

Der Erstgeborene, Erste oder Erstling ist eine charakteristische Bezeichnung Gottes und Christi. Lesen wir nur folgende Schriftzusammenhänge nach: Jes. 41, 4: »Ich, der Herr, bin der Erste.« — Jes. 44, 6: »Ich bin der Erste und bin der Letzte.« — Jes. 48, 12: »Ich bin, der da ist, ich, der Erste, ich, auch der Letzte.« — Hebr. 1, 6: »Wenn er den Erstgeborenen in den Erdkreis einführt.« — Offb. 1, 17: »Ich bin der Erste und der Letzte und der Lebendige.« — Offb. 2, 8: »Dieses sagt der Erste und der Letzte.« — Offb. 22, 13: »Ich bin das Alpha und das Omega, der Erste und der Letzte, der Anfang und das Ende.« — Auch der verherrlichte Christus, wie er sich durch die Paulusbriefe enthüllt, wird oft Erstling oder Erstgeborener genannt (Römer 8, 29; Kol. 1, 15. 18; 1. Kor. 15, 20. 23).

Noch sind erst die »Erstlinge des Geistes« der Gemeinde des Christus gegeben (Römer 8, 23). Aber die Zeit kommt, in der Gott seinen Heiligen Geist ausgießen wird auf alles Fleisch (Joel 2, 28a). Dann werden wir verstehen, daß all die Herrlichkeiten und Segnungen, deren wir aus Gnaden durch den Glauben jetzt schon teilhaftig sein dürfen, nur kleine Angelder und Vorwegnahmen dessen sind, was einst in unvorstellbarer Fülle an aller Kreatur entfaltet werden wird zum Lobpreis der Barmherzigkeit und Treue Gottes des Vaters.

ERZ = GERICHT

In der tiefen Symbolik der Stiftshütte spielt das Erz eine wichtige Rolle. Dem aufmerksamen Bibelleser fällt auf, daß weder im Heiligtum noch im Allerheiligsten Erz verwendet wird; wir finden es nur im Vorhof. 2. Mose 27, 1—8 und 30, 17—21 zeigen uns, daß der Brandopferaltar und seine Geräte und außerdem das Waschbecken zwischen dem Altar und dem Eingang ins Heiligtum aus Erz gebildet sind. Was will uns das sagen?

Die beiden geistlichen Prozesse, die durch die Opfergaben des Sünders und durch das Waschen des zum Dienst ins Heiligtum eintretenden Priesters vorgeschattet sind, beruhen auf Gericht bzw. Selbstgericht. Darum sind der Brandopferaltar und das Waschbecken aus Erz, während der siebenarmige Leuchter, der Schaubrottisch und die Bundeslade, die andere geistliche Wahrheiten darstellen, von Gold sind (2. Mose 25, 10—22. 23—31). Erz ist das ausgesprochene Vorhofsmetall und hat im Heiligtum und im Allerheiligsten keinen Platz.

Das ureigentliche innerste Wesen Gottes ist nicht im Vorhof, sondern im verborgenen Innersten der Hütte enthüllt, wo nicht das äußere Licht der Vernunft hinscheint, sondern Gott selber leuchtet. Damit wird jedoch der Vorhof keineswegs für überflüssig oder unnütz erklärt. Er hat als notwendiger, gottverordneter Weg seine Bedeutung.

Vielleicht wird uns in diesem Licht 1. Kor. 13, 1 heller. Wer nicht Liebe hat, also das ureigentliche Wesen Gottes nicht kennt, der ist nur ein tönendes Erz und eine schallende Zimbel, ein beredter Gerichtsbote! Dieser vorhofsmäßige Gerichtsdienst ist nötig und unerläßlich. Wer aber zum Dienst im Heiligtum und Allerheiligsten berufen ist, der hat es nicht mehr mit Erz, sondern mit Silber und Gold zu tun.

Eines der am klarsten zu erkennenden Vorbilder auf Christus als Erlöser ist die eherne Schlange, die Moses in der Wüste erhöhte (4. Mose 21, 4—9; Joh. 3, 14. 15). Der herrliche und heilige Gottessohn ist vorgeschattet durch eine Schlange! Er, der am Kreuze sich bis zum Wurm erniedrigte (Ps. 22, 6a), wurde von Gott nicht nur zum Sündenträger, sondern zur Sünde selbst gemacht (2. Kor. 5, 21). Christus am Kreuz ist die fleischgewordene und darum von Gottes heiliger Gerechtigkeit gestrafte Sünde der Schöpfung. Und diese gerichtete Sünde ist unser Heil und unsere Rettung. Wer irgend glaubend zu ihm aufblickt, erfährt völlige Vergebung und Rechtfertigung.

Nicht nur Gold und Silber, sondern auch eiserne und eherne Geräte sollen dem Herrn heilig sein und zu den Schätzen des Hauses Gottes gebracht werden (Josua 6, 19. 24). Der ewigtreue Rettergott, der alles wirkt nach dem Rate seines Liebeswillens, benützt auch das Erz des Gerichtes, um seine Vollendungsgedanken auszuführen.

Darum lesen wir, daß Christi Füße bei seiner Wiederkunft zum Gericht glänzendem, wie im Ofen glühendem Kupfer oder Erz gleichen (Offb. 1, 15; 2, 18). Derselbe Heiland, der in Titus 3, 4 die Freundlichkeit und Leutseligkeit Gottes genannt wird, bietet in der Offenbarung einen so schrecklichen Anblick, daß sein Lieblingsjünger Johannes wie tot zu seinen Füßen fällt (Offb. 1, 17).

Gepriesen sei unser Vatergott, in dessen Rettungsdienst nicht nur das Silber der Erlösung und das Gold der Treue und des Glaubens, sondern auch das Erz des Gerichtes zu finden ist!

ESEL = ERTRAGEN EINER LAST

Der Esel wird in der Schrift ein Lasttier genannt. So lesen wir in Matth. 21, 5 von dem Eselsfüllen als dem Jungen des Lasttiers. In 2. Petr. 2, 16 wird der Esel Bileams als »sprachloses Lasttier« bezeichnet, und nach 2. Mose 23, 5 soll der Gottesfürchtige selbst den Esel seines Feindes befreien, wenn dieser unter seiner Last zusammengebrochen ist. Wir sehen also, daß eine der Haupteigenschaften eines Esels das Ertragen einer Last ist, wie ja überhaupt oft Tiere als Sinnbilder seelischer Funktionen und Fähigkeiten gebraucht werden.

Während wir von Abraham lesen, daß er »reich an Vieh, Silber und Gold« war (1. Mose 13, 2), steht von Lot geschrieben, daß er Kleinvieh, Rinder und Zelte hatte. Wenn wir bedenken, daß Gold und Silber geistliche Güter, nämlich Glaube und Treue, Gnade und Erlösung vorschatten, so begreifen wir, warum Abraham Gold und Silber hatte, Lot dagegen nur seelische Qualitäten besaß. Ihre spätere Handlungsweise beweist und offenbart das ja auch.

Die Demut Christi, die sich unter fremde Lasten bückte, wird in Sach. 9, 9 durch die Worte gekennzeichnet: »Sanftmütig (gebeugt oder elend) und auf einem Esel reitend.« Jesu erste Offenbarung auf Erden geschah in Niedrigkeit als Sündentilger und Lastträger. Darum ritt er auf einem Esel.

Wenn er sich aber dereinst in Herrlichkeit und Majestät enthüllen wird, dann wird er auf einem weißen Pferd sitzen und Krieg in Gerechtigkeit führen, wie Offb. 19, 11 bezeugt. Denn das Roß ist das Zeichen der Stärke, des Stolzes und der Kampfbegierde, wie wir später sehen werden. Dem Glauben sind alle diese Dinge nicht belanglose Nebensächlichkeiten, sondern Enthüllungen der Wege und des Wesens Gottes und seines Christus.

In 1. Mose 22, 3 lesen wir: »Abraham machte sich des Morgens frühe auf und sattelte seinen Esel.« Wohl die meisten Schriftausleger erkennen in der Opferung des Isaak ein Vorbild auf die Opferung Christi. Frühe am Weltenmorgen ersah Gott seinen Sohn als Brandopfer und Sündentilger und belastete die stumme Kreatur.

»Er sattelte seinen Esel«. Das tat Abraham selbst, obwohl er genug Knechte hatte!

So sagt uns der Apostel Paulus, daß die Schöpfung um dessentwillen der Vergänglichkeit oder der Verderbnis unterworfen ist, der sie unterworfen hat (Römer 8, 20). Viele Einzelheiten des Opfergangs von Morija sind Vorbilder auf große und herrliche Gottestaten. Und wenn uns bis jetzt auch noch das meiste verschlossen ist, so dürfen wir doch über dem, was uns enthüllt und geoffenbart ist, anbeten und uns freuen.

Von Christus, dem Schilo, dem Ruhebringer und Friedensschaffer, dem die Völker sich anschließen werden (1. Mose 49, 10), lesen wir im folgenden 11. Vers, daß er sein Eselsfüllen an den Weinstock und das Junge seiner Eselin an die Edelrebe binden wird. Vielen mag ein solches Wort »orientalischer Schwulst« ohne tiefere Bedeutung sein. Wer aber die Bildersprache der Heiligen Schrift zu deuten versteht, erkennt aus diesem Wort, das ja auch, wie jedes andere, Heil und Leben vermitteln soll (Matth. 4, 4), daß die göttliche Freude (denn der Wein ist das Bild der Freude, und Christus der wahre Freudenmeister, bezeichnet sich als wahrhaftigen Weinstock!) an das geduldige Ertragen von auferlegten Lasten geknüpft ist.

Laßt uns solches glaubend fassen und in Gottes Kraft ausleben!

FASTEN = VERZICHT AUF FLEISCHLICH-SEELISCHE GENÜSSE, TRAUER

Vom Fasten lesen wir oft in der Schrift, und zwar in bejahendem als auch in verneinendem Sinn. Wo es in der rechten Herzensstellung geschieht, ist es von Segen. Darum finden wir auch häufig, daß Gott angedrohte Gerichte nicht verhängte, wenn das Volk zum Zeichen wirklicher Buße fastete und trauerte (Jona 3, 5 u. a.).

David (2. Sam. 12, 16; Ps. 35, 13; 69, 10; 109, 24), Daniel (9, 3) und viele andere suchten unter Flehen und Fasten in ihrer Not um eigene und ihres Volkes Sünde das Angesicht Gottes (vgl. Joel 2, 12. 15).

Die Prophetin Anna diente unter Fasten und Gebet Tag und Nacht im Tempel Gottes (Luk. 2, 37); Paulus und seine Mitarbeiter fasteten ebenfalls (Apg. 14, 23; 2. Kor. 6, 5; 11, 27); ja selbst der

Herr fastete vierzig Tage und vierzig Nächte in der Wüste (Matth. 4, 2).

Die Gegenwart des Herrn bedeutet meistens Licht und Freude, seine Abwesenheit hingegen Nacht und Trauer. So verstehen wir die Worte Jesu in Markus 2, 19. 20: »Können etwa die Söhne des Brautgemachs fasten, während der Bräutigam bei ihnen ist? So lange sie den Bräutigam bei sich haben, können sie nicht fasten. Es werden aber Tage kommen, da der Bräutigam von ihnen weggenommen sein wird, und dann, an jenem Tage, werden sie fasten.«

Wie aus allen Symbolhandlungen, so hat der Mensch auch aus dem Fasten eine religiöse Leistung und Schaustellung gemacht. Darum sagt der Herr in Matth. 6, 16: »Wenn ihr aber fastet, so sehet nicht düster aus wie die Heuchler; denn sie verstellen ihre Angesichter, damit sie den Menschen als Fastende erscheinen. Wahrlich, ich sage euch, sie haben ihren Lohn dahin.«

In Lukas 18, 9—14 erzählt uns Jesus die bekannte Geschichte von dem Zöllner, der vor dem fastenden, zehntengebenden Pharisäer gerechtfertigt wird.

»Wenn sie fasten, werde ich nicht auf ihr Flehen hören«, sagt Gott in Jer. 14, 12, und in Jes. 58, 3—12 stellt der Herr dem falschen, heuchlerischen Fasten, das nur eine Lohn erwartende Leistung ist, das Fasten gegenüber, an dem er Wohlgefallen hat. Dieses gottgefällige Fasten ist aber keineswegs ein Kasteien der Seele, ein Kopfhängen gleich dem Schilf im Winde oder ein Sichbetten in Sacktuch und Asche (Vers 5), sondern vielmehr etwas durchaus Positives. Es besteht aus folgenden acht Stücken:

1. Lösen der Schlingen der Bosheit.
2. Losmachen der Knoten des Joches.
3. Entlassen gewalttätig Behandelter als Freie.
4. Zersprengen jeden Joches.
5. Brechen des Brotes für die Hungrigen.
6. Aufnahme verfolgter Elender.
7. Bekleiden der Nackten.
8. Sich-nicht-Entziehen allem Fleische.

Wenn wir diese so köstlichen Punkte nacheinander betrachten, so verstehen wir die Aufforderung des Herrn, beim Fasten das Haupt zu salben (Matth. 6, 17). Und wenn Gott von seinen armen, ohnmächtigen Erdenkindern ein solch hochherziges Handeln fordert, wieviel mehr wird er selbst, der doch in Christo Jesu Erfüller aller und jeder Anordnung und Verheißung ist, diese acht Fastenaufgaben an seiner ganzen Schöpfung in unvorstellbarer Herrlichkeit aus- und durchführen.

Wer ihm ins Herz gesehen und seines Geistes nur einen Hauch verspürt hat, der weiß, daß unser großer Rettergott die geheimste Sehnsucht aller seiner Kreatur über alle menschlichen Maßstäbe hinaus stillen und erfüllen wird.

FEIGE = FRUCHTBARKEIT

In 4. Mose 13, 23 lesen wir zum ersten Mal in der Schrift von Feigen. Dort brachten die Kundschafter aus dem Tal Eskol Trauben, Granatäpfel und Feigen. Trauben schatten die Freude und Granatäpfel die Liebe vor. Die Feige aber ist das Bild der Fruchtbarkeit. Doch vergeblich suchte der Herr Frucht in dem Feigenbaum Israel (Luk. 13, 7).

In Luk. 21, 29—31 lesen wir das prophetische Gleichnis: »Sehet den Feigenbaum und alle Bäume; wenn sie schon ausschlagen, so erkennt ihr von selbst, indem ihr es sehet, daß der Sommer schon nahe ist. So auch ihr, wenn ihr dies geschehen sehet, erkennet, daß das Reich Gottes nahe ist.« Das Ausschlagen des Feigenbaumes Israel wird als Zeichen der Nähe des Gottesreiches gedeutet. Es ist kein Zufall, sondern eine innere Notwendigkeit, daß gerade der Heidenchrist Lukas auch das Ausschlagen »aller Bäume«, d. h. die nationale Selbstbesinnung der Völker, nennt. Wer diese prophetische Linie sieht, der steht nicht überrascht und befremdet im Weltgeschehen unserer Tage.

Israel wird in seinem unfruchtbaren Zustand mit »abscheulichen Feigen« verglichen, die nicht gegessen werden können (Jer. 29, 17; 24, 8).

So wenig man von Disteln Feigen lesen kann, so wenig vermögen die falschen Propheten Israels ihres Volkes Führer und Heilsträger zu sein (Matth. 7, 16; Luk. 6, 44).

Das freudige, fruchtbare Leben der Nationen im messianischen Reich wird oft vorgeschattet durch das Leben unter Weinstöcken und Feigenbäumen, und zwar soll »jeder« unter »seinem« Weinstock und Feigenbaum wohnen, d. h. die soziale Frage, die den Völkern so viel Not und Blutvergießen brachte, wird dann völlig gelöst sein. Lies 1. Kön. 4, 25; Micha 4, 4; Sach. 3, 10!

Der ins Meer verpflanzte Feigenbaum von Lukas 17, 6 ist das mitten unter die Nationen (siehe »Meer«!) geworfene und zerstreute Fluchvolk. Zunächst wird sich in den Wehen der Endzeit das Trauerwort von Joel 1, 12 erfüllen, wo wir lesen: »Der Weinstock ist verdorrt und der Feigenbaum verwelkt; ... verdorrt ist die Freude von den Menschenkindern.«

Aber gedulde dich und glaube, daß einmal für dich und mich, für jedwedes Volk, für die Tiere des Feldes und die Auen der Steppe, ja für das ganze All im Vollumfang sich die herrlichen Verheißungen des folgenden Kapitels erfüllen werden, wo geschrieben steht: »Fürchte dich nicht, Erde; frohlocke und freue dich, denn der Herr tut Großes. Fürchtet euch nicht, ihr Tiere des Feldes, denn es grünen die Auen der Steppe; denn der Baum trägt seine Frucht, der Feigenbaum und der Weinstock geben ihren Ertrag« (Joel 2, 21. 22).

FETT = WERT, VORTREFFLICHKEIT, GRÖSSE, REICHTUM

Von Fett steht zum erstenmal in 1. Mose 4, 4 geschrieben. Dort wird uns gesagt, daß Abel von den Erstlingen seines Kleinviehs und von ihrem Fett opferte, während Kain die durch eigene Leistung aus dem verfluchten Erdboden gewonnene Frucht darbrachte. Hebr. 11, 4 bezeugt uns, daß nicht etwa Abel selbst, sondern vielmehr nur sein Opfer vorzüglicher war als das seines Bruders.

Wohl uns, daß wir das größte und herrlichste Opfer haben, das es gibt, und daß dieses Opfer Gottes Herz völlig und restlos befriedigt!

»Gehet hin, esset Fettes!« rief Nehemia im Auftrag Gottes dem betrübt weinenden Volk zu (8, 10), und in Jes. 55, 2 lädt der Herr alle Darbenden ein, ohne Geld und ohne Kaufpreis zu ihm zu kommen und sich an Fettem zu laben.

Die Fettstücke waren die wertvollsten Teile des Opfers. Darum ist in 3. Mose 3, 16 angeordnet, daß alles Fett dem Herrn gehört, ja, selbst das Fett vom Aas durfte verwendet werden (3. Mose 7, 24)!

Pharao versprach Israel »das Fett des Landes« (1. Mose 45, 18), und in Ps. 65, 11 bezeugt der heilige Sänger, daß Gottes Spuren von Fett triefen (vgl. Hiob 36, 16b).

Ps. 81, 16 und 147, 14 reden vom »Fett des Weizens«, und dem wiederhergestellten Volk wird verheißen, daß seine Priester mit

Fett gelabt werden (Jer. 31, 14). In Jes. 5, 1. 2 wird Israel ein »Weinberg auf einem fetten Hügel« genannt, der aber keine Trauben, sondern nur Herlinge brachte.

David bricht in Ps. 36, 6b—8a in die prophetisch weitschauenden Worte aus: »Menschen und Vieh rettest du, o Herr. Wie köstlich ist deine Güte, o Gott! Und Menschenkinder nehmen Zuflucht zu deiner Güte Schatten. Sie werden reichlich trinken von der Fettigkeit deines Hauses.«

Paulus nennt in Römer 11, 17 die Nationen einen wilden, d. h. unfruchtbaren Ölbaum, während bezüglich der Gottesfürchtigen, aus denen Christus kam und denen die Verheißungen gegeben sind, von der Wurzel und der Fettigkeit des Ölbaums die Rede ist.

Auch in anklagender Weise wird in der Schrift von dem Fett, d. h. dem Wohlergehen und dem Reichtum stolzer, selbstzufriedener Menschen geredet. Denken wir nur an die Worte wie Hes. 34, 16 (»Das Fette und Starke werde ich vertilgen«), Jes. 6, 10 (»Mache das Herz dieses Volkes fett«), Jer. 5, 28 (»Sie, d. h. die Gottlosen, sind fett, sie sind glatt«), Ps. 119, 70 (»Ihr, d. h. der Übermütigen Herz ist dick geworden wie Fett«) u. a. m. Diese »Fetten« werden einem strengen Gericht überliefert.

Und doch werden auch sie dereinst eine Frucht des Kreuzes Christi werden, wie im 22. Leidenspsalm bezeugt wird: »Es essen und fallen anbetend nieder alle Fetten der Erde« (Vers 29). Aber nicht nur alle Fetten der Erde werden eingedenk werden, d. h. zur Selbsterkenntnis kommen, umkehren und anbetend niederfallen, auch »alle Enden der Erde«, »alle Geschlechter der Nationen« (Vers 27), »alle, die in den Staub hinabfahren« und »der seine Seele nicht am Leben zu erhalten vermag.«

Glückselig, wer die Größe und Tragweite des Opfers Christi völlig erfassen und anbeten lernt!

FEUER = VERZEHRENDE STRAFE, REINIGUNG, LÄUTERUNG

In Jes. 5, 24 wird der gegen sein Volk brennende Zorn Gottes mit der Zunge des Feuers und einer Flamme verglichen. Dieses Bild finden wir sehr oft in den heiligen Schriften. Fast immer und überall bedeutet Feuer Gericht und verzehrende Strafe. Wir denken an die Flamme des kreisenden Schwertes, womit die Cherubim den Weg zum Baum des Lebens bewahrten (1. Mose 3, 24); an den brennenden Dornbusch (2. Mose 3, 2), das Bild des unter Gericht stehenden Volkes Israel, das trotz schwerster Züchtigungswege nicht aufgerieben wird; an die ernste Gerichtsansage Gottes in Jes. 10, 17. 18 u. v. a. m.

Während die Füße dessen, der gute Botschaft verkündigt, lieblich genannt werden (Jes. 52, 7; Römer 10, 15), werden die Füße des zum Gericht wiederkommenden Christus mit feurigem Erz verglichen (Offb. 1, 15).

Weil der Heilige Geist nur auf dem Weg des Gerichts bzw. des Selbstgerichts von einem unheiligen Menschen Besitz ergreifen kann, so empfingen die Jünger in Jerusalem die Pfingstgabe in Gestalt von feurigen Zungen, während der Geist auf den Herrn, den einzig Reinen, wie eine Taube kam (Apg. 2, 3; Matth. 3, 16).

Nicht nur das Gericht über Israel und die Nationen, sondern auch über die ganze Erde und die Himmel wird durch Feuer geschehen, wie in 2. Petr. 3, 7. 10. 12 bezeugt wird.

So furchtbar aber auch die Gerichtswirkungen des Feuers sind, so stehen sie doch in genau zuvorbestimmtem Umfang und gottverordneter Stärke im Dienst dessen, der alles seinen Gnadenabsichten und Liebeszielen dienstbar zu machen weiß. Darum lesen wir in Ps. 104, 4, daß Gott seine Engel zu Geistern macht, seine Diener zu flammendem Feuer.

Auch die feurigen Schlangen in der Wüste (4. Mose 21, 4—9) waren nur Ausführungsorgane des Gerichtes Gottes, das Veranlassung gab, ein großes, köstliches Vorbild des alles Gericht tragenden Sündentilgers und Versöhners zu enthüllen.

Der Glaube sieht in allem Feuer der Gerichte die zurechtbringende Gnade Gottes und vermag darum allezeit und für alles, also auch für die schwersten Gottesgerichte, zu danken (Eph. 5, 20).

Feuer straft und züchtigt nicht nur, sondern prüft, läutert und reinigt zugleich. Das ersehen wir aus Sach. 13, 9; Spr. 17, 3; Mal. 3, 3 und vielen anderen Schriftzusammenhängen. Es geht nicht anders, als daß wir im »Schmelzofen des Elendes« (Jes. 48, 10) einen schmerzlichen, aber heilsamen Reinigungs- und Prüfungsprozeß durchleben.

Der 83. Psalm redet von tobenden Gottesfeinden. Der heilige Sänger fordert den Herrn auf, sie hinwegzuschrecken, wie Feuer den Wald verbrennt und wie eine Flamme die Berge entzündet (Vers 14. 15) und ihr Angesicht mit Schande zu füllen. Wozu aber dieses schreckliche Feuergericht? Der 16. Vers gibt uns die Antwort: damit sie den Namen Gottes suchen!

Asaph geht in seiner inspirierten Bitte noch weiter. »Laß sie beschämt und hinweggeschreckt werden für immer und mit Scham bedeckt werden und umkommen!« Nach menschlicher Meinung gibt es für Geschöpfe, an denen solche Gerichte vollzogen wurden, keine Rettungsmöglichkeit mehr. Der Psalmist aber sieht tiefer. Für ihn sind die schweren Heimsuchungen (einem Staubwirbel gleichgemacht, mit Feuer verfolgt, vom Sturm hinweggeschreckt, mit Schande gefüllt, hinweggeschreckt für immer [für immer!], mit Scham bedeckt und umgekommen) letzten Endes nur Vorbereitungen dafür, daß auch die Feinde des Herrn zur lebendigen Gotteserkenntnis kommen möchten, wie wir im 18. Vers lesen. Erkenntnis Gottes aber ist nach Joh. 17, 3 nichts weniger als ewiges Leben, das nach dem 2. Vers »allem Fleisch« zuteil werden soll.

Sinn und Zweck schmerzlicher Gerichte durch glühende Kohlen erkennen wir auch aus Jes. 6, 6. 7, wo wir lesen: »Einer der Seraphim flog zu mir, und in seiner Hand war eine glühende Kohle, die er mit der Zange vom Altar genommen hatte. Und er berührte meinen Mund damit und sprach: Siehe, dieses hat deine Lippen berührt; und so ist deine Ungerechtigkeit (Schuld oder Missetat) gewichen und deine Sünde gesühnt.«

Die Schrift spricht an einer Reihe von Stellen von »unauslöschlichem Feuer«. Damit will sie sagen, daß das dort erwähnte Feuer so beschaffen ist, daß es weder von sich aus erlischt noch von irgend einem Geschöpf zum Erlöschen gebracht werden kann. Über das Vermögen oder Unvermögen Gottes, dieses Feuer zum Erlöschen zu bringen, ist damit gar nichts gesagt. Denn Gott vermag sehr wohl »unheilbare Wunden« zu heilen (Jer. 30, 12. 13. 17), »immerfließende Ströme« auszutrocknen (Ps. 74, 15) und den Tod in allen seinen Auswirkungen zu beseitigen (1. Kor. 15, 26). Unauslöschliches Feuer redet nur von der Art des Feuers, nicht aber von dem, was Gott einmal zu tun oder nicht zu tun vermag! Wir müssen die Aussagen und Zeugnisse über Geschöpfe und Geschöpfliches auseinanderhalten von dem, was über Gottes Person und Vermögen bezeugt wird. Für ihn gibt es eben keine Unmöglichkeiten (Matth. 19, 26)!

»Geliebte, laßt euch das Feuer der Verfolgung unter euch, das euch zur Erprobung geschieht, nicht befremden, als begegne euch etwas Fremdes; sondern insoweit ihr der Leiden des Christus teilhaftig seid, freuet euch, auf daß ihr auch in der Offenbarung seiner Herrlichkeit mit Frohlocken euch freuet!« (1. Petr. 4, 12. 13).

FISCHEN = LOCKEN, SAMMELN, FÜR SICH GEWINNEN

In Hab. 1, 14 werden die Menschen mit Fischen des Meeres verglichen, und in Matth. 4, 19 fordert der Herr den Simon Petrus und seinen Bruder Andreas auf, ihm nachzufolgen, damit er sie zu Menschenfischern mache.

Es ist kein Zufall, daß der Herr unter seinen Jüngern eine Reihe von Fischern hatte, ihnen beim Fischen half und Fische einen Hauptbestandteil seiner Nahrung bildeten.

Über die 153 großen Fische in Joh. 21, 11 ist seit Jahrhunderten viel nachgedacht und geschrieben worden. Sie schatten wohl den Ausgang der Wege Gottes ab.

Ein Wort vom Fischen ist endgeschichtlich sehr wichtig: Jer. 16, 16. Dort lesen wir: »Siehe, ich will zu vielen Fischern senden, spricht der Herr, daß sie fischen; und danach will ich zu vielen Jägern senden, daß sie jagen von jedem Berge und von jedem Hügel und aus den Felsenklüften.« Wenn wir den ganzen Zusammenhang beachten (lies Vers 10—18), so finden wir, daß es sich um die Sammlung Israels aus den Ländern ihrer Zerstreuung handelt. Auf zwei Arten wird das untreue Fluchvolk in seine nationale Heimstätte zurückgebracht: durch Fischen und durch Jagen. Im ersten Fall wird Israel mit Fischen, im zweiten Fall mit Wild verglichen. Das Bild ist so klar, daß es für einen schlichten Bibelleser gar keine Schwierigkeiten in der Deutung geben kann. Durch Lockungen und Versprechungen einerseits (Zionismus) und durch Drohungen und Ausweisungen andererseits (Antisemitismus) wird das seinen Gastgebern so verderblich und unheilvoll gewesene Volk Israel in das ihm verordnete Land gebracht.

Daß diese Sammlung zunächst nur eine rein äußerliche ist, die mit innerer Erneuerung nichts zu tun hat und sich etappenweise mit vielen Unterbrechungen vollzieht, liegt auf der Hand. Denn jede Gottesverheißung wird nicht mit einem Schlag eingelöst, sondern vollzieht sich zuerst anbruchhaft im kleinen.

Wenn wir in gewissen Zusammenhängen unter dem Meer ein Bild des Totenreiches verstehen dürfen (siehe Offbg. 20, 13!), so sind die stummen Fische, die sich darinnen aufhalten, vielleicht

Abbilder der Toten. Sagt doch Prediger 9, 12 hinsichtlich der Lebenszeit des Menschen: »Der Mensch weiß seine Zeit nicht, gleich den Fischen, welche gefangen werden im verderblichen Netze...«

Wie der von Gott bestellte große Fisch den ungehorsamen Propheten Jona verschlang, so verschlingt der Tod alle Menschen. Ja, selbst der Herr ging nach seinen eigenen Worten, durch die Jonasgeschichte bildlich vorgeschattet, in den Tod (Matth. 12, 40). So sehen wir auch hier den inneren Zusammenhang von Fisch und Totenreich.

Babel wird in Jes. 21, 2 als »Wüste des Meeres« und als Räuber und Gesetzloser bezeichnet. Suchen wir in diesem Licht Hab. 1, 13b—17 zu verstehen, wo wir lesen: »Warum schaust du Räubern zu, schweigst, wenn der Gesetzlose den verschlingt, der gerechter ist als er? Du machst die Menschen wie die Fische des Meeres... Er hebt sie alle mit der Angel herauf, hebt sie herbei mit seinem Netze und sammelt sie in sein Garn; darum freut er sich und jubelt. Darum opfert er seinem Netze und räuchert seinem Garne ... Soll er deshalb sein Netz ausleeren und beständig darauf ausgehen, Nationen schonungslos hinzumorden?«

Ohne daß Hiob es wußte, war er ein Prophet Gottes und tat inspirierte Aussprüche, von deren Tiefe und Weite er selber nichts verstand. Nach 1. Petri 1, 10—12 ist ja Propheten durchaus nicht alles klar und bewußt, was sie bedienen. Der Dulder von Uz bezeugt in 12, 7—10: »Frage doch das Vieh, und es wird's dich lehren; und das Gevögel des Himmels, und es wird's dir kundtun; oder rede zu der Erde, und sie wird's dich lehren; und die Fische des Meeres werden es dir erzählen. Wer erkennte nicht an diesen allen, daß die Hand Jehovas solches gemacht hat, in dessen Hand die Seele alles Lebendigen ist und der Geist alles menschlichen Fleisches?«

Warum sollten, wenn alles, was Odem hat, einmal den Herrn loben wird (Ps. 150, 6), wenn die Wasserungeheuer und alle Tiefen (alle Tiefen!) nach Ps. 148, 7 ihn preisen werden, nicht auch die Fische, die doch auch zu »allen Werken an allen Orten seiner Herrschaft« gehören, ihn loben? Wenn Gott in Jes. 43, 20 bezeugt, daß das Getier des Feldes ihn preisen, ihm die Ehre geben wird, so mögen der Unglaube und der Halbglaube darüber die Achsel zucken und lächeln, — wir sind von allem überzeugt, was Gottes Wort uns sagt, auch wenn wir es mit unserm armseligen, verfinsterten Verstand noch nicht zu fassen vermögen.

FLÜGEL = FÜRSORGE, VORSEHUNG, GESCHWINDIGKEIT

»Ihr habt gesehen,... wie ich euch getragen habe auf Adlersflügeln«, ließ Gott in 2. Mose 19, 4 seinem Volk sagen, und in 5. Mose 32, 10—12 beschreibt Moses die gnadenreiche Vorsehung und wunderbare Fürsorge Gottes mit den Worten: »Er fand ihn (Jakob) im Lande der Wüste und in der Öde, dem Geheul der Wildnis; er umgab ihn, gab acht auf ihn, er behütete ihn wie seinen Augapfel. Wie der Adler sein Nest aufstört, über seinen Jungen schwebt, seine Flügel ausbreitet, sie aufnimmt, sie trägt auf seinen Schwingen: so leitete ihn der Herr allein, und kein fremder Gott war mit ihm.«

Die goldenen Cherubim sollten den Sühnedeckel der Bundeslade mit ihren Flügeln überdecken (2. Mose 25, 20; 37, 9; 1. Kön. 8, 7; 2. Chron. 5, 8), ein herrliches Vorbild der fürsorgenden Treue Gottes, die alles bewacht und verwaltet.

Boas, dieses feine Löservorbild auf Christus, sagt zu Ruth, sie sei gekommen, um unter den Flügeln Gottes Zuflucht zu suchen, und der heilige Sänger betet in Ps. 17, 8: »Birg mich in dem Schatten deiner Flügel!«

Im Psalter lesen wir köstliche Zeugnisse hinsichtlich der Flügel Gottes. Schlagen wir etliche nach:

36, 7: »Menschenkinder nehmen Zuflucht zu deiner Flügel Schatten.«

57, 1: »Ich will Zuflucht nehmen zu dem Schatten deiner Flügel, bis vorübergezogen das Verderben.«

61, 4: »Ich werde Zuflucht nehmen zu dem Schutze deiner Flügel.«

63, 7: »Ich werde jubeln in dem Schatten deiner Flügel.«

91, 4: »Mit seinen Fittichen wird er dich decken, und du wirst Zuflucht finden unter seinen Flügeln.«

In der Beschreibung des herrlichen Gotteswagens, die in Hes. 1 und Hes. 10 aufgezeichnet ist, lesen wir viel von Flügeln, die ein Bild der Vorsehung und Schnelligkeit sind. Auch die Geschwindigkeit des Feindes der Edomiter wird in Jer. 48, 40 und 49, 22 durch Flügel gekennzeichnet.

In Mal. 4, 2 wird Christus die Sonne der Gerechtigkeit mit Heilung unter ihren Flügeln genannt, und in Matth. 23, 37 bricht der Herr in die bewegliche Klage aus: »Wie oft habe ich deine

Kindlein versammeln wollen wie eine Henne ihre Küchlein versammelt unter ihre Flügel, und ihr habt nicht gewollt!«

Daß das Nichtwollen des Geschöpfes dennoch überwunden wird, ersehen wir aus dem wichtigen Wörtlein »bis« des übernächsten Verses. Wie könnte auch der trotzige Wille einer Kreatur stärker sein und den Sieg davontragen über die allvollendende Liebe des Schöpfers!

Wohl uns, daß wir nicht nur als arme, zitternde Menschlein unter den Flügeln Gottes geborgen sind, sondern in Christo Sohnesstellung einnehmen und der Gegenstand der Wonne und des Wohlgefallens unseres Vaters der Herrlichkeit bilden!

FUCHS = HINTERLIST, BOSHEIT

Der Fuchs ist ein Bild der Bosheit und Hinterlist. So bezeichnet der Herr in Lukas 13, 32 den Herodes als Fuchs, wenn er den Pharisäern antwortet: »Gehet hin und saget diesem Fuchs: Siehe, ich treibe Dämonen aus und vollbringe Heilungen heute und morgen, und am dritten Tage werde ich vollendet.«

Beim Mauerbau Jerusalems sprach der Ammoniter Tobija zu Sanballat: »Was sie auch bauen, wenn ein Fuchs hinauf stiege, so würde er ihre steinerne Mauer auseinander reißen« (Neh. 4, 3).

Die ruchlosen, törichten Propheten Israels werden in Hes. 13, 4 mit Füchsen verglichen, und Klgl. 5, 18 sagt uns, daß Füchse auf dem verwüsteten Berg Zion herumstreifen.

Selbst boshafte, hinterlistige Füchse und die die Dämonen abschattenden Vögel haben ihre Höhlen und Nester; aber Christus, der Schöpfer, Erlöser, Richter und Wiederhersteller des All, hatte während seiner Erniedrigung nichts, wo er sein Haupt hinlegte (Matth. 8, 20).

Hohelied 2, 15 fordert dazu auf, die kleinen Füchse zu fangen, die den blühenden Weinberg verderben.

So lehrt und mahnt auch uns der Apostel des Leibes des Christus, daß unser Kampf wider die geistlichen Mächte der Bosheit ist (Eph. 6, 12) und wir nicht mehr wie früher (Titus 3, 3; Römer 1, 29) in Bosheit leben sollen, sondern diese von uns abgetan sei und bleibe (1. Kor. 5, 8; 14, 20; Eph. 4, 31; Kol. 3, 8).

Gott schenke uns in Gnaden, daß wir unter der Zucht des Heiligen Geistes alle Fuchsnatur der Bosheit und Hinterlist verleugnen und verlernen!

FUSS = WANDEL, BEREITSCHAFT, BOTSCHAFT, HERRSCHAFT

»Mein Fuß steht auf ebenem Boden!« ruft David in Ps. 26, 12 aus, und Hiob bezeugt in 23, 11, daß sein Fuß an Gottes Schritt festgehalten hat. Das will sagen, daß der Wandel dieser beiden Gotteszeugen tadellos und gottgemäß war.

Gottes Wort ist unseres Fußes Leuchte (Ps. 119, 105), und der Herr wird nicht zugeben, daß der Fuß seiner Heiligen wanke (Ps. 121, 3). »Die Füße seiner Frommen bewahrt er«, betet Hanna in 1. Sam. 2, 9, und der heilige Sänger bekennt frohlockend, daß Gott seine Füße in einen weiten Raum gestellt hat (Ps. 31, 8) und bezeugt, daß er seine Füße zu Gottes Zeugnissen gekehrt und von jedem bösem Pfad zurückgehalten hat (Ps. 119, 59. 101).

Zu den 11 Gebrechen des Priesters, die vom heiligen Dienst ausschlossen, gehörte nach 3. Mose 21, 19 auch ein »Bruch am Fuß«, d. h. ein nicht Gott gemäßer Wandel.

An drei Körperstellen wurde Aaron mit Blut betupft: am rechten Ohrläppchen, am Daumen der rechten Hand und an der großen Zehe des rechten Fußes (2. Mose 29, 20; 3. Mose 8, 23). Damit sollte versinnbildlicht werden, daß Gehorsam, Taten und Wandel der Priester in besonderer Weise Gott geheiligt sein sollen.

Als der Herr die Füße seiner Jünger wusch, deutete er damit an, daß wir bezüglich unseres praktischen Wandels immer wieder der Reinigung bedürfen. Grundsätzlich sind wir in Christo gerettet und gereinigt; darum kann der Herr dem in diesem Stück irrenden Petrus sagen: »Wer gebadet ist, hat nicht nötig, sich zu waschen, ausgenommen die Füße, sondern ist ganz rein« (Joh. 13, 9. 10).

Nicht nur der Wandel, sondern auch die Bereitschaft für Gott und das Verkündigen einer Botschaft finden wir oft versinnbildlicht, wenn wir von Füßen lesen. Denken wir nur an das Wort in Eph. 6, 15, wo uns der Apostel ermahnt, an den Füßen beschuht zu sein mit der Bereitschaft des Evangeliums des Friedens! Oder lesen wir Jes. 52, 7 (vgl. Römer 10, 15) und Nahum 1, 15 nach, wo die Füße des Trägers froher Botschaft lieblich genannt werden.

Orientalische Fürsten pflegten gleich den ägyptischen Pharaonen in ihre steinernen Fußschemel soviel Striche einritzen zu lassen, wie sie Provinzen erobert hatten. Darum bezeichnet die Schrift sehr häufig die Unterwerfung unter die Herrschaft Gottes oder eines Geschöpfes als das Gestelltwerden unter dessen Füße.

Nach Josua 14, 9 sollte alles Land, auf welches der Fuß Josuas trat, ihm zum Erbteil gehören (5. Mose 11, 24; Josua 1, 3). Jes. 60, 14 verheißt, daß die Schmäher der Frommen vor deren Füßen niederfallen werden, und in Jes. 66, 1 bezeichnet Gott die Erde als den Schemel seiner Füße (Apg. 7, 49).

Wenn der Herr zum zweiten Mal kommen wird, dann geschieht es, wie wir bereits sahen, nicht mehr in Niedrigkeit, sondern in richterlicher Herrlichkeit. Dann sind seine Füße gleich glänzendem Kupfer, als glühten sie im Ofen (Offb. 1, 15; 2, 18). Als Johannes, der Lieblingsjünger des Erniedrigten, so seinen Herrn sah, an dessen Brust er doch so oft gelegen hatte, fiel er zu seinen Füßen wie tot (Offb. 1, 17). Angesichts solcher Herrlichkeitsoffenbarungen Gottes vermag uns nur der Geist auf unsere Füße zu stellen (Hes. 2, 1. 2; 3, 24).

Ps. 8, 6 redet davon, daß »alles«, nämlich Schafe und Rinder, Tiere des Feldes, Gevögel des Himmels, Fische des Meeres und alles, was die Pfade des Meeres durchwandert, unter die Füße des Menschen gestellt ist. Wenn wir aber nachlesen, wie dieses Gotteswort in Hebr. 2, 8; 1. Kor. 15, 27 und Eph. 1, 22 zitiert wird, so staunen wir, wie gewaltig sich dieses im Psalter rein hirtenmäßig geschaute »alles« in paulinischer Höhenlage erweitert. Da erkennen wir, daß sich jede Schriftverheißung in immer größeren und herrlicheren Kreisen erfüllt. Bitte auch Jes. 60, 13b nachzulesen!

Wohl uns, daß auch wir die Zusage des Apostels Paulus fassen und glauben dürfen, wenn er schreibt: »Der Gott des Friedens wird in kurzem den Satan unter eure Füße zertreten« (Röm. 16, 20).

GALLE = BITTERKEIT, UNRECHT, GIFT

Galle und Wermut schatten Bitterkeit ab, sind ein Sinnbild des Giftes. Der Volksmund, der ja in seinen Sprichwörtern und Redensarten viele göttliche Wahrheiten ahnt und unbewußt darstellt, kennt auch Menschen »voll Gift und Galle«.

Petrus sprach zu Simon, der durch Geld geistliche Gaben kaufen wollte, er sei »in Galle und Bitterkeit« (Apg. 8, 18—23).

»Sie gaben mir als Speise Galle (oder Gift)«, spricht David in Ps. 69, 21 prophetisch im Blick auf Christus. In Matth. 27, 34 finden wir die Erfüllung, wenn von Jesus geschrieben steht: »Sie gaben ihm Essig mit Galle vermischt zu trinken.«

Um seines Starrsinns willen wurde Israel von Gott mit Wermut gespeist und mit bitterem Wasser getränkt (Jer. 9, 15; 23, 15), und der tränenreiche Prophet klagt, daß er von Wermut und Bitterkeit (oder Gift) umgeben ist (Klgl. 3, 5. 19).

In 5. Mose 29, 18 warnt Gott sein Volk vor einer Wurzel, die Gift und Wermut trage, und der Prophet Amos klagt darüber, daß Israel das Recht in Wermut verwandelt (5, 7) und das Recht zu Gift und die Frucht der Gerechtigkeit zu Wermut werden läßt (6, 12; vgl. Hiob 20, 14).

Möchte sich an uns das Wort unseres großen Bruders Paulus erfüllen, daß alle Bitterkeit von uns weggetan sei und bleibe (Eph. 4, 31) und wir nicht mehr Menschen voll Gift und Galle, sondern voll Lob und Anbetung seien!

GARBE = FREUDIGE VOLLKRAFT, REIFE

Nach 3. Mose 23, 9—11 sollten die Erstlingsgarben der Ernte durch den Priester dargebracht werden zum Wohlgefallen vor dem Herrn. Die Garbe der Erstlingsfrucht ist Anbruch und Sinnbild der Vollkraft und Reife.

Wie wird es sein, wenn sich einmal Ps. 126, 5. 6 im Vollumfang erfüllen wird! Dort lesen wir: »Die mit Tränen säen, werden mit Jubel ernten. Er geht hin unter Weinen und trägt den Samen zur Aussaat; er kommt heim mit Jubel und trägt seine Garben.« In Vers 5 ist die Rede von vielen; im letzten Vers aber lesen wir nur von einem, der weinend hingeht und den Samen zur Aussaat trägt.

Wer aber ist im letzten und tiefsten Sinn dieser Eine? Niemand anders als Christus! Er ist Säemann und Same zugleich, wie er auch Priester und Opferlamm gleicherweise ist. Seine Erniedrigung, sein Leiden und Sterben, sein Todesweg, den er bis zur Stunde in seinen Leibesgliedern geht, sind ein weinendes Hingehen auf den Acker der Welt, um sich selbst als Weizenkorn in den stillen, dunkeln Schoß der Erde zum freiwilligen Sterben hinzugeben.

Aber einst kommt die Stunde, da Christus mit seinen verherrlichten, ihm gleichgestalteten Gliedern, mit seinem ihm angetrauten, wiederhergestellten Israel, mit der gesamten erneuerten Schöpfung mit Jubel heimkommt und seine Garben trägt.

Glückselig, wer im Geist und Glauben das jetzt schon schauen und genießen darf!

GARTEN = PFLEGE, FRUCHTBARKEIT, FREUDE

Während der Acker voll Disteln und Dornen ein Bild der Unfruchtbarkeit und der mühevollen Anstrengung ist, schattet der Garten Pflege, Fruchtbarkeit und Freude ab.

»Gleich Gärten am Strome« heißt Bileam, der Mann geöffneten Auges und Prophet wider Willen, das nach Stämmen gelagerte Volk (4. Mose 24, 6), und Salomo nennt als Gegenstand der Freude »Gärten und Parkanlagen« (Pred. 2, 5).

»Ein verschlossener Garten« wird die Braut Christi in Hohelied 4, 12 genannt, heißt aber im Fluchzustande ihrer Untreue »ein Garten, der kein Wasser hat« (Jes. 1, 30). Das gleiche Bild des Gartens für das fruchtbare, sich freuende Volk finden wir in Jer. 31, 12, wo wir lesen: »Ihre Seele wird sein wie ein bewässerter Garten, und sie werden hinfort nicht mehr verschmachten.«

Überhaupt wird die Wiederherstellung eines unter dem Fluch stehenden Volkes als ein Verwandeln der Wüste und Steppe in einen fruchtbaren Garten dargestellt. Jes. 51, 3: »Der Herr tröstet Zion, tröstet alle ihre Trümmer; und er macht ihre Wüste gleich Eden und ihre Steppe gleich dem Garten des Herrn. Wonne und Freude werden darin gefunden werden, Danklied und Stimme des Gesanges.« — Jes. 58, 11: »Beständig wird der Herr dich leiten, und er wird deine Seele sättigen in den Zeiten der Dürre und deine Gebeine rüstig machen. Und du wirst sein wie ein bewässerter Garten und wie ein Wasserquell, dessen Gewässer nicht trügen.« — Amos 9, 14: »Ich werde die Gefangenschaft meines Volkes wenden; und sie werden die verwüsteten Städte aufbauen und bewohnen, Weinberge pflanzen und deren Wein trinken, und Gärten anlegen und deren Frucht essen.«

Das Heil aller Nationen wird mit dem Wachstum in einem Garten verglichen. So lesen wir in Jes. 61, 11: »Wie die Erde ihr Gesproß hervorbringt, und wie ein Garten sein Gesätes aufsprossen läßt, also wird der Herr, der Gott, Gerechtigkeit und Ruhm aufsprossen lassen vor allen Nationen.«

Laßt uns dankbar und anbetend glauben und fassen, daß unser Vater in heiligem Gleichmaß den Nordwind der Leiden und Nöte und den Südwind der Wohltaten und Segnungen (Hohelied 4, 16) den Garten unseres Lebens durchwehen läßt, damit die ihm köstliche und wohlannehmliche Frucht wachse zu unserer Glückseligkeit und zu seiner Verherrlichung!

GEFÄNGNIS = GEWALTSAME ZURÜCKHALTUNG, MACHTBEREICH DES FEINDES UND DES UNGLAUBENS

Von Gefangenschaft und Gefängnis redet die Schrift sehr häufig. So wird Israels fluchvolle Zerstreuung unter die Nationenwelt Gefangenschaft genannt. In Jes. 52, 2 lesen wir von der »gefangenen Tochter Zion«, und für das Ende der Tage, d. h. den Abschluß des gegenwärtigen Äons, verheißt Gott, daß er die Gefangenschaft des Volkes wenden wolle (Hes. 16, 53). Oder lesen wir 5. Mose 30, 3—5: »Der Herr, dein Gott, wird deine Gefangenschaft wenden und sich deiner erbarmen; er wird dich wiederum sammeln aus all den Völkern, wohin der Herr, dein Gott, dich zerstreut hat. Wenn deine Vertriebenen am Ende des Himmels wären, so wird der Herr, dein Gott, von dannen dich sammeln und von dannen dich holen; und Jehova, dein Gott, wird dich in das Land bringen, welches deine Väter besessen haben.« Und in Jer. 29, 14 ist verheißen: »Ich werde eure Gefangenschaft wenden und euch sammeln aus allen Nationen und aus allen Orten, wohin ich euch vertrieben habe, spricht der Herr; und ich werde euch an den Ort zurückbringen, von wo ich euch weggeführt habe.«

Dereinst werden alle Völker aus dem Gefängnis des Unglaubens und der Gottesferne zur gegebenen Zeit und Stunde eine wunderbare Befreiung und Errettung erleben. So heißt es z. B. von dem unter dem Fluch stehenden Moab, das derart vertilgt wurde, daß es kein Volk mehr sein sollte (Jer. 48, 42), daß es am Ende der Tage von seiner Gefangenschaft befreit werde (Vers 47).

Und den vertriebenen Ammonitern, von denen der Prophet sagt, daß niemand die Flüchtigen sammelt (Jer. 49, 5), verheißt Gott: »Nachher werde ich die Gefangenschaft der Kinder Ammon wenden« (Vers 6). Auch die Elamiter, hinter denen nach Gottes eigenen Worten das Schwert bis zur Vernichtung her sein soll (Jer. 49, 37), werden am Ende der Tage eine Erlösung aus ihrer Gefangenschaft des Todes erfahren (Vers 39).

Hier lernt der Glaube, daß Gericht und Vernichtung nie das Letzte und Endgültige sind, sondern daß Gottes Liebesgedanken und Rettungsabsichten am Ende den Sieg davontragen.

Bezüglich der Ägypter, der Feinde Gottes und seines Volkes, sagt der große Befreier und Wiederbringer: »Ich werde die Gefangenschaft wenden und sie in das Land Pathros, in das Land ihres Ursprungs zurückbringen, und daselbst werden sie ein niedriges Königreich sein« (Hes. 29, 14).

Ist nicht auch unser Erdenleben auf irgend eine Art ein Gefängnis? Empfinden wir nicht Nöte und Ängste, Schwachheiten und Schwierigkeiten als einengende Kerkermauern? Ja, war nicht unser großes Vorbild Paulus nach außen und nach innen gesehen ein Gefangener, ein Unterruderer, ein Galeerensklave? Lesen wir nur Eph. 3, 1; 4, 1; Phil. 1, 12—17; 2. Kor. 6, 4; 11, 23 nach, was er da bezüglich seiner eigenen Person sich für Ehrentitel beilegt und wie sein Lebensweg verlief!

Während der König von Babel, ein Vorbild auf Satan, seine Gefangenen nicht in die Heimat entließ (Jes. 14, 17), gehört zu den allumfassenden Aufgaben und Ämtern Christi auch die Befreiung aller Gefangenen und Eingekerkerten (Luk. 4. 17—21).

Schon der Psalmist sagt: »Der Herr hat herabgeschaut vom Himmel auf die Erde, um zu hören das Seufzen der Gefangenen, um zu lösen die Kinder des Todes« (Ps. 102, 19b. 20), und David bekennt frohlockend: »Gott führt Gefangene hinaus ins Glück!« (Ps. 68, 6).

Fürwahr, »der Herr hört auf die Armen, und seine Gefangenen verachtet er nicht« (Ps. 69, 33), denn Christus ist nach Jes. 61, 1 gesalbt und gesandt, um Freiheit auszurufen den Gefangenen und Öffnung des Kerkers den Gebundenen. Er hat »die Gefangenschaft gefangen geführt«, damit selbst die Widerspenstigen oder Empörer bei Gott wohnen (oder Gott bei ihnen wohne), wie Ps. 68, 18 bezeugt.

Christus predigte den Geistern, die im Gefängnis sind (1. Petr. 3, 19), und hinsichtlich der »Heerschar der Höhe in der Höhe« steht geschrieben, daß sie eingesperrt wird in die Grube, wie man Gefangene einsperrt, aber nach vielen Tagen in Gnaden (so die genaue Textbibel) heimgesucht wird (Jes. 24, 21. 22).

Zu den Aufgaben am Tage des Heils gehört auch, zu den Gefangenen zu sagen: »Gehet hinaus!« (Jes. 49, 9), und selbst »rechtmäßig Gefangene« sollen ihrem Herrn entrissen werden und entrinnen (Jes. 49, 24. 25).

Könnten wir doch fassen, daß jeder Gefangene ein »Gefangener auf Hoffnung« ist, d. h. daß es Hoffnung für ihn gibt (Sach. 9, 12), an dem sich dereinst das herrliche Erstattungsamt Christi auswirken wird, dann vermöchten wir vielleicht auch 2. Tim. 2, 26 in seinem Vollumfang zu fassen, daß selbst diejenigen, die vom Fallstrick des Teufels gefangen sind, letztlich nur deshalb in diesem grauenhaften Gefängnis sind, damit sich durch Tod, Gericht und Verderben am Ende doch Gottes Liebe und Rettungswille an ihnen erfülle (vgl. 1. Kor. 5, 5!).

GEFÄSS = LEIBLICHKEIT

In 2. Kor. 4, 4 spricht Paulus vom »Lichtglanz des Evangeliums der Herrlichkeit des Christus« und bezeugt anschließend im 7. Vers: »Wir haben aber diesen Schatz in irdenen Gefäßen«. Unser jetziger Leib der Niedrigkeit wird ein irdenes oder tönernes Gefäß genannt, in das Gott etwas überaus Kostbares, nämlich die Botschaft seiner eigenen Herrlichkeit, hineingelegt hat.

1. Petr. 3, 7 redet von Frauen als von »schwächeren Gefäßen«, bei denen die Männer mit Vernunft wohnen und denen sie Ehre geben sollen. Mit ernsten Worten mahnt in dieser Beziehung auch Paulus in 1. Thess. 4, 3—5: »Dies ist Gottes Wille: euer Geheiligtsein, daß ihr euch der Hurerei enthaltet, daß ein jeder von euch sein eigenes Gefäß in Heiligkeit und Ehrbarkeit zu besitzen wisse, nicht in Leidenschaft der Lust wie die Nationen, die Gott nicht kennen.«

Aus diesen Zusammenhängen ersehen wir, daß Gefäße Bilder für die Leiblichkeit von Menschen sind. Hierher gehört auch Röm. 9, 20—23: »O Mensch, wer bist du, der du das Wort nimmst wider Gott? Wird etwa das Geformte zu dem Former sagen: Warum hast du mich also gemacht? Oder hat der Töpfer nicht die Vollmacht über den Ton, aus derselben Masse ein Gefäß zur Ehre und ein anderes zur Unehre zu machen? Wenn aber Gott, willens, seinen Zorn zu erzeigen und seine Macht kundzutun, mit vieler Langmut ertragen hat die Gefäße des Zorns, zubereitet zum Verderben —

und auf daß er kundtäte den Reichtum seiner Herrlichkeit an Gefäßen der Begnadigung, die er zur Herrlichkeit zubereitet hat...«

Gott ist der Schöpfer unseres Leibeslebens, und wir sind Gefäße seiner Ehre oder der Unehre. Es kommt, menschlich gesprochen, nur darauf an, in wessen Dienst wir unsern Leib und seine Glieder stellen (Röm. 12, 1)! Welch ein gewaltiger Unterschied, ob wir Gefäße seines Zornes sind, zubereitet zum Verderben, oder Gefäße der Begnadigung und Barmherzigkeit, die Gott zur Herrlichkeit zubereitet hat, auf daß er an ihnen den Reichtum seiner doxa (Herrlichkeit, Pracht) kundtue! Achten wir darauf, daß die Gefäße der Begnadigung von Gott selbst zubereitet sind, von den Gefäßen des Zornes jedoch geschrieben steht, daß sie zubereitet sind, ohne daß gesagt wird, w e r sie zubereitet hat! Wer den Unterschied zwischen Gottes Ratschlüssen, Vorsätzen und Wohlgefallen begriffen hat, dem sind solche feinen Unterscheidungen im Blick auf das Herz des Vaters der Liebe von köstlicher Bedeutung!

»In einem großen Hause sind nicht allein goldene und silberne Gefäße, sondern auch hölzerne und irdene, die einen zur Ehre, die andern aber zur Unehre. Wenn nun jemand sich von diesen hinwegreinigt, so wird er ein Gefäß zur Ehre sein, geheiligt, nützlich dem Hausherrn, zu jedem guten Werke bereitet« (2. Tim. 2, 20. 21). Man mag unter dem großen Haus verstehen, was man will, die Gemeinde des Herrn oder die »Christenheit«, die Erde oder das All, — es gibt Gefäße aus Gold und Silber, Holz und Erz, die Zeugnisse des Glaubens und der Erlösung, des Menschlich-Irdischen und des Gerichtes sind. Da gilt es, sich hinwegzureinigen, d. h. sich innerlich, wo es sein muß, auch äußerlich abzusondern von dem, was Gott nicht gefällt (vgl. 2. Kor. 6, 14—17!).

Trotz seines schwachen Leibeslebens ist Paulus ein »auserwähltes Gefäß«, das den Namen des Herrn sowohl vor Nationen und Könige als auch vor die Söhne Israels tragen soll, wie Apg. 9, 15 bezeugt.

In Ps. 31, 9b—12 klagt David: »Vor Gram verfällt mein Auge, meine Seele und mein Bauch. Denn vor Kummer schwindet mein Leben dahin ... Es verfallen meine Gebeine ... Ich bin geworden wie ein zertrümmertes Gefäß.« Unser Leib — ein Gefäß! Wir sind in einer Welt, die voll Sünde und Todeswesen ist. Darum wird »jedes offene Gefäß, auf dem kein festgebundener Deckel ist«, als unrein erklärt, wenn es irgendwie mit dem Tod in Berührung kommt (4. Mose 19, 14. 15). Wie viele wichtige Belehrungen sieht der Glaube in solchen scheinbar unwichtigen und nebensächlichen Anordnungen!

In Jer. 22, 28 wird Konja (Jojakim) »ein verachtetes Gefäß« genannt, und in Jer. 25, 34 bezeichnet der Herr die Bestrafung und Zerstörung gottloser Nationen als Zertrümmerung kostbarer Gefäße. Wenn einmal die tönernen Krüge, die irdenen Gefäße unserer Menschleiblichkeit, zertrümmert werden, dann bricht das innewohnende, seither verborgen gehaltene Licht der Fackel des Geistes hell und strahlend hervor, und wir dürfen im Kampf für Gott von Sieg zu Sieg schreiten (Richt. 7, 19ff.)!

Dereinst werden selbst die Kochtöpfe im Hause des Herrn heiligen Altar-Opferschalen gleichgeachtet werden, und »jeder Kochtopf in Jerusalem und Juda wird dem Herrn der Heerscharen heilig sein« (Sach. 14, 20. 21). Welch göttlichen Adel werden dann die in menschlichen Augen geringsten und unscheinbarsten Gefäße haben! Wohl dem, der die Prophetie und Symbolik solcher Hinweise des heiligen Buches zu ahnen und zu fassen beginnt!

GEISSEL = SCHARFES GERICHT

Gott hatte Israel geboten, sich mit den Kanaanitern, die in tiefen Götzendienst versunken und darum zur Vernichtung bestimmt waren, nicht zu vermischen. Im Falle des Ungehorsams aber sollten die Völker eine Geißel für Israel werden (Jos. 23, 12. 13). Ist darum Israel nicht selber schuld, wenn die Nationen es geißeln und von sich stoßen? Ist es zu verwundern, wenn die Völker bezüglich der unreinen, verstockten Juden ausrufen: »Sie sollen nicht länger bei uns weilen!« (Klgl. 4, 15)?

Einst glaubten die gottlosen Priester und Propheten, sie könnten durch allerlei Lügenmanöver der Geißel der verheißenen Gottesgerichte entrinnen (Jes. 28, 15. 18); aber sie haben sich schmählich getäuscht.

Auch über gottlose Nationen schwingt Gott die Geißel seiner Gerichte. So lesen wir bezüglich Assurs in Jes. 10, 26: »Der Herr der Heerscharen wird über ihn die Geißel schwingen wie in der Niederlage Midians am Felsen Oreb.«

Gott, dem alles dienen muß (Ps. 119, 91), kann die Wasser des Himmels als züchtigende Geißel oder als gnadenreichen Segenserweis benützen (Hiob 37, 13).

Die Zunge, die wegen des Unheils, das sie anrichten kann, in Jak. 3, 5—8 ein Feuer und ein unstetes Übel voll tödlichen Giftes genannt wird, heißt in Hiob 5, 21 eine Geißel. Geißelhiebe böser, verleumderischer Zungen können viel weher tun und viel mehr Unheil anrichten als körperliche Schläge.

Gottes heiliger Sohn der Liebe wurde während seiner Erniedrigung gegeißelt (Matth. 27, 26; Joh. 19, 1); wie sollte es da seinen Jüngern anders ergehen? (Matth. 10, 17; 23, 34). Es ist ein unumstößliches Grundgesetz für alle Heilskörperschaften, daß der Herr die, die er lieb hat, züchtigt und geißelt (Hebr. 12, 6).

»Alle Züchtigung aber scheint für die Gegenwart nicht Freude, sondern Traurigkeit zu sein; hernach aber gibt sie die friedsame Frucht der Gerechtigkeit denen, die durch sie geübt sind« (Hebr. 12, 11).

GERUCH = WOHLGEFALLEN, LIEBLICHKEIT

Als Noah auf der gereinigten Erde Brandopfer darbrachte, roch der Herr den Geruch der Beruhigung. Das Brandopfer ist ihm ein lieblicher Wohlgeruch (2. Mose 29, 18. 25; 4. Mose 15, 24; 28, 27; 29, 2. 8). Denn es schattet im Gegensatz zum Sünd- und Schuldopfer die freiwillige Hingabe ab. Auch das Opfern des Fettes, das ja ein Bild der Vortrefflichkeit ist, war zum lieblichen Geruch des Herrn (3. Mose 4, 31; 17, 6b; 4. Mose 18, 17).

Von dem Liebenden in Hohelied 1, 3, dem Vorbild auf Christus, steht geschrieben, daß seine Salben lieblich an Geruch (oder: dem Geruch) sind. Salben dienten zur Heilung und zur Weihe für geheiligten Dienst. Darum können wir durchaus begreifen, daß die Salben Christi sowohl Gott als auch der Schöpfung ein süßer Wohlgeruch sind.

Nicht der Geruch der Brandopfer als solcher war Gott angenehm, sondern vielmehr die Herzensstellung, in der die Opfer dargebracht wurden. Darum sagt der Herr in Amos 5, 21. 22: »Ich hasse, ich verschmähe euere Feste, und euere Festversammlungen mag ich nicht riechen; denn wenn ihr mir Brandopfer und Speisopfer opfert, habe ich kein Wohlgefallen daran.«

Der liebliche Geruch, d. h. die Opfer und die Selbsthingabe, die das ehebrecherische, hurerische Israel den Götzen darbrachte, fordern das »Wehe!« des Herrn, ihres rechtmäßigen Ehemannes, heraus (Hes. 6, 13), und der Wohlgeruch der eitlen Töchter Zions soll sich in Moder, d. h. in Todes- und Flucheswesen, verwandeln (Jes. 3, 24).

Endgültige Zurechtbringung Verirrter und Entgleister wird in Hes. 20, 41 mit wohlgefälliger Annahme eines lieblichen Geruches verglichen, wenn Gott sagt: »Als einen lieblichen Geruch werde ich euch wohlgefällig annehmen.« Hos. 14, 6 beschreibt diese Wiederherstellung sehr anschaulich und bildhaft: »Seine Schößlinge sollen sich ausbreiten, und seine Pracht soll sein wie der Olivenbaum und sein Geruch wie der Libanon.«

Spricht nicht der Volksmund, der ja viele geistliche Wahrheiten ahnt, von einem »Geruch der Heiligkeit«, der jemandem anhaftet? Und hat er damit wirklich ganz unrecht?

Noch drei Stellen aus den Paulusbriefen seien hier genannt: In 2. Kor. 2, 14 dankt der Apostel Gott dafür, daß er den »Geruch seiner Erkenntnis« an jedem Ort durch ihn und seine Mitarbeiter offenbart. — Eph. 5, 2 bezeugt, daß Christus uns geliebt und sich für uns dahingegeben hat als Darbringung und Schlachtopfer, Gott zu einem duftenden Wohlgeruch. — In Phil. 4, 18 spricht Paulus davon, daß die durch Epaphroditus gesandte Liebesgabe der Philipper ein duftender Wohlgeruch und ein Gott wohlgefälliges, angenehmes Opfer seien.

Möchte auch unser Leben allezeit ein Wohlgeruch Christi sein, bleiben und immer mehr werden!

GOLD = GLAUBEN, TREUE, WAHRHEIT

Während Erz Gericht (oder Fleisch) und Silber Sühnung (oder Seele) darstellen, schattet Gold Glauben (oder Geist) ab. Denken wir etwa nur an 1. Petr. 1, 7, wo die Bewährung des Glaubens mit der Bewährung des Goldes verglichen wird. Dem lauen Laodizäa, das sich reich wähnte, rät der Herr, Gold von ihm zu kaufen, um wirklich reich zu werden. Seine durch den Glauben uns mitgeteilte und zugerechnete Gerechtigkeit ist unser einziger wahrhafter Reichtum hienieden.

Gold stellt nicht nur den Glauben oder die Treue und Gottes Gerechtigkeit dar, es ist auch ein Bild der Erkenntnis Gottes, wie wir aus Spr. 8, 10 ersehen, ja Gott selbst ist letztlich unser wirkliches und wesenhaftes Gold und Silber, d. h. unser eigentlicher Reichtum (Hiob 22, 25). Glaube und Treue sind das gleiche (vgl.

das griechische »pistis«, das italienische »fede«, das französische »foi« und das englische »faith«!). Gold bedeutet Glauben im Blick vom Menschen auf Gott hin und Treue im Blick von Gott nach dem Menschen hin. Gott ist hinsichtlich seiner Verheißungen treu; der Mensch ist bezüglich der Zusagen Gottes gläubig.

Salomo, dieses wunderbare Vorbild auf die Friedensherrschaft Christi, bereitete alle goldenen Geräte für den Tempel selber. Die ehernen Gefäße aber, die ja, wie wir sahen, Gericht vorschatten, ließ er durch den Heiden Hiram herstellen (1. Kön. 7).

Wie tief und köstlich ist doch die Symbolik der Schrift! Sie enthüllt uns Gottes ureigenstes, innerstes Wesen.

»Statt des Erzes werde ich Gold bringen«, verheißt Gott in Jes. 60, 17. Wenn wir dieses Wort zunächst buchstäblich fassen, so ist das eine gar gewaltige Zusage. Wenn wir es aber darüber hinaus in seiner geistlichen, sinnbildlichen Bedeutung verstehen, so begreifen wir, daß alles, was uns jetzt als Erz des Gerichtes erscheint, dereinst in das Gold des Glaubens und der Treue umgestaltet und verwandelt werden wird.

Wie groß und herrlich muß Gott sein, da er solches verheißt und, weil er nicht lügen kann, auch hinausführen wird!

GRAS, KRAUT = DER MENSCH IN SEINEM RASCHEN AUFBLÜHEN UND SEINER SCHNELLEN VERGÄNGLICHKEIT

»Alles Fleisch ist Gras . . ., das Gras ist verdorrt . . ., fürwahr, das Volk ist Gras!« sagt uns Jes. 40, 6. 7, und in Ps. 103, 15. 16 lesen wir: »Der Mensch — wie Gras sind seine Tage; wie die Blume des Feldes, also blüht er. Denn ein Wind fährt darüber, und sie ist nicht mehr, und ihre Stätte kennet sie nicht mehr.« Wir sehen also, daß Gras als Sinnbild für das schnelle Aufblühen und rasche Vergehen des Menschen gebraucht wird. So verheißt Salomo in Ps. 72, 16, daß Menschen aus den Städten hervorblühen wie das Kraut der Erde; Ps. 92, 7 sagt, daß die Gesetzlosen wie das Gras sprossen und blühen, und Jes. 66, 14 enthält für das zurechtgebrachte Israel die herrliche Zusage: »Euer Herz wird sich freuen, und euere Gebeine werden sprossen wie das junge Gras.«

Hebr. 6, 4—8 spricht von nützlichem Kraut einerseits und Dornen und Disteln andererseits und meint damit, wie aus dem

Zusammenhang klar ersichtlich ist, Menschen in ihrem Aufgeschlossensein bzw. ihrer Verstockung Gott gegenüber.

Meist werden durch Gras die Hinfälligkeit und Vergänglichkeit des Menschen gekennzeichnet. So lesen wir hinsichtlich Zions in Jes. 37, 27: »Ihre Bewohner waren machtlos, sie wurden bestürzt und beschämt; sie waren wie Kraut des Feldes und grünes Gras, wie Gras der Dächer und Korn, das verbrannt ist, ehe es aufschießt«, und Ps. 37, 2 sagt von den Übeltätern: »Wie das Gras werden sie schnell vergehen und wie das grüne Kraut verwelken.«

Möchten wir uns allezeit von dem Brot Gottes, welches Christus ist, nähren, auf daß es uns nicht nach der Klage des verschmachtenden Elenden in Ps. 102, 4. 11 ergehe, wo geschrieben steht: »Wie Kraut ist versengt und verdorrt mein Herz, denn ich habe vergessen, mein Brot zu essen ... Meine Tage sind wie ein gestreckter Schatten, und ich verdorre wie Kraut.«

Moses sagt bezüglich der Menschenkinder: »Du schwemmst sie hinweg, sie sind wie ein Schlaf, am Morgen wie Gras, das aufsproßt; am Morgen blüht es und sproßt auf; am Abend welkt es und verdorrt« (Ps. 90, 5. 6). In Jes. 51, 12 offenbart sich Gott als Tröster und Ermunterer der Frommen und ermahnt sie, sich doch nicht vor dem Menschen zu fürchten, der doch wie Gras dahingegeben wird, und Jak. 1, 10 erinnert daran, daß auch der Reiche wie des Grases Blume vergehen wird.

In der Welt der Vergänglichkeit, in der auch der Mensch, die Blüte und Krone der Schöpfung, wie die Blume verwelkt und wie Gras verdorrt, haben wir im Wort des Herrn das einzig Wahre, Bleibende und Unvergängliche (1. Petr. 1, 24. 25).

GRUBE = VERDERBENSSTÄTTE, GRAB, TOTENREICH

Die Grube ist ein Bild des Grabes, des Verderbens und des Totenreiches. Für den alttestamentlichen Frommen, dessen höchster Wunsch es war, die Königsherrschaft seines Messias zu erleben und an seinem Reich teilzuhaben, war sie deshalb in besonderer Weise ein Ort des Grauens.

In Hiob 33, 18 lesen wir, daß Gott auf mancherlei Weise mit dem Menschen redet, um seine Seele von der Grube und sein Leben vom Rennen ins Geschoß zurückzuhalten.

»Er hat mich heraufgeführt aus der Grube des Verderbens, aus kotigem Schlamm und hat meine Füße auf einen Felsen gestellt«, frohlockt David in Ps. 40, 2. Auch Ps. 55, 23 spricht von der »Grube des Verderbens«, und Heman sagt in Ps. 88, 4—6: »Ich bin gerechnet zu denen, die in die Grube hinabfahren; ich bin wie ein Mann, der keine Kraft hat; unter den Toten hingestreckt, gleich Erschlagenen, die im Grabe liegen, derer du nicht mehr gedenkst; denn sie sind von deiner Hand hinweg abgeschnitten. Du hast mich in die tiefste Grube gelegt, in Finsternisse, in Tiefen.«

Gottes Gnade und Güte krönt den aus dem Schlamm der Sünde gezogenen David (Ps. 103, 4), und Jonas versteht unter »Grube« den Bauch des Fisches, wenn er betet: »Die Wasser umfingen mich bis an die Seele, die Tiefe umschloß mich, das Meergras schlang sich um mein Haupt. Ich fuhr hinab zu den Gründen der Berge; der Erde Riegel war hinter mir für den Aeon; da führtest du mein Leben aus der Grube herauf, Herr, mein Gott« (Jon. 2, 6. 7).

Dem König von Babel, der einst ein Glanzstern, ein Sohn der Morgenröte war (Jes. 14, 12) und der deshalb gestürzt wurde, weil er sich Gott gleich machen wollte (Vers 14), wird gesagt: »In den Scheol wirst du hinabgestürzt, in die tiefste Grube« (Vers 15).

Nach Jes. 24, 21. 22 werden auch die Heerscharen der Höhe in der Höhe und die Könige der Erde auf der Erde mit Strafen heimgesucht und in die Grube eingesperrt und in den Kerker eingeschlossen. Aber auch sie werden, wenn auch erst »nach vielen Tagen«, in Gnaden heimgesucht und aus der Grube der Gefangenschaft entlassen werden (Sach. 9, 11).

Auch aus der »tiefsten Grube« kann man den Namen des Herrn anrufen und Erhörung finden (Klgl. 3, 55. 56a), und einst wird sich im Vollumfang an allen Geschöpfen die herrliche Verheißung erfüllen: »Er sendet sein Wort und heilt sie, und er errettet sie aus ihren Gruben« (Ps. 107, 20).

In 2. Mose 21, 33. 34 lesen wir: »Wenn jemand eine Grube öffnet oder wenn jemand eine Grube gräbt und sie nicht zudeckt, und es fällt ein Ochse oder ein Esel hinein, so soll der Besitzer der Grube erstatten.« Darf man unter Ochsen, von denen das Gesetz redet, auch Menschen verstehen? Paulus gibt uns in 1. Kor. 9, 9. 10 die Antwort: »Im Gesetz Moses steht geschrieben: ... Ist Gott etwa für die Ochsen besorgt? Oder spricht er nicht durchaus um unsertwillen?«

Wer nun das erste Gotteswort im Lichte des zweiten zu lesen versteht und zu fassen vermag, der kann sich freuen, daß Christus in seinem Amt als Wiedererstatter und Zurechtbringer Bürge und Garant seiner ganzen Schöpfung ist und daß ihm keine Verderbensgrube zu grausam ist, als daß er nicht daraus völlig zu erretten vermöchte.

Lob und Anbetung sei unserm herrlichen Haupt, der seine Verheißung, alles neu zu machen (Offb. 21, 5), gewißlich einlösen wird zum Heil aller Kreatur und zur Verherrlichung Gottes des Vaters!

GURT, GÜRTEL = GERECHTIGKEIT, KRAFT, TREUE, WAHRHEIT

»Gerechtigkeit wird der Gurt seiner Lenden sein und Treue der Gurt seiner Hüften«, lesen wir in Jes. 11, 5. »Stehet nun, euere Lenden umgürtet mit Wahrheit«, ermahnt uns Paulus in Eph. 6, 14, und in Ps. 18, 32 bezeugt David, daß Gott ihn mit Kraft umgürtet.

Wir sehen also, daß der Gurt oder Gürtel als Sinnbild der Wahrheit und Treue, der Gerechtigkeit und der Kraft gebraucht wird. Darum wird auch auf das Gürten bei der Kleidung des Priesters besonderer Wert gelegt (2. Mose 28, 4; 29, 9; 3. Mose 8, 7; 16, 4 u. a.).

Das Passah sollte nach 2. Mose 12, 11 gegessen werden mit gegürteten Lenden, beschuhten Füßen und dem Stab in der Hand. Der Gürtel, als erstgenanntes Stück, weist, wie wir sahen, auf die Wahrheit oder Gerechtigkeit hin.

Von der großen Nation, die Gott als Zuchtrute für das untreue Volk Israel gebraucht, ist in Jes. 5, 26—30 eine anschauliche, bilderreiche Darstellung gegeben. In ihr finden wir auch gesagt, daß der Gürtel ihrer Lenden nicht gelöst ist, d. h. daß sie nicht schwach und wankend, sondern stark und aufrecht ist.

»Joab hatte Kriegsblut an seinen Gürtel gebracht« (1. Kön. 2, 5), d. h. die Wahrheit und Gerechtigkeit durch Gewalttat befleckt, und sollte darum dem Gericht verfallen.

In der Beschreibung der Macht Gottes, wie wir sie in Hiob 12, 13—25 aufgezeichnet finden, sagt der heilige Dulder, daß Gott den Gürtel der Starken schlaff macht, d. h. sie zu Fall bringt (Vers 21).

Gott selbst ist der wahre Schmuck seiner Frommen und der wahre Gürtel der Seinen. Deshalb klagt er in Jer. 2, 32: »Vergißt auch eine Jungfrau ihres Schmuckes, eine Braut ihres Gürtels? Aber mein Volk hat meiner vergessen...« Dieses Bild vom Gürtel hat, wie man das in manchen Zusammenhängen im Hebräischen findet, eine doppelte Bedeutung. Nicht nur nennt sich Gott der Gürtel seines Volkes, sondern er bezeichnet auch sein Volk als seinen Gurt. Es sollte ihm zum Gürtel, zum Schatz der Wahrheit, Treue und Gerechtigkeit sein (lies Jer. 13, 1—10!). Der erklärende 11. Vers sagt uns: »Gleichwie der Gürtel sich an die Lenden eines Mannes anschließt, so habe ich das ganze Haus Israel und das ganze Haus Juda an mich geschlossen, spricht der Herr, damit sie mir zum Volk und zum Namen und zum Ruhm und zum Schmuck seien; aber sie haben nicht gehört.«

Einst sprach Gott zu Kores: »Ich gürtete dich, und du kanntest mich nicht!« (Jes. 45, 5). Dürfen wir nicht diese Klage auch auf uns beziehen? Auch uns hat unser Vater in Christo gegürtet mit Wahrheit, Treue, Kraft und Gerechtigkeit, und wir bedachten es kaum und dankten ihm nicht dafür.

Gottes Liebesführung bringt uns immer mehr dahin, daß wir von uns und unserer eigenen Kraft entwurzelt, aber immer tiefer, inniger und lebensmäßiger in ihn hineinverpflanzt werden. So erfüllt sich auch an uns das Wort, das der Herr einst zu Petrus sprach: »Wahrlich, wahrlich ich sage dir: Als du jünger warst, gürtetest du dich selbst und wandeltest, wohin du wolltest; wenn du aber alt geworden bist, wirst du deine Hände ausstrecken, und ein anderer wird dich gürten und hinbringen, wohin du nicht willst« (Joh. 21, 18).

HAAR, BART = NATÜRLICHE AUSWÜCHSE, SCHMUCK

Haare und Bart sind die natürlichen Auswüchse des Fleisches und bilden einen Schmuck des Mannes und einen Schleier der Frau. 1. Petr. 3, 3 spricht von dem auswendigen Schmücken durch Flechten der Haare, dem der Schmuck des verborgenen Menschen des Herzens, nämlich der sanfte, stille, vor Gott köstliche Geist entgegengestellt wird.

Wie sehr der Schmuck des Haares der unaufhaltsamen Vergänglichkeit unterworfen ist, sagt der Herr in Matth. 5, 36, wo er davon redet, daß wir nicht e i n Haar weiß oder schwarz zu machen vermögen.

Zum Nasiräertum gehörte nicht nur Enthaltsamkeit von Wein, starkem Getränk und Trauben, sondern der Nasiräer durfte während der Tage des Gelübdes und seiner Absonderung kein Schermesser über sein Haupt gehen lassen. Sein Haar sollte nicht gepflegt werden, sondern frei wachsen (4. Mose 6, 5).

Simson ließ sich das Geheimnis seiner Stärke entlocken und sagte in Richt. 16, 17: »Kein Schermesser ist auf mein Haupt gekommen; denn ein Nasir Gottes bin ich von Mutterleibe an; wenn ich geschoren würde, so würde meine Stärke von mir weichen, ich würde schwach werden und würde sein wie alle Menschen.«

Zum Zeichen der Trauer schor man Haupthaar und Bart ab (Jer. 41, 5; 48, 37; Jes. 15, 2; 22, 12). In Jes. 7, 20 nennt Gott den König von Assyrien ein von ihm »gedungenes Schermesser«, das Haar und Bart des untreuen Volkes abschert, und in Hes. 5, 1—4 lesen wir eine eigenartige Symbolhandlung, zu der der Herr den Propheten beauftragt. Hier sind die Verwerfung und der Gerichtsweg Israels prophetisch vorgeschattet.

Als Zeichen der Bewahrung wird oft in der Schrift davon geredet, daß kein Haar auf die Erde fallen oder versengt werden soll, und daß Gott in seiner wunderbaren Treue und Fürsorge selbst die Haare unseres Hauptes gezählt hat (1. Kön. 1, 52; Dan. 3, 27; Apg. 27, 34; Matth. 10, 30; Luk. 12, 7; 21, 18).

Ps. 133, 2 spricht davon, daß das köstliche Öl auf dem Haupte Aarons auf seinen Bart und von da auf den Saum seiner Kleider fließt. Dem natürlichen Menschen ist dieses Bild scheinbaren Besudelns beinahe widerwärtig; aber der Glaube sieht hier wunderbare Verheißungen verborgen. Aaron ist ein Vorbild und Hinweis auf den wahrhaftigen Hohepriester Christus. Öl ist ein Symbol des Heiligen Geistes. So, wie von dem Öl der Bart, die natürlichen Auswüchse, ja, sogar der Saum seiner Kleider, die entferntesten Bezirke der Schöpfung Gottes, erreicht und geweiht werden, so wird dereinst der Geist Gottes ausgegossen werden auf alles Fleisch (Joel 2, 28), so daß selbst die Tiere des Feldes ihn preisen werden (Jes. 43, 20).

HAGEL = RACHE UND STRAFE

Der Hagel wird oft in der Schrift als Gerichtswerkzeug Gottes bezeichnet. Denken wir nur an 2. Mose 9, wo Ägypten vom Hagel heimgesucht wird, oder lesen wir Hiob 38, 22. 23, wo von den Vorräten des Hagels die Rede ist, die Gott für die Zeit der Bedrängnis aufgespart hat.

Die Stimme des Zornes Gottes wird nach Ps. 18, 12. 13 von Hagel und feurigen Kohlen begleitet; in Jes. 28, 2 lesen wir, daß das Gerichtswerkzeug Gottes, ein Starker und Mächtiger, einem Hagelwetter verglichen wird, und im 17. Vers steht geschrieben, daß der Hagel die Zuflucht hinwegraffen wird.

Trotz aller Gerichte durch Kornbrand, Vergilben und Hagel kehrte Israel nicht zu seinem Gott um (Hag. 2, 17). »Wolkenbruch und Regenguß und Hagel«, »Hagelsteine, Feuer und Schwefel« und »Hagel und Feuer mit Blut vermischt« sind Gerichtsboten der Drangsalszeit, wie wir sie in Jes. 30, 30, Hes. 38, 22 und Offb. 8, 7 beschrieben finden.

Die 7. Zornesschale (Offb. 16, 21) wird große, schwere Hagelsteine enthalten, die auf die Menschen fallen und eine überaus schreckliche Plage bilden.

So ernst und scharf auch die Rache und Strafe sind, die durch den Hagel versinnbildlicht werden, so muß doch, da letztlich alles und jedes Ding der gesamten Kreatur zur Verherrlichung Gottes dient, auch der Hagel zum Lob und Preis unsres großen Schöpfers und Erlösers da sein. Das ersehen wir aus Ps. 148, 8, wo der inspirierte Sänger auch den Hagel auffordert, den Namen des Herrn zu loben!

HAMMER = ZERSCHMETTERUNG

Die Widersacher Gottes zerschlagen das Schnitzwerk des Heiligtums mit Hämmern (Ps. 74, 6). Babylon, das von Gott gebraucht wurde, um ungehorsame Nationen zu zerschmettern, wird in Jer. 50, 23 »der Hammer der ganzen Erde« genannt.

Tubalkain, der aus der verfluchten Kainslinie stammt, wird als »Hämmerer von allerlei Schneidewerkzeug aus Erz und Eisen« bezeichnet (1. Mose 4, 22).

Wegen seiner Wucht und durchschlagenden Wirkung vergleicht Gott sein Wort mit einem Hammer, wie wir in Jer. 23, 29 lesen: »Ist mein Wort nicht also..., wie ein Hammer, der Felsen zerschmettert?«

Der Eisenschmied von Jes. 44, 12, der bei Kohlenglut mit Hämmern arbeitet, ist ein Typ auf den Feind. Er wird einmal hungrig und kraftlos, weil er letztlich ohne das Brot des Lebens und das Wasser des Lebens nicht bestehen kann. Daß Gott dereinst diesen von seinem Handwerk erschöpften Hämmerer, diesen seinen hungernden Feind speisen und tränken wird, erfaßt der Glaube nicht nur auf Grund von mancherlei Schriftzusammenhängen, sondern mehr noch infolge des Einblickes, den ihm der Heilige Geist in Gottes Herz und Wesen schenkt.

Bezüglich des salomonischen Tempels lesen wir: »Das Haus wurde bei seiner Erbauung aus vollständig behauenen Steinen erbaut. Hammer und Meißel und irgendein eisernes Werkzeug wurden nicht am Hause gehört, als es erbaut wurde« (1. Kön. 6, 7).

Für den Glauben ist dieses Wort bedeutungsvoll und köstlich. Es will uns sagen, daß bei der Vollendung seiner Heilskörperschaften Gott keine Gerichts- und Gewaltmethoden benützt. Hammer, Meißel und andere eiserne Werkzeuge haben vorher ihren gottverordneten Dienst getan und sind bei der letzten Vollendung nicht mehr nötig.

HAND = WIRKSAMKEIT, DARREICHUNG, MACHT, BEWAHRUNG, BÜNDNIS

Von der Hand Gottes und des Menschen redet die Schrift in vielfacher Beziehung. Wie der Fuß ein Bild des Wandels ist, so ist die Hand ein Symbol der Wirksamkeit, des Handelns und der Darreichung.

Der Mensch mit der verdorrten Hand in Matth. 12, 10 ist ein prophetisches Vorbild auf Israel in seinem Fluchzustand, in dem es die Heilsgüter Gottes weder zu empfangen noch weiterzugeben vermag. Es gleicht jetzt einem Priester, der einen »Bruch an der Hand« hat (3. Mose 21, 19) und deshalb kein Opfer darbringen darf (Vers 17. 21).

»Ist meine Hand zu kurz zur Erlösung?« fragt Gott in Jes. 50, 2 und rühmt sich in Jes. 66, 2, daß seine Hände Himmel und Erde geschaffen haben.

»Ich werde meine Hand den Geringen zuwenden«, verheißt der Herr in Sach. 13, 7b, und nach Ps. 104, 28 und 145, 16 werden alle Lebendigen aus Gottes Hand mit Huld (oder Gnade) und Gutem gesättigt.

Die zum Gebet erhobenen Hände Mosis gaben dereinst Sieg (2. Mose 17, 11). Er ist hier ein Vorbild des für die Seinen fürbittenden Hohepriesters Christus.

Wie wichtig das Werk unserer Hände ist, ersehen wir aus Eph. 4, 28; 1. Thess. 2, 9; 4, 11; 2. Thess. 3, 8. 10. 11. 12; 1. Kor. 4, 12 u. a. Schriftzusammenhängen.

In Hiob 37, 7 lesen wir: »Er lähmt die Hand eines jeden Menschen, damit alle Menschen sein Werk kennen lernen.« Erst wenn wir an den Werken unserer Hände enttäuscht und verzweifelt sind, vermögen wir Gottes Werk, es sei in der Schöpfung, Erlösung oder Vollendung, zu verstehen.

Doch nicht nur Wirksamkeit und Darreichung, sondern auch Gerichtsmacht und Gnadenbewahrung werden im Bilde der Hand dargestellt. »Demütiget euch unter die mächtige Hand Gottes!« mahnt Petrus in 5, 6 seines ersten Briefes. Von Ismael weissagt der Engel des Herrn, daß seine Hand wider alle und die Hand aller wider ihn seien (1. Mose 16, 12). Immer wieder erinnert Gott sein vergeßliches, halsstarriges Volk daran, wie wunderbar er es aus der Hand der Ägypter errettet hat (2. Mose 3, 8; 5. Mose 7, 8; Richt. 6, 9; 1. Sam. 10, 18).

Auch in anderen Zusammenhängen spricht die Schrift von der Hand des Feindes (3. Mose 26, 25), von der ausgestreckten Hand Gottes, die Ägypten schlägt (2. Mose 3, 20), die alle Feinde findet (Ps. 21, 8), die schwer auf dem Sünder lastet (Ps. 32, 4), die den flüchtigen Drachen durchbohrt (Hiob 26, 13), und die niemand abwenden kann (Jes. 14, 27; Dan. 4, 35). Neh. 2, 18 redet von der guten Hand Gottes, und von der starken Hand des Herrn lesen wir in 2. Mose 6, 1; 13, 3; 5. Mose 6, 21; 7, 8; 9, 26; 11, 2; 26, 8.

Christus sagt von seinen Schafen, daß sie niemand aus seiner und des Vaters Hand reiße (Joh. 10, 28. 29).

Der Herr übergab seinen Geist in die Hände seines Vaters (Luk. 23, 46), und selbst am äußersten Ende des Meeres, in Nacht und Finsternis leitet Gottes Hand den Flüchtigen und faßt seine Rechte (Ps. 139, 9—12).

In Gottes Hand ist die Seele aller Lebendigen und der Geist alles menschlichen Fleisches (Hiob 12, 10), und sie vermag das Herz eines Königs wie Wasserbäche zu lenken (Spr. 21, 1).

Das hochmütige, gottlose Babel, das die Nationen berauschte, war ohne sein Wissen und Wollen immer nur ein Werkzeug in der Hand des Herrn (Jer. 51, 7), und Moses stand bei einer großen Theophanie (Gotteserscheinung) unter der Deckung der Hand Gottes (2. Mose 33, 22).

»Niemand ist, der aus meiner Hand errettet«, sagt Gott in 5. Mose 32, 39; Jes. 43, 13 und Hos. 2, 10 und spricht in Jes. 51, 16 von dem schützenden Schatten seiner Hand.

Doch nicht nur Wirksamkeit und Darreichung, Macht und Bewahrung werden durch das Bild der Hand dargestellt, sie ist auch ein oft gebrauchtes Symbol des Bundes und der Verbindung. »Ägypten reichen wir die Hand«, ruft der weinende Prophet in Klgl. 5, 6 aus, und in Hebr. 8, 9 erinnert Gott daran, daß er sein Volk an der Hand ergriff, um es aus dem Lande der Knechtschaft zu führen, daß es aber nicht in diesem Bunde geblieben ist.

»Ich habe den ganzen Tag meine Hände ausgebreitet zu einem widerspenstigen Volk«, bezeugt Gott in Jes. 65, 2; in Klgl. 1, 17 steht geschrieben: »Zion breitet ihre Hände aus: da ist niemand, der sie tröstet.«

Habakuk 3, 10 redet sogar davon, daß die Tiefe ihre Stimme erschallen läßt und zur Höhe ihre Hände emporhebt. Wenn die Schrift kein sinnloser orientalischer Schwulst, sondern wirklich in jedem Wort Gottesoffenbarung ist, dann zeigt uns die Habakukstelle im Gericht befindliche Wesen, die sich nach Segnungen ausstrecken. Denn Tiefe bedeutet Angst und Gericht, während Höhen Segnungen vorschatten.

Wohl uns, daß wir, wenn wir diese mit Händen bereitete Leibeshülle ablegen, einen Bau von Gott haben (2. Kor. 5, 1)!

Laßt uns immer mit David denken und sprechen: »Mögen wir doch in die Hand des Herrn fallen, denn seine Erbarmungen sind groß; aber in die Hand der Menschen laß mich nicht fallen!« (2. Sam. 24, 14).

Gelobt sei unser Herr, durch dessen Hand das Wohlgefallen Gottes aus- und durchgeführt wird (Jes. 53, 10) zur Glückseligkeit aller seiner Geschöpfe und zur Verherrlichung seines und unseres Vaters!

HANDAUFLEGUNG = EINSMACHUNG, SEGENSVERMITTLUNG

Handauflegung bedeutet Einsmachung und Segensvermittlung. Aaron und seine Söhne sollten ihre Hände auf den Kopf eines Farren (2. Mose 29, 10), eines Widders (Vers 15) und eines zweiten Widders (Vers 19) legen (vgl. 3. Mose 8, 14. 18. 22), die dann als Sündopfer bzw. Brandopfer dargebracht wurden.

Wie sich die Priester durch Handauflegung eins mit dem Opfer machten, so ist Christus wahrer Priester und wahres Opfer zugleich.

Weil Handauflegung Einsmachung bedeutet, deshalb ermahnt der Apostel seinen geistlichen Sohn, die Hände niemand schnell aufzulegen (1. Tim. 5, 22).

Paulus und andere Älteste vermittelten durch Handauflegung Gnadengaben, wie wir 1. Tim. 4, 14 und 2. Tim. 1, 6 lesen. Handauflegung gehört als viertes Stück zu den sechs Grundlagen des »Wortes vom Anfang« (Hebr. 6, 1. 2).

Der Herr legte Kindlein die Hände auf und segnete sie (Matth. 19, 15; Mark. 10, 16). In seiner Vaterstadt konnte er wegen des dort herrschenden Unglaubens keine Wunder tun, außer daß er einigen Schwachen die Hände auflegte und sie heilte (Mark. 6, 1—5).

Als Stephanus und sechs andere gläubige Männer zu ihrem Diakonendienste erwählt waren, beteten die Apostel mit ihnen und legten ihnen die Hände auf (Apg. 6, 1—6).

Durch das Auflegen der Hände der Apostel wurde den Samaritern der Heilige Geist gegeben (Apg. 8, 17), und auch der Apostel Paulus vermittelte sonderlich in seinen jungen Jahren durch Handauflegung oftmals Geistesgaben und Heilungen (Apg. 19, 6; 28, 8).

Warum macht man in christlichen Kreisen so selten Gebrauch von der köstlichen Möglichkeit, durch Handauflegung Gnadengaben zu vermitteln oder Bewahrung und Heilung zu erlangen? Ist es Mißtrauen, Trägheit oder eine überspitzte Teilung der Schrift?

Glückselig, wer sich unter Gottes segnenden Vaterhänden allezeit geborgen weiß!

HARFE = LOB UND DANK

Im Dienste des Hauses Gottes und im Leben des Bundesvolkes spielte die Harfe eine wichtige Rolle (2. Sam. 6, 5; 1. Chron. 13, 8; 1. Kön. 10, 12; 1. Chron. 15, 16. 20. 28; 25, 1. 6; 2. Chron. 5, 12; 9, 11; 20, 28; 29, 25 u. v. a. m.).

In 2. Chron. 20 wird uns berichtet, wie die Moabiter und Ammoniter gegen Israel stritten. Das geängstigte Volk legte das demütige Bekenntnis ab: »In uns ist keine Kraft, wir wissen nicht, was wir tun sollen, sondern auf dich sind unsere Augen gerichtet« (Vers 12). Da erhielten sie die wunderbare Antwort: »Ihr werdet nicht zu streiten haben; tretet hin, stehet und sehet die Rettung des Herrn!« (Vers 17). Als dann der Heereszug geordnet wurde, mußten sich die Sänger vor die Gerüsteten stellen (Vers 21). »Und zur Zeit, als sie begannen (nicht fertig waren, sondern erst begannen!) mit Jubel und Lobgesang, stellte der Herr einen Hinterhalt wider die Kinder Moab, Ammon und die vom Gebirge Seir, welche wider Juda gekommen waren, und sie wurden geschlagen« (Vers 22).

Nach diesem wunderbaren Sieg kam das Volk durch das Tal Beraka (Lobetal!) mit Harfen, Lauten und Trompeten nach Jerusalem zurück (Vers 26—28). Solange es in der Demut blieb und seinen Weg im Gehorsam voll Lob und Dank zog, schritt es von Sieg zu Sieg.

Genau so ergeht es uns! In dem Maß, in dem wir allezeit und für alles danksagen können, gibt es keine Niederlagen, sondern ein Leben des Sieges und der Freude. Erst wenn die Harfe des Lobes verstummt und Neid und Streit unser Herz erfüllen, dann gewinnt der Feind Macht über uns und bringt uns zu Fall. Gott gebe, daß sich 2. Chron. 20, 1—30 auch in unserm Leben immer und immer wieder erfüllen möge zu unserer Glückseligkeit und seiner Ehre!

Wie aus allen geistlichen Wahrheiten, so hat Israel auch aus dem Harfenspiel des Lobes und Dankes ein äußeres, religiöses Gepränge gemacht. Darum sagt Gott in Amos 5, 23: »Tu den Lärm deiner Lieder von mir hinweg, und das Spiel deiner Harfen mag ich nicht hören!« Und in Amos 6, 5 spricht er ein »Wehe« aus über solche, »die da faseln zum Klange der Harfe, sich wie David Musikinstrumente ersinnen.«

In Offb. 5, 8 stehen die Harfen mit den goldenen Schalen des Räucherwerkes der Gebete der Heiligen in Verbindung (vgl. Offb. 14, 2; 15, 2), aber am häufigsten lesen wir von Harfen im Psalter (33, 2; 57, 8; 71, 22; 81, 2; 92, 3; 108, 2; 144, 9; 150, 3).

Nach Ps. 57, 8 will David, nachdem Harfe und Laute erwacht sind, die Morgenröte aufwecken. Ist das nur eine nichtssagende, bilderreiche Redensart ohne tiefere Bedeutung, oder haben wir auch hier wie in jedem Wort, das durch den Mund Gottes geht, Offenbarung seiner Wege und Ziele? Nach Amos 4, 13 macht Gott die Morgenröte zur Finsternis (siehe Anmerkung der Elberfelder Übersetzung!). Will nun der heilige Sänger diese Morgenröte-Finsternis durch sein Lob erwecken? Das deckt sich ganz mit Ps. 8, 2, wo wir lesen, daß durch das Lob der Kinder und Unmündigen Gottes Feind zum Schweigen gebracht wird!

Fürwahr, unser Loben und Danken erschüttert die Finsternismächte und besiegt den Feind. Möchten wir das in unserm täglichen Leben erfahren und in seinem Vollumfang für die Zukunft glauben!

HAUPT = HERRSCHAFT, LEITUNG

Das Haupt wird oft als Bild der Herrschaft und Leitung gebraucht. »Gott wird zerschmettern das Haupt seiner Feinde«, weissagt David in Ps. 68, 21 und will damit unter anderem sagen, daß die Herrschaft des Feindes gerichtsmäßig abgetan wird.

In Ps. 66, 12 klagt der heilige Sänger, daß Gott auf seinem Haupte Menschen reiten ließ, d. h. ihn unter die Macht und Herrschaft gottloser Gewalttäter brachte.

Nach 4. Mose 14, 4 murrten die Kinder Israel wider Mose und Aaron und sprachen zueinander: »Laßt uns ein Haupt über uns setzen und nach Ägypten zurückkehren!« Sie wollten sich einen Führer wählen und sich wieder in Knechtschaft begeben.

Im Falle seiner Treue und seines Gehorsams war Israel verheißen, zum Haupt und nicht zum Schwanz der Nationen zu werden (5. Mose 28, 13; vgl. Vers 44!).

David nennt sich wegen seiner Siege und der Herrschaft, die er über viele Nationen errungen hatte, »Haupt der Nationen« (2. Sam. 22, 44; Ps. 18, 43).

»Er entzieht den Verstand den Häuptern der Völker und macht sie umherirren«, sagt Hiob 12, 24 und spricht damit das gleiche aus, was der Herr für die Drangsal der Endzeit verheißt, wenn er in Luk. 21, 25 von »Bedrängnis der Nationen in Ratlosigkeit« redet.

David nennt den Herrn das über alles erhabene Haupt (1. Chron. 29, 11) und ahnt damit etwas von den Christus- und Gottesherrlichkeiten, wie sie der verherrlichte Christus in unverhüllter Klarheit durch Paulus offenbarte. (Siehe auch Vers 12!)

Nach 1. Kor. 11, 3 ist der Mann des Weibes Haupt, Christus jedes Mannes Haupt und Gott des Christus Haupt.

Das Willensgeheimnis Gottes besteht nach Eph. 1, 9. 10 darin, das ganze All in dem Christus als Haupt zu einer wesensgleichen Einheit zusammenzufassen. Er ist »Haupt über die Gemeine« (Eph. 5, 23), »das Haupt, aus welchem der ganze Leib das Wachstum Gottes wächst« (Kol. 2, 19), »das Haupt jedes Fürstentums und jeder Gewalt« (Kol. 2, 10) und »das Haupt über das All« (Eph. 1, 22).

Welch eine über alles Denken und Begreifen hohe und herrliche Berufung ist es doch, Glied an diesem verklärten Haupt sein zu dürfen! »Laßt uns in allem heranwachsen zu ihm hin, der das Haupt ist, dem Christus, aus welchem der ganze Leib, wohl zusammengefügt und verbunden durch jedes Gelenk der Darreichung das Wachstum des Leibes bewirkt!« (Eph. 4, 15. 16).

HAUS, HÜTTE, ZELT, BAU = ORT DER WOHNUNG UND OFFENBARUNG, LEIBESHÜLLE

Die Schrift redet sehr oft von Haus, Hütte, Zelt oder Bau. Bei vielen dieser Stellen ist die geistliche Bedeutung sofort zu erkennen.

»Er wird mich bergen in seiner Hütte am Tage des Übels«, bezeugt David in Ps. 27, 5. In Matth. 7, 24—26 vergleicht der Herr einen ungehorsamen Hörer mit einem Mann, der sein Haus auf Sand stellt, während der Täter des Wortes ein Mann ist, der sein Haus auf den Fels baut.

In Eph. 2, 19 werden wir »Hausgenossen Gottes« genannt (vgl. 1. Petr. 2, 5; 4, 17!). Deshalb bezeichnet sich auch Christus als »Hausherr« (Matth. 10, 25; vgl. 2. Tim. 2, 21).

1. Petr. 2, 5 redet von einem »geistlichen Haus«; Ps. 36, 8 spricht von der »Fettigkeit« des Hauses Gottes, von der Menschenkinder reichlich trinken dürfen, und in Ps. 65, 4 preist David diejenigen

glückselig, die mit dem Guten des Hauses Gottes, dem Heiligen seines Tempels, gesättigt werden (vgl. Ps. 84, 4).

Haus oder Hütte wird auch oft als Bild der Leiblichkeit gebraucht. So sagt Petrus in 1, 13. 14 seines zweiten Briefes: »Ich halte es aber für recht, solange ich in dieser Hütte bin, euch durch Erinnerung aufzuwecken, da ich weiß, daß das Ablegen meiner Hütte bald geschieht, wie auch unser Herr Jesus Christus mir kundgetan hat.« Paulus bezeugt ferner in 2. Kor. 5, 1. 2: »Wir wissen, daß wenn unser irdisches Haus, die Zelthütte zerstört wird, wir einen Bau von Gott haben, ein Haus nicht mit Händen gemacht, ein ewiges, in den Himmeln. Denn in diesem freilich seufzen wir, uns sehnend, mit unserer Behausung, die aus dem Himmel ist, überkleidet zu werden.«

Von Behausung (Oikätärion) lesen wir außer an dieser Stelle noch einmal in der Schrift, nämlich in Juda 6. Dort wird uns gesagt, daß Engel ihre eigene Behausung verlassen haben. Aus dem Zusammenhang mit Vers 7 geht unzweideutig hervor, daß es sich um Unzuchtssünden handelt, um ein Nachgehen nach anderem Fleische, was ja auch 1. Mose 6, 4 berichtet.

Der Herr bezeichnet in Mark. 3, 25—27 die Macht der Finsternis als ein Haus. Satan ist der »Starke« und er selbst nach Matth. 12, 29 der »Stärkere«, der den Starken bindet und dessen Hausrat raubt.

In Matth. 23, 38 spricht Jesus hinsichtlich des Tempels nicht mehr von seines Vaters Haus, sondern nennt ihn »euer Haus«, und deutet damit an, daß die Verwerfung Israels bereits begonnen hat.

Pharaos Machtbereich wird oft als »Haus der Knechtschaft« bezeichnet (2. Mose 13, 3. 14; 20, 2; 5. Mose 5, 6; 6, 12; 7, 8; 8, 14; 13, 5. 10; Jos. 24, 17; Richt. 6, 8; Jer. 34, 13).

Auch sonst wird das Wort Haus, sonderlich in Zusammensetzungen, oft als Ortsname gebraucht. Wir erinnern nur an

Beth-Abara = Furthaus (Joh. 1, 28),
Beth-Ania = Armen- oder Elendshaus (Joh. 11, 18),
Beth-Araba = Steppenhaus (Jos. 15, 6),
Beth-Aven = Frevel- oder Götzenhaus (Jos. 7, 2),
Beth-Cherem = Weinbeerenhaus (Jer. 6, 1),
Beth-Esda = Gnadenhaus (Joh. 5, 2),
Beth-El = Gotteshaus (1. Mose 28, 19),
Beth-Dagon = Fischhaus (Jos. 15, 41),
Beth-Hanan = Barmherzigkeitshaus (1. Kön. 4, 9),

Beth-Horon = Zornhaus (Jos. 10, 10),
Beth-Jesimoth = Wüstenhaus (4. Mose 33, 49),
Beth-Lehem = Brothaus (1. Mose 35, 19),
Beth-Markaboth = Wagenhaus (Jos. 19, 5),
Beth-Meon = Sündenhaus (Jer. 48, 23),
Beth-Nimra = Frischwasserhaus (4. Mose 32, 36),
Beth-Phage = Feigenhaus (Matth. 21, 1),
Beth-Saida = Fischfanghaus (Matth. 11, 21),
Beth-Semes = Sonnenhaus (Jos. 15, 10),
Beth-Sitta = Akazienhaus (Richt. 7, 22),
Beth-Tappuah = Apfelhaus (Jos. 15, 53)
usw. usw.

Ob wir unter Haus die Offenbarungsstätte Gottes in der Stiftshütte, im Tempel oder in seinem Volke sehen, ob wir darunter die Hütte unseres Leibes fassen, — immer und überall wird das wunderbare Wort von Hagg. 2, 9 Wahrheit werden, daß die letzte Herrlichkeit größer sein wird als die erste. Denn alles Erste ist schöpfungsmäßig und darum vergänglich, während alles Zweite bzw. Dritte liebesmäßig gezeugt und darum von Gottes Art und Wesen ist.

Noch ein kurzes, unscheinbares Wort über die Häuser Sauls und Davids sei hier genannt. In 2. Sam. 3, 1 lesen wir: »Der Streit war lang zwischen dem Hause Sauls und dem Hause Davids; David aber wurde immer stärker, während das Haus Sauls immerfort schwächer wurde.« Wenn wir David im Schriftzusammenhang als Typ auf Christus und Saul als ein Abbild Satans erkennen, dann gewinnt diese Stelle eine tiefe und herrliche Bedeutung. So oft ein Mensch errettet wird, wird dem Machtbereich der Finsternis Abbruch getan und das Haus des David-Christus gestärkt.

Und zuletzt erfüllt sich prophetisch-symbolisch auch 1. Chron. 10,6, wo geschrieben steht: »So starben Saul und seine drei Söhne, und sein ganzes Haus starb zugleich.« Dann erst, wenn, symbolisch gesehen, das ganze Haus Sauls ausgestorben ist, wird 1. Kor. 15, 26, wo vom Wegtun des letzten Feindes die Rede ist, Wahrheit geworden sein.

HELM = HOFFNUNG, HEIL, RETTUNG

Der erhöhte, verherrlichte Christus gibt durch den Apostel Paulus die letzten und tiefsten Offenbarungen der Wege und Ziele

Gottes; durch die paulinischen Briefe wird das Wort Gottes in seine Fülle oder auf sein Vollmaß gebracht (Kol. 1, 25). Darum spricht auch Paulus selten in Rätseln und Symbolen, sondern meist offen und unverhüllt. Doch nützt er auch Bilder, so z. B. das des Helmes. Davon redet der Apostel des Christusleibes zweimal: in Eph. 6, 17 und 1. Thess. 5, 8. An der ersten Stelle erwähnt er den Helm des Heiles oder der Rettung und an der zweiten den Helm der Hoffnung des Heils. Der Helm ist also ein Bild der Hoffnung, der Rettung oder des Heils. Das ersehen wir auch aus Jes. 59, 17, wo wir lesen: »Er zog Gerechtigkeit an wie einen Panzer und setzte den Helm des Heils auf sein Haupt.«

In 1. Sam. 17, 5 wird uns berichtet, daß Goliath von Gath einen »ehernen« Helm auf seinem Haupte hatte. Erz bedeutet aber, wie wir bereits sahen, Gericht. Also setzte dieser Gewaltmensch seine Hoffnung auf Gericht (vgl. die Sechszahl des Gerichts hinsichtlich seiner Größe und des Gewichts der Spitze seines Speeres!). Saul (zu deutsch: Begehrer) wollte nun David (zu deutsch: der Geliebte) veranlassen, auch mit diesen Waffen aus Erz zu kämpfen (1.Sam. 17, 38. 39a). David hatte es aber nie versucht, legte die ehernen Kriegsgeräte wieder ab und erfocht seinen herrlichen Gottessieg mit seinen gewohnten Hirtengeräten (Vers 39b. 40).

HERZ = ZUNEIGUNG, VERLANGEN, LIEBE

Das Herz ist der Sitz der Liebe und des Hasses, der Zuneigung und des Widerstrebens, des Verlangens und der Ablehnung. Darum lesen wir auch oft, daß Gott das Herz ansieht. Nicht unser Tun und Reden, sondern die tiefste, geheimste Wunscheinstellung unseres Herzens kennzeichnet das wahre Wesen unseres Ich.

»Der Herr sieht nicht auf das, worauf der Mensch sieht; denn der Mensch sieht auf das Äußere, der Herr aber schaut das Herz an«, sagt Samuel in 1. Sam. 16, 7.

»Ich weiß, Herr, daß du das Herz prüfst«, betet David in 1. Chron. 29, 17; und Hanani sprach zu dem König Asa das wunderbare Wort: »Die Augen des Herrn durchlaufen die ganze Erde, um sich mächtig zu erweisen an denen, deren Herz ungeteilt auf ihn gerichtet ist« (2. Chron. 16, 9).

Der königliche Sänger sagt in Ps. 7, 9: »Der gerechte Gott prüft Herzen und Nieren« (vgl. Jer. 11, 20; 17, 10; 1. Thess. 2, 4), und

Hebr. 4, 12 beschreibt das Wort Gottes als einen »Richter der Gedanken und Gesinnungen des Herzens.«

In Apg. 1, 24 reden die Versammelten den Herrn mit »Herzenskündiger aller« an, und 1. Petr. 3, 4 stellt dem auswendigen Haar- und Kleiderschmuck der Frauen den »verborgenen Menschen des Herzens« gegenüber.

Der Glaube ist weder Sache des Verstandes noch des Gefühles oder Willens (obwohl diese durch den Glauben beeinflußt und umgestaltet werden!), sondern vielmehr des Herzens (Röm. 10, 10).

Paulus sehnt sich nicht mit seinem eigenen Herzen, sondern mit dem Herzen Christi Jesu nach den Philippern (Phil. 1, 8). Nicht in unserm Gedächtnis oder in unserm Intellekt, sondern in unserm Herzen gilt es, das Wort Gottes zu bewahren (Ps. 119, 11).

Die Liebe Gottes ist durch den Heiligen Geist in unsere Herzen ausgegossen (Röm. 5, 5), so daß unsere Zuneigung in sehnsüchtigem Verlangen auf ihn und seinen Sohn gerichtet ist.

Das Unterpfand des Geistes Gottes (2. Kor. 1, 22), ja Christus selbst (Eph. 3, 17) wohnt durch den Glauben in unseren Herzen.

Wir lesen von verstockten (2. Mose 7, 3. 13. 22; 8, 19. 32; 9, 7. 35, 10, 1. 20. 27; 14, 4. 8; 5. Mose 28, 28), weiten (2. Kor. 6, 11), weisen (Ps. 90, 12), zitternden (5. Mose 28, 65), zerbrochenen (Ps. 34, 18), verständigen (1. Kön. 3, 9), unbeschnittenen (3. Mose 26, 41), verzagten (5. Mose 20, 8) und reinen Herzen (Ps. 51, 10), je nach dem Gegenstand der Zuneigung und des Verlangens, dem sich ein Mensch hingibt.

Weil das Dichten und Trachten des menschlichen Herzens von Natur aus nur böse ist (1. Mose 6, 5), deshalb gehört es zu den grundlegenden Christusaufgaben, die Herzen zu erneuern (Hes. 18, 31). »Ich will ihnen ein Herz geben, mich zu erkennen«, verheißt der Herr in Jer. 24, 7, und in Hes. 11, 19 steht geschrieben: »Ich werde ihnen ein Herz geben und werde einen neuen Geist in euer Inneres geben; und ich werde das steinerne Herz aus ihrem Fleische wegnehmen und ihnen ein fleischernes Herz geben.«

1. Tim. 1, 5 nennt als »Endziel des Gebotes: Liebe aus reinem Herzen«, und nach Offb. 17, 17 sind die judenfeindlichen Maßnahmen der Nationen von Gott in ihre Herzen gegeben.

»Vergeht mein Fleisch und mein Herz — meines Herzens Fels und mein Teil ist Gott auf ewig«, bezeugt Asaph in Ps. 73, 26; Wonne und Freude des Herzens vermögen uns in dieser Welt der Angst und Not nur die Worte Gottes zu vermitteln (Jer. 15, 16); und unser

Herz, d.h. unser Verlangen, unsere Liebe und unsere Zuneigung ist da, wo unser Schatz ist (Luk. 12, 34). Wenn Christus wirklich das Wertvollste und Köstlichste unseres Lebens ist, dann ist auch unser Herz und Sinnen bei ihm (Kol. 3, 1—3).

»Wie schmachtend ist dein Herz!« ruft Gott voll Erbarmen dem abtrünnigen, hurerischen Volk zu (Hes. 16, 30) und kennzeichnet damit einen Zustand des Unbefriedigtseins und der Angst, wie er zu Beginn der Drangsalszeit auf Erden allgemein sein wird (Luk. 21, 26).

Wie unfaßbar herrlich ist die Tatsache, daß wir uns nicht auf unser Herz, sondern allein auf Gott selbst verlassen dürfen, der auch dann noch treu ist und uns liebt, wenn wir untreu sind und unser eigenes Herz uns verdammt (2. Tim. 2, 13; 1. Joh. 3, 20).

Gott schenke uns erleuchtete Augen des Herzens (Eph. 1, 18), damit wir seine alles Denken weit übersteigende Gnade und Herrlichkeit immer besser sehen, fassen und ausleben lernen!

HEU, STROH, STOPPELN = VERGÄNGLICHKEIT, WERTLOSIGKEIT

Heu, Stroh und Stoppeln sind ein Bild der Vergänglichkeit und Wertlosigkeit. »Ihr gehet schwanger mit Heu; Stoppeln werdet ihr gebären!« ruft Gott seinen Feinden zu (Jes. 33, 11), und Jes. 5, 24 vergleicht das Gericht über Israel mit dem Verbrennen von Stoppeln und Heu.

Moabs Verderben wird in Jes. 25, 10 mit dem Zertreten von Stroh in einer Mistlache verglichen, und wie der Sturmwind Stoppeln hinwegrafft, so müssen die Herren der Erde vergehen (Jes. 40, 24).

So wenig wie Stroh und Korn zusammenpassen, so wenig gehören falsche und echte Propheten zusammen (Jer. 23, 28), und Israels Zerstreuung wird in Jer. 13, 24 als das Verwehen von Stoppeln durch den Wüstenwind bezeichnet.

In Obadja 18 droht Gott, das Haus Esau zu Stoppeln zu machen, und in Nahum 1, 10 wird von dem Gericht über Israel als von einem Verzehrtwerden wie Stoppeln gesprochen.

Alle Übermütigen und Gesetzlosen sollen am Gerichtstage Gottes zu Stoppeln werden (Mal. 4, 1), und in Hiob 21, 18 steht von den Gesetzlosen geschrieben, »daß sie wie Stroh werden vor dem Wind und wie Spreu, die der Sturmwind entführt« (vgl. Ps. 1, 4!).

Unser Vater lasse uns aus Gnaden zu denen gehören, die nicht vergängliches Heu, wertloses Stroh und verwehende Stoppeln, sondern Gold des Glaubens, Silber der Erlösung und Edelsteine der Herrlichkeit auf den von Gott gelegten Christusgrund bauen (1. Kor. 3, 12)!

HINKEN = UNENTSCHIEDENHEIT, SCHWACHHEIT

»Wie lange hinket ihr auf beiden Seiten?« rief der Prophet Elia dem Volk auf dem Karmel zu, um seine Unentschlossenheit zu strafen (1. Kön. 18, 21).

Als Jakob bei Pniel am Hüftgelenk angerührt wurde, schwand seine Eigenkraft, und er mußte hinken (1. Mose 32, 22—32).

David klagt in Ps. 35, 15, daß seine früheren Freunde, denen er viel Gutes erwiesen hatte, sich über sein Hinken, seine Schwachheit, freuen, und in Ps. 38, 17 bekennt er: »Ich bin nahe daran, zu hinken, und mein Schmerz ist beständig vor mir.«

Aber auch die Hinkenden, die Schwachen, Schwankenden, Elenden haben tröstliche Gotteszusagen. So lesen wir in Micha 4, 6. 7a: »An jenem Tage, spricht der Herr, werde ich das Hinkende sammeln und das Vertriebene zusammenbringen und dem ich Übles getan habe. Und ich werde das Hinkende zu einem Überrest und das Weitentfernte zu einer gewaltigen Nation machen.« Und in Zeph. 3, 19 verheißt Gott seinem Volk Israel: »Siehe, ich werde zu jener Zeit handeln mit allen deinen Bedrückern, und die Hinkenden werde ich retten und die Vertriebenen sammeln; und ich werde sie zum Lobe und zum Namen machen in allen Ländern ihrer Schmach.«

HITZE = TRÜBSAL, BEDRÄNGNIS

Die Hitze ist ein Bild der Trübsal und der Bedrängnis. Lesen wir z. B. Jer. 17, 5—8 nach! Dort werden zwei Menschen einander gegenübergestellt. Der erste ist verflucht, weil er auf Fleisch vertraut und von Gott weicht. Er gleicht einem Entblößten in der Steppe, der in dürren Örtern in der Wüste wohnt. Der zweite jedoch ist gesegnet, weil er auf Gott vertraut. Er ist wie ein am Wasser gepflanzter Baum, der sich nicht fürchtet, wenn die Hitze kommt, sondern unaufhörlich Frucht trägt (vgl. Ps. 1, 1—3).

Beim Ausleeren der vierten Zornesschale werden die Menschen von großer Hitze versengt werden und den Namen Gottes lästern, der diese Plagen schickt (Offb. 16, 8. 9).

Nebukadnezar ließ voller Grimm einen Ofen siebenfach heizen und Sadrach, Mesach und Abednego gebunden hineinwerfen (Dan. 3, 19. 20). Die Flamme tötete die Männer, die im Auftrag des erzürnten Königs die Gefangenen hineinstießen. Die Freunde Daniels aber wandelten »frei« im Ofen. Nur ihre Fesseln waren von der Glut des Feuers aufgelöst, sie selbst aber so wenig angetastet worden, daß man weder an ihrem Haar noch an ihren Kleidern auch nur einen Brandgeruch wahrnahm (Vers 21—27).

Aus dieser wunderbaren Begebenheit können wir lernen, daß der Feind (Nebukadnezar ist ein Typ auf Satan!) seine eigenen Leute vernichtet, sein eigenes Reich wider Willen zerstört. Zum andern erkennen wir, daß die Trübsalshitze die Auserwählten Gottes selber nicht beschädigen darf, sondern ihre Fesseln und Gebundenheiten löst! Drittens aber sehen wir, daß man im Ofen der Trübsal den himmlischen Beistand erfahren und genießen darf, wie es unter gewöhnlichen Umständen nicht der Fall ist (Vers 25b). Wie mögen Daniels Freunde später den feurigen Ofen, der ihnen zum Tod und Verderben bestimmt war, gesegnet haben, da er ihnen Gottesoffenbarungen und Heilserfahrungen vermittelte, die sie sonst nie erlebt hätten!

Die Engelspeise Manna war verderblich und schmolz, wenn die Sonne heiß schien (2. Mose 16, 20. 21). So wird wohl unser Seelenleben — denn das Manna ist Engelsbrot oder Seelenspeise — durch die Hitze der Trübsal erschüttert und angegriffen. Das Gottesbrot des Geistes aber, welches Christus ist, ist unverderblich, da es die verschiedenen Gärungs- und Hitzeprozesse durchlaufen und überstanden hat.

Es kann auch unser ureigentliches Geistes- und Glaubensleben durch keinerlei Drangsal zerstört werden. Nichts im weiten Weltenall vermag uns zu scheiden von der Liebe Gottes, die in Christo Jesu ist (Röm. 8, 38. 39).

HOCHZEIT = FREUDE, VEREINIGUNG

Die Hochzeit (eigentlich: hohe Zeit) ist ein Bild freudiger Vereinigung. Darum spricht auch der Herr vom Königreich der Himmel als von einer wohlvorbereiteten Hochzeit, zu der aber die Geladenen nicht kommen wollen (Matth. 22, 9—12).

Das Gleichnis von den zehn Jungfrauen (Matth. 25, 1 ff.) beginnt mit dem Wörtchen »alsdann« und weist in die Endzeit. Obwohl die Gläubigen der Jetztzeit den Charakter der klugen und törichten Jungfrauen tragen (denn alle Schrift dient zu unserer Ermahnung), so kann man, heilschronologisch gesehen, doch wohl nicht behaupten, daß wir die Jungfrauen *sind*. Ich kann doch unmöglich Glied am Leibe des Bräutigams, Freund des Bräutigams, Braut, Jungfrau (oder Gespielin) und Knecht sein! Doch sollen die Arten und Beziehungen der Heilskörperschaften hier nicht näher erörtert werden.

Auf jeden Fall ist die Hochzeit ein freudiges Fest für alle, die irgendwie daran teilnehmen. Luk. 12, 36 spielt auf einen eigenartigen Hochzeitsbrauch an, wonach an diesem Fest nicht die Sklaven ihre Herren, sondern der Bräutigam seine Sklaven bedienen mußte, die für etliche Tage Herrenrechte erhielten.

Wird das Volk des Bundes einmal eine wirkliche und wesenhafte Vereinigung mit seinem Bräutigam Christus, seinem rechtmäßigen Mann Jehova erleben? Ist es nicht durch seine Hurerei mit den Götzen seiner Berufung verlustig gegangen? Steht nicht in 3. Mose 21, 7 geschrieben: »Eine Hure und eine Entehrte sollen sie (die Söhne Aarons) nicht zum Weibe nehmen, und ein von ihrem Mann verstoßenes Weib sollen sie nicht nehmen; denn heilig ist er seinem Gott?« Und heißt es nicht im 14. Vers gleichen Kapitels: »Eine Witwe und eine Verstoßene und eine Entehrte, eine Hure, diese soll er nicht nehmen; sondern eine Jungfrau aus seinen Völkern soll er zum Weibe nehmen?« Spricht nicht Gott selbst an vielen Stellen von der Verstoßenen, Witwe und Hure? Wie könnte da Christus, der wahrhafte und reine Hohepriester, eine solche Entehrte als Eheweib erwählen?

Hier offenbart sich dem Glauben wieder die wunderbare und gewaltige Wahrheit, daß das Leben und die Liebe stärker sind als das starre Gesetz des Buchstabens. Wo das Gebot nur verdammen, verstoßen und töten kann, da vermag die Gnade herauszulocken und herauszulieben. Deshalb sagt Gott in Hos. 2, 14—16a: »Darum siehe, ich werde sie locken und in die Wüste führen und ihr zum Herzen reden; ... und sie wird daselbst singen wie in den Tagen ihrer Jugend ... Und es wird geschehen an jenem Tage, spricht der Herr, da wist du mich nennen: mein Mann ...«

Dann erfüllt sich die prophetische Schau von Hohelied 8, 5a: »Wer ist sie, die da heraufkommt von der Wüste her, sich lehnend auf ihren Geliebten?«

Nach vielen Gerichtsumwegen und Züchtigungsprozessen wird sich schließlich Offb. 19, 7—9 erfüllen, wo geschrieben steht: »Laßt uns fröhlich sein und frohlocken und ihm Ehre geben; denn die Hochzeit des Lammes ist gekommen und sein Weib hat sich bereitet. Und es ward ihr gegeben, daß sie sich kleide in feine Leinwand, glänzend und rein; denn die feine Leinwand sind die Gerechtigkeiten der Heiligen. Und er spricht zu mir: Schreibe: Glückselig, die geladen sind zum Hochzeitsmahl des Lammes! Und er spricht zu mir: Dies sind die wahrhaftigen Worte Gottes.«

HOLZ = NATÜRLICHES MENSCHENTUM

Holz schattet als Ergebnis natürlichen Wachstums den Menschen in seinen Naturzusammenhängen ab; es ist ein vielgebrauchtes Symbol für die Menschheit in ihrer irdisch-kreatürlichen Bezogenheit und Verbundenheit. So lesen wir z. B. in Luk. 23, 31, daß der in Niedrigkeit auf Erden wandelnde Herr sich selbst grünes Holz nennt, während er Israel als dürres Holz bezeichnet.

Jesus Christus, der dem Fleische nach der Menschheit entsprossen ist, wird durch einen am Wasser des Lebens gepflanzten, fruchtbaren Baum gekennzeichnet (Ps. 1; Jer. 17, 7. 8). Israel aber, das den Messiaskönig verwarf und trotz aller äußeren Frömmigkeit von der Lebensquelle abgeschnitten war, wird mit einem dürren, erstorbenen Ast am Baume der Menschheit verglichen. Nicht der erhöhte, verherrlichte Christus Jesus, wie ihn Paulus verkündigt, sondern der erniedrigte Jesus Christus, der in seinem natürlichen Werden und Wachsen durchaus erdverbunden war, wird Holz genannt.

Nicht nur der Herr, auch das Volk wird oft mit Holz verglichen. Als z. B. Gott dem Propheten Hesekiel die Vereinigung der getrennten Stämme in einem Symbol darstellen wollte, hieß er ihn zwei Hölzer zu einem Holz in seiner Hand vereinigen (Hes. 37, 15—22).

Der verstockte Teil des Volkes wird in Judas 12 »spätherbstliche Bäume, fruchtleer, zweimal erstorben, entwurzelt« genannt. Diese sind fürwahr »dürres Holz«, reif, abgehauen und verbrannt zu werden!

Auch Nationen und ihre Könige werden als Holz bezeichnet (Hes. 31; Dan. 4, 20—22). In heiliger Ironie nannte Jehova den syrischen König Rezin und seinen israelitischen Verbündeten Pekach »rauchende Brandscheit-Stümpfe«, vor denen sich der König Ahas keineswegs zu fürchten brauche (Jes. 7, 4).

Man kann mit Holz auch Götzendienst treiben. Darum kündigt der Prophet denen Strafe an, die zum Holz sprechen: »Du bist mein Vater...« (Jer. 2, 26. 27). In 5. Mose 4, 27. 28 wird Israel prophezeit, daß es in seiner Zerstreuung unter die Völker fremden Göttern dienen wird. Und unter diesen Göttern wird auch Holz genannt. Während unter den »Steinen« Engel- und Geistermächte zu verstehen sind, besteht der Götzendienst, der dem Holz erwiesen wird, darin, daß man sich an Menschen hängt und von ihnen das Heil erwartet. Der Prophet Habakuk spricht in 2, 19 seines Buches ein »Wehe!« über die aus, die bei Holz und Stein (bei Engeln und Menschen) Belehrung suchen.

Hölzerne und irdene Gefäße dienen nach 2. Tim. 2, 20. 21 nicht zur Ehre, sondern zur Unehre des Hausherrn. Denn alles natürlich Gewordene und alles Irdische vermögen ihn, der Geist, Licht, Leben und Liebe ist, nicht zu befriedigen. Sie sind nicht teilhaftig seiner Natur und können deshalb nicht vor ihm bestehen.

Aber haßt Gott darum das Holz? Verabscheut er alles Natürliche und sinnt er darauf, es zu vernichten? Im Gegenteil! Gott ging in Christo in die Gleichheit der Menschen hinein und wurde ein Fluch für uns, indem er sich nach dem Gesetz »ans Holz hängen« ließ. Denn ein ans Holz Gehängter ist ein Fluch Gottes (5. Mose 21, 23). Christus hängt am Holz! Dem Geiste nach, indem sein Sinnen und Sehnen auf uns gerichtet ist, — der Seele nach, indem er Mensch wird und Enttäuschung, Schmerz, Hunger, Müdigkeit, Hitze und Todesqual gleich uns empfindet, — dem Leibe nach, indem er sich ans Kreuz schlagen läßt. Christus hängt am Holz! Wer vermöchte alle Tiefen dieses kurzen Gotteswortes in ihrem Vollumfange auszuschöpfen! Wir können ja nur stammeln von dem, was uns von der weltallweiten, unermeßlichen Liebe Gottes des Vaters erschlossen ist.

Zum erstenmal lesen wir von Holz in 1. Mose 22. Dort wird uns berichtet, daß Abraham Holz spaltete (Vers 3). Nun wird Abraham ein Prophet, d. i. ein Gottesdarsteller genannt (1. Mose 20, 7). Also ist gewiß auch diese Handlung des greisen Patriarchen, dem doch zu dieser geringen Dienstleistung genügend Knechte zur Verfügung standen, prophetisch. Holz ist natürliches Menschentum. Das Spalten des Holzes ist die Teilung des Menschen in seine beiden, ursprünglich vereint gewesenen Prinzipien, in Mann und Weib. Aber auch die Teilung der urspünglich einheitlichen Menschheit in siebzig Nationen und die unheilvolle Zersplitterung der Völker in sich, — all das war nötig, damit das gespaltene Holz Feuer fing und brannte.

Alles Holz muß einmal verbrennen, es sei als Brennholz, Torf, Braunkohle oder Kohle. Und selbst dann, wenn es nicht von Menschenhand aus der Erde Schoß geholt wird, wird es dereinst, wenn 2. Petr. 3, 10 in Erfüllung geht, den Feuertod des Sterbens gehen.

Wie lange werden die Feuergerichte des brennenden Holzes dauern? Werden sie endlos sein? Hat Gott, der die Liebe ist und sich seiner Allmacht rühmt, der alles vor Urbeginn seiner Schöpfung geplant und festgelegt hat, nie endende, ziel- und zwecklose Qual zuvorbestimmt? Das sei ferne! Einmal wird alles Irdisch-Natürliche durch den Feuerprozeß hindurchgegangen und kein Holz mehr vorhanden sein. Was geschieht dann? Spr. 26, 20 gibt uns in göttlicher Knappheit anhand eines ganz einfachen natürlichen Bildes, das dem Unglauben Torheit, dem Glauben aber Gottesoffenbarung bedeutet, die Antwort: »Wo es an Holz fehlt, erlischt das Feuer.« Glückselig, wer das im Glauben zu fassen vermag!

HONIG = KREATÜRLICHE FREUNDLICHKEIT UND SÜSSIGKEIT

Der Honig wird in der Schrift einerseits als etwas Köstliches bezeichnet, das man dankbar genießen soll (Spr. 24, 13; 2. Mose 3, 8. 17; 13, 5; 33, 3; 3. Mose 20, 24; 4. Mose 13, 27; 14, 8: 16, 13. 14: 5. Mose 6, 3; Hiob 20, 17; Jes. 7, 15. 22), andererseits aber wird vor einem Zuviel gewarnt (Spr. 25, 16. 27).

Weil Honig menschliche Freundlichkeit abschattet, darf er ebensowenig wie der Sauerteig in einem Feueropfer dem Herrn dargebracht werden (3. Mose 2, 11). Menschliche Bosheit und menschliche Freundlichkeit sind beide untauglich vor Gott.

Aber in seiner Liebe und Treue schenkt uns der Herr manche Freundlichkeiten und Wohltaten, die wir dankbar genießen dürfen, um in der Wüste dieser Welt nicht zu ermatten. Saul, ein Typ auf den Feind, verbot in 1. Sam. 14, 24 den erschöpften Kriegsmännern während des Kampfes den Genuß jeglicher Speise. Jonathan aber, der nichts von diesem Befehl wußte, aß von einem durch den Wald fließenden Honigstrom (Vers 27). Da wurden seine Augen hell (Vers 27b. 29). Wäre das Volk nicht für Jonathan eingetreten, so hätte Saul ihn wegen der Übertretung dieses unmenschlichen Gebotes töten lassen (Vers 44. 45). Aus dieser Begebenheit können wir lernen, wie der Feind immer gewalttätig ist, Gott aber in freundlicher Weise »uns alles reichlich darreicht zum Genuß« (1. Tim. 6, 17b).

Laßt uns den Honig irdischer Wohltaten und Segnungen, den Gott einem jeden auf ganz verschiedene Weise in unsern Lebensweg legt, dankbar genießen! Vergessen wir aber nicht, daß er weder zum heiligen Opfer taugt noch volle Befriedigung gewähren kann!

Möchten wir mit dem heiligen Sänger in Wahrheit sagen können: »Wie süß sind meinem Gaumen deine Worte, mehr als Honig meinem Mund!« (Ps. 119, 103).

HORN = MACHT, STÄRKE

»Haben wir nicht durch unsere Stärke Hörner erworben?« (oder: sind wir nicht stark genug mit unsern Hörnern?) fragt das selbstsichere Volk (Amos 6, 13b), und Zedekia machte sich eiserne Hörner und sprach: »So spricht der Herr: Mit diesen wirst du die Syrer stoßen, bis du sie vernichtet hast« (1. Kön. 22, 11; vgl. Hes. 34, 21; Mich. 4, 13).

Die Hörner des Altars gelten in besonderer Weise als Zeichen der Kraft und der Segensmacht. Darum droht Gott in Amos 3, 14: »An dem Tage, da ich Israels Übertretung an ihm heimsuchen werde, werde ich auch die Altäre von Bethel heimsuchen; und die Hörner des Altars sollen abgehauen werden und zu Boden fallen.« Deshalb mußte auch das Blut an die Hörner gestrichen werden (2. Mose 29, 12; 3. Mose 4, 7. 18. 25. 30. 34; 8, 15; 9, 9; 16, 18; Hes. 43, 20).

Gewöhnlich durften nur Priester dem Altar nahen. Wer aber einen Menschen ohne Absicht getötet hatte, durfte die Hörner des Altars ergreifen und war dann geborgen und unantastbar (1. Kön. 1, 50; 2, 28).

Die Rettermacht Gottes wird auch als Horn des Heils bezeichnet (2. Sam. 22, 3; Ps. 18, 2; Luk. 1, 69), und das Mächtigwerden oder

Zerstörtwerden eines Menschen oder eines Volkes wird oft als Erhöhen oder Zerschlagen des Hornes dargestellt (Ps. 89, 17. 24; 92, 10; 112, 9; 132, 17; 148, 14; Jer. 48, 25; Klgl. 2, 3. 17).

Die zehn Machthaber der Endzeit werden Hörner genannt (Offb. 17, 12), und die Allmacht Christi wird in Offb. 5, 6 durch sieben Hörner versinnbildlicht.

Den Gottlosen wird einst alle Macht genommen werden, aber die Frommen sollen Ehre und Stärke erlangen. Darum verheißt Gott in Ps. 75, 10: »Alle Hörner der Gesetzlosen werde ich abhauen; es werden aber erhöhet werden die Hörner der Gerechten.«

HORT, FELS, BERGUNGSORT = SCHUTZ, GEBORGENSEIN

Gott selbst ist der Hort und der Fels und Bergungsort seiner Geschöpfe. Darum bekennt der Psalmist: »Du bist ein Bergungsort für mich« (32, 7) und »mein Bergungsort und mein Schild bist du« (119, 114).

Während die Lügenzuflucht und der falsche Bergungsort durch Hagel und Wasser hinweggerafft werden (Jes. 28, 17), wird im verheißenen messianischen Reich der Herr Jesus »wie ein Bergungsort« sein (Jes. 32, 2).

In Ps. 18, 2 frohlockt David über die Treue seines Gottes, wenn er singt: »Der Herr ist mein Fels und meine Burg und mein Erretter; mein Gott, mein Hort, auf ihn werde ich trauen, mein Schild und das Horn meines Heils, meine hohe Feste.« Selbst der weinende Prophet, dessen Zeugnis durch den Grundton der Klage und der Trauer bestimmt ist, nennt Gott »meine Stärke und meinen Hort (oder Bergungsort) und meine Zuflucht am Tage der Bedrängnis« (Jer. 16, 19).

In 5. Mose 32, 4 wird Gott der in seinem Tun vollkommene Fels genannt und im 15. Vers als Fels der Rettung bezeichnet, während auch die Götzen und Scheingötter »Felsen« heißen, die aber nicht zu helfen vermögen (Vers 37). »Kein Fels ist wie unser Gott«, betet Hanna in 1. Sam. 2, 2 (vgl. 2. Sam. 22, 32; Ps. 18, 31), und der Psalter ist voll von Bezeichnungen Gottes, in denen der Begriff Hort und Fels in den verschiedensten Verbindungen vorkommt (19, 14; 28, 1; 31, 2. 3; 42, 9; 62, 2. 7; 71, 3; 73, 26; 78, 35; 89, 26; 92, 15; 94, 22; 144, 1).

Von den Heiligen und Gottwohlgefälligen in Jes. 33, 15. 16 steht geschrieben, daß Felsenfesten ihre Burgen sind, und in vielen Zusammenhängen wird der Fels als ein sicherer Zufluchtsort hingestellt, in den man sich verkriechen kann, so daß Moses in der Felsenkluft vor der verzehrenden Heiligkeit des vorübergehenden Herrn gedeckt war (2. Mose 33, 22).

Wer in Christo, dem wahrhaftigen Felsen (1. Kor. 10, 4), geborgen ist, der braucht nicht wie die Menschen der großen Drangsal sich vor dem Zorn des Lammes in den Felsen der Berge zu verstecken und sie um Deckung anzuflehen (Offb. 6, 15. 16), sondern darf in Frieden jetzt ein in ihm verborgenes Leben der Gottseligkeit führen (Kol. 3, 3; 1. Tim. 2, 2), um einst mit ihm in Herrlichkeit offenbar zu werden (Kol. 3, 4).

HÜLLE, DECKE, SCHLEIER = UNGEWISSHEIT, NICHTVERSTEHENKÖNNEN

Hülle, Decke oder Schleier deuten Ungewißheit oder Nichtverstehenkönnen an (1. Mose 24, 65; 38, 14; Jes. 22, 8; 1. Kor. 11, 15). Ehe sich Gott in Christo entschleierte oder offenbarte, war er bis zu gewissem Grad ein verborgener Gott, der sich durch Licht, Wolken und Donner verhüllte (Hab. 3, 4; Ps. 104, 2; Hiob 22, 14; Klgl. 3, 44; Ps. 81, 7).

Ein wichtiger Akt im Leben des Abraham, des Vaters des Glaubens, war seine Trennung von Lot. Lot heißt auf deutsch »verdeckt«, »verhüllt« oder »verborgen«. So zieht auch auf unserm Glaubenswege lange Zeit Lot mit uns, d. h. vieles betreff der Wege und des Wesens Gottes bleibt uns verborgen. Erst wenn wir bereit sind, zu verzichten und um der Verheißungen Gottes willen Sterbenswege zu gehen, trennt sich Lot von uns, und wir dürfen von einer Gottesoffenbarung zur andern vorwärts schreiten (2. Kor. 3, 18b).

Während Gott vor seiner Schöpfung verhüllt ist, ist nichts, selbst Totenreich und Abgrund nicht, vor ihm verborgen (Hiob 26, 6; Ps. 139, 15).

Paulus betet für die Epheser, daß ihnen der Geist der Enthüllung oder Offenbarung gegeben werde (Eph. 1, 17), damit sie die Hoffnung seiner Berufung, den Reichtum der Herrlichkeit seines Erbes in den Heiligen und die überschwengliche Größe seiner Kraft erkennen können (Vers. 18 u. 19).

Während die Decke Mosis auf dem verblendeten Volk Israel liegt (2. Kor. 3, 13—15) und selbst die Engel mit bedecktem Angesicht anbeten (Jes. 6, 2), dürfen wir mit aufgedecktem Antlitz die Herrlichkeit des Herrn anschauen und dadurch in sein Ebenbild verwandelt werden (2. Kor. 3, 18).

Aber dieser Schleier, der Gott verhüllt, wird nicht nur jetzt von uns, sondern dereinst von allen Völkern hinweggenommen werden, wie Jes. 25, 7a verheißt: »Er wird den Schleier vernichten, der alle Völker verschleiert, und die Decke, die über alle Nationen gedeckt ist.«

HUND = UNREINHEIT, NATIONEN

Im Morgenland ist der Hund kein reinlicher Hausgenosse wie bei uns, sondern ein herrenloses Tier, das Abfälle und Aas verzehrt (2. Mose 22, 31) und sogar Menschenleichen anfrißt (1. Kön. 14, 11; 16, 4; Jer. 15, 3). Meist bewohnen diese wilden Hunde Schutthügel (Jes. 13, 22; 34, 13. 14; Jer. 50, 39), ziehen bei Nacht heulend durch die Straßen und Gassen der Städte und Dörfer (Ps. 59, 6) und können sogar Menschen gefährlich werden (Spr. 26, 17). Darum ist im Orient der Hund ein Abbild der Unreinheit, des Gemeinen und Verächtlichen und wird als Bild für die unreinen Nationen gebraucht (Spr. 26, 11; 2. Petr. 2, 22).

Hurenlohn und Hundekaufpreis sind ein Greuel vor dem Herrn und durften nicht in das Haus Gottes gebracht werden (5. Mose 23, 18).

David bezeichnet sich vor Saul als einen toten Hund und einen Floh (1. Sam. 24, 15), und auch Mephiboseth nennt sich einen toten Hund (2. Sam. 9, 8; vgl. 16, 9).

In Jes. 56, 10 werden die Wächter Israels Blinde ohne Erkenntnis und stumme Hunde genannt, und in Matth. 7, 6 ermahnt der Herr seine Jünger, das Heilige nicht den Hunden zu geben.

Hunde, Zauberer, Hurer, Mörder, Götzendiener und Lügner sind außerhalb der heiligen Stadt (Offb. 22, 15), und Paulus nennt die »bösen Arbeiter«, die die Philipper zu zerspalten und auf fleischlich-irdische Abwege zu bringen suchen, »Hunde« (Phil. 3, 2. 19).

In Ps. 22, 16 werden die Heiden, in deren Hand der Herr überliefert war, Hunde genannt, und auch Matth. 15, 26 zeigt uns, daß die Nationen im Gegensatz zu den Kindern des Hauses Israel Hunde sind. Und doch offenbart Jesus in der wunderbaren prophetischen

Begebenheit von Matth. 15, 21—28 die gewaltige Wahrheit, daß auch die Hunde, die Heiden, das Brot des Lebens, welches im tiefsten Grunde er selber ist, erhalten sollen und werden.

JÄGER = VERFOLGUNG, NACHSTELLUNG

Der erste Jäger, von dem die Schrift berichtet, war Nimrod (1. Mose 10, 8—10). Er war ein Gewaltmensch und der Begründer der gottlosen Stadt Babel. Auch Esau, der ein gewalttätiger Verfolger war, wird ausdrücklich als Jäger beschrieben (1. Mose 25, 27).

»Ihr werdet fliehen, obwohl euch niemand jagt«, droht Gott seinem Volk im Falle des Ungehorsams an (3. Mose 26, 17), so daß sie selbst vor dem Rauschen eines verwehten Blattes fliehen sollen (3. Mose 26, 36). Die rauschenden, brausenden Völkerschaften sollen gejagt werden wie Spreu und Stoppeln (Jes. 17,13), und das unter die Nationen zerstreute Israel soll im Auftrag von vielen Jägern, also nicht nur von einer Nation, von jedem Berg und von jedem Hügel (aus ihren führenden Stellungen) und aus den Felsenklüften (aus ihren Verstecken und vermeintlich sicheren Bergungsorten) gejagt werden (Jer. 16, 16).

Jeremias klagt, daß er, und vorbildlich in ihm sein Volk, wie ein Vogel gejagt wird (Klgl. 3, 52), und Hiob sagt, daß ihn im Falle seiner Schuld Gott wie ein Löwe jagen werde, um immer wieder seine Wunderkraft an ihm zu erweisen (Hiob 10, 16).

Wohl uns, daß wir gleich David »verfolgt« werden (so wörtlich!) von Güte und Huld (Ps. 23, 6a) und daß, wer glaubt, nicht ängstlich zu eilen braucht (Jes. 28, 16b)!

JOCH = DIENSTBARKEIT, KNECHTSCHAFT

Das Joch ist ein Bild der Dienstbarkeit und Knechtschaft. So droht Gott seinem Volk, daß er es, wenn es ihm nicht dankbar und fröhlich diene, seinen Feinden unterwerfe und ihm ein eisernes Joch auf den Hals lege bis zur Vertilgung (5. Mose 28, 48).

In 1. Kön. 12, 1—11 wird uns von Rehabeam berichtet, daß er das harte Dienstjoch seines Vaters Salomo nicht nur nicht erleichtern wolle, sondern das Volk unter noch härtere Dienstbarkeit stellen werde.

Von dem Joch der Last oder Belastung lesen wir in Jes. 9, 4, und in Jes. 47, 6. 7 läßt Gott dem hochmütigen Babel sagen: »Ich war ergrimmt über mein Volk, ich entweihte mein Erbteil, und ich gab sie in deine Hand. Du hast ihnen kein Erbarmen erzeigt, auf den Greis legtest du schwer dein Joch und du sprachst: In Ewigkeit werde ich Herrin sein, so daß du dir dieses nicht zu Herzen nahmst, das Ende davon nicht bedachtest.«

Israel wollte nie in den gottgegebenen Verhältnissen und Einengungen bleiben, sondern wurde immer wieder zur Hure, d. h. gab sich andern Göttern hin. Darum sagt die Schrift in Jer. 2, 20: »Vor alters hast du dein Joch zerbrochen, deine Bande zerrissen, und du hast gesagt: Ich will nicht dienen! Sondern auf jedem hohen Hügel und unter jedem grünen Baum gabst du dich preis als Hure« (vgl. 5, 5).

In Jer. 27, 1—11 muß der Prophet im Auftrag Gottes eine Symbolhandlung vollziehen: er legt sich Bande und Jochstäbe um den Hals, ein Zeichen dafür, daß Gott alle Völker unter die Hand des Königs Nebukadnezar gegeben hat, dessen Joch keine Nation eigenmächtig abschütteln soll, ehe die von ihm verordnete Zeit erfüllt ist (Jer. 28, 2. 4).

Was für ganze Völker gilt, ist auch oft Grundgesetz für einzelne Menschen. Darum lesen wir in Klgl. 3, 27: »Es ist dem Manne gut, daß er das Joch in seiner Jugend trage«.

Während das Gesetz in Apg. 15, 10 und Gal. 5, 1 ein unerträgliches Joch der Sklaverei genannt wird, bezeichnet der Herr sein Joch, das er seinen Jüngern anbietet, als sanft und die damit verbundene Belastung als leicht (Matth. 11, 29).

Der Apostel Paulus warnt die Heiligen zu Korinth, sich nicht in ein ungleiches Joch mit Ungläubigen zu begeben (2. Kor. 6, 14; vgl. 3. Mose 19, 19; 5. Mose 22, 10. 11) und ermahnt, da unsere natürlichen Sinne solche Worte gern äußerlich und fleischlich auffassen, die Knechte, die unter irgendwelcher Dienstbarkeit stehen, ihre Gebieter, auch wenn diese ungläubig sind, aller Ehre würdig zu achten (1. Tim. 6, 1).

Zu den allumfassenden Aufgaben des Christus gehört, daß dereinst die Knoten des Joches gelöst werden und jedes Joch zersprengt werden wird (Jes. 58, 6). Jedes Joch wird zersprengt! Mögen wir nun an das Joch der Sünde, des Gesetzes, der Knechtschaft oder der Dienstbarkeit denken — der Glaube darf kühnlich fassen, daß dereinst keinerlei Joch mehr sein wird!

Noch ein kurzes, vielsagendes Wort über die Art und Weise, wie Gott Joche sprengt, sei hier angeführt: Jes. 10, 27b. Dort lesen wir: »Das Joch wird gesprengt werden infolge des Fettes (oder: Das Joch wird verfaulen infolge der Salbung)«. So, wie in unserem Unterbewußtsein Hemmungen, seelische Komplexe, Zwangsvorstellungen usw. vermodern — ähnlich wie in einem Grab oder Keller der Inhalt langsam zugrundegeht und zerfällt — so gibt es auch ein Gesprengtwerden oder Verfaulen des auf uns liegenden Sünden- und Gesetzesjoches infolge des Fettes oder der Salbung, d. h. der Segnungen und Gnadenmitteilungen, deren wir durch den Glauben teilhaftig werden.

Diese Wahrheit ist für bedrückte Menschen, die immer nur auf sich schauen, eine gar köstliche Kunde. Wohl dem, der sie immer klarer erfassen und erfahren darf!

JORDAN = TOD

Der Jordan (auf deutsch: der Hinabeilende) endet nach zweimaliger Läuterung (Meromsee und Galiläisches Meer) am tiefsten Punkt der Erdoberfläche, im Toten Meer, das 400 Meter tiefer liegt als der Wasserspiegel des Mittelländischen Meeres. Darum ist er so recht ein Bild des Todes.

Zum erstenmal lesen wir vom Jordan in 1. Mose 13, 10. 11: »Lot hob seine Augen auf und sah die ganze Ebene des Jordan, daß sie ganz bewässert war, bevor der Herr Sodom und Gomorrha zerstört hatte, gleich dem Garten Gottes, wie das Land Ägypten, bis nach Zoar hin«. Lot, der Verhüller, findet Wohlgefallen am Jordankreis und erwählt ihn zum Wohnsitz. Wir wissen, was er davon gebracht hat: er verlor seine ganze Habe und sein Weib und rettete mit Not sein nacktes Leben und seine sündenvergifteten Töchter.

Abraham aber wartete Gottes Weisung ab und wohnte unter den Terebinthen Mamres (zu deutsch: Offenbarung!) und Hebrons (zu deutsch: Gemeinschaft!). Während der Mann der Verhüllung, seinen natürlichen Trieben folgend, in den Sündenstädten Sodom und Gomorrha am Todesstrome wohnt, darf der Glaube Offenbarungen von Gott und Gemeinschaft mit ihm erleben.

»Mit meinem Stabe bin ich über diesen Jordan gegangen«, bezeugt Jakob in 1. Mose 32, 10. Werden wir dereinst mehr in

Händen haben als den Stab des Glaubens, wenn wir über den Todesstrom in die uns verheißenen Licht- und Liebesregionen in Christo einziehen?

Gleichwie Josua vor dem Volk über den Todesstrom hinüberzog und seinem Volk das Land als Erbe austeilte (5. Mose 3, 28), so ist der wahre Josua (Jehoschua = Gott ist Retter, Heiland, der Herr über das Heil) den Seinen vorangegangen, um ihnen eine Stätte zu bereiten (Joh. 14, 1—3). Christus ist gleich Josua Anführer der Errettung (Hebr. 2, 10) und Vorläufer (Hebr. 6, 20), um alles, einen jeden in seiner eigenen Reihenfolge oder Marschordnung (1. Kor. 15, 23) zu sich zu ziehen (Joh. 12, 32).

Naemann, der aussätzige Feldherr des Königs von Syrien, mußte sich siebenmal im Jordan untertauchen, sich gänzlich in den Tod geben, um eine völlige Heilung und Wiederherstellung zu erfahren (2. Kön. 5, 10. 14). Welch eine herrliche Verheißung für uns alle, die vom Aussatz der Sünde befallen sind!

In Matth. 3, 5—16 wird uns von der Tätigkeit des Täufers berichtet. Alle, die ihre Sünden bekannten, taufte er in den Jordan.

Dieser Todes- und Sterbensweg, den Gott in seinem Sohne vorangegangen ist, kann keinem Geschöpf erspart bleiben. Obwohl der Tod für den Gläubigen sein Grauen verloren hat und vom Sieg verschlungen ist (1. Kor. 15, 54b), so ist doch unser Leben, gleich dem unseres Bruders und Vorbildes Paulus, ein tägliches Sterben (1. Kor. 15, 31). Nur durch den Jordan des Todes kommt man in das Kanaan der Verheißung; in das Leben Gottes können wir nur hineinsterben.

KAMEL = GRÖSSE, UNREINHEIT

Der Herr nennt in Matth. 19, 24 das Kamel wegen seiner Größe, wenn er sagt: »Es ist leichter, daß ein Kamel durch ein Nadelöhr eingehe als ein Reicher in das Reich Gottes«. Man hat einmal unter Kamel ein Schiffstau und ein andermal unter Nadelöhr ein kleines Tor Jerusalems verstehen wollen, doch gibt es hierfür keine Beweise.

Auch in Matth. 23, 24 spielt Jesus auf die Größe des Kamels an, wenn er den Pharisäern zuruft: »Blinde Leiter, die ihr die Mücke seihet, das Kamel aber verschlucket!« Damit wollte er sagen, daß die verblendeten Führer des Volkes mit Kleinigkeiten sehr genau sind, aber das Große nicht beachten.

Das Kamel galt als unrein (3. Mose 11, 4; 5. Mose 14, 7), und in Jer. 2, 23. 24 wird Israel eine brünstige Wildeselin und eine unstet umherschweifende Kamelin genannt.

Das Kamel wird auch als prophetisches Bild der Nationen gebraucht. Wenn z. B. Elieser 10 Kamele Abrahams nimmt, um die Braut für den Sohn seines Herrn zu holen, so ist das weder nebensächlich noch zufällig. Zehn ist die Zahl der Fülle, sonderlich der Nationenfülle. Und die Schrift sagt uns, daß einst die Nationen die Söhne und Töchter des heiligen Volkes herbeibringen werden. Nur wird dann nicht mehr, wie einst bei den Weisen aus dem Morgenlande, die Myrrhe der Leiden bei dem Gold des Glaubens und dem Weihrauch der Anbetung sein, sondern dann wird außer Gold und Weihrauch auch fröhliches Lob dargebracht werden.

Lesen wir Jes. 60, 3—6, wo von dem Reichtum der Nationen die Rede ist, der auf einer Menge Kamele gebracht wird: »Nationen wandeln zu deinem Lichte hin und Königreiche zu dem Glanz deines Aufgangs. Erhebe ringsum deine Augen und sieh! Sie alle versammeln sich, kommen zu dir: deine Söhne kommen von ferne und deine Töchter werden auf den Armen herbeigetragen. Dann wirst du es sehen und vor Freude strahlen, und dein Herz wird beben und weit werden; denn des Meeres Fülle wird sich zu dir wenden, der Reichtum der Nationen zu dir kommen. Eine Menge Kamele wird dich bedecken, junge Kamele von Midian und Epha. Allesamt werden sie aus Scheba kommen, Gold und Weihrauch bringen, und sie werden das Lob des Herrn verkündigen«.

KELTER = ZORN, BEDRÄNGNIS

In der Offenbarung lesen wir von der »Kelter des Grimmes Gottes« (14, 19) und von der »Kelter des Weines des Grimmes Gottes« (19, 15).

Die Drangsalszeit für die untreuen Völker wird in Jes. 63, 2—6 mit dem Prozeß des Kelterns verglichen: »Warum ist Rot an deinem Gewande und sind deine Kleider wie die eines Keltertreters? Ich habe die Kelter allein getreten . . ., und ihr Saft spritzte an meine Kleider . . .« Joel 3, 13 weissagt hinsichtlich der Nationen: »Leget die Sichel an, denn die Ernte ist reif; kommet, stampfet, denn die Kelter ist voll, die Kufen fließen über! Denn groß ist ihre Bosheit«, und in Klgl. 1, 15 lesen wir: »Der Herr hat die Kelter getreten«.

Aber der Zweck des Kelterns besteht doch letztlich nicht darin, zu bedrängen und zu pressen, um Schmerzen zu bereiten, sondern vielmehr, daß köstlicher Wein der Freude dadurch gewonnen werde. So ist auch Zweck und Ziel aller Einengung und Bedrängnis, aller Not und allen Gerichtes nicht endlose Qual und immerwährende Pein, sondern Heil und Errettung. Darum bezeugt auch der Apostel Paulus in 2. Kor. 4, 17: »Das schnell vorübergehende Leichte unserer Drangsal bewirkt (bereitet oder vollbringt) uns ein über die Maßen überschwengliches, ewiges Gewicht von Herrlichkeit«.

Laßt uns den mancherlei Kelterdruck in unserm Leben lobend und dankend ertragen, indem wir das herrliche Endziel der Wege Gottes glaubend anschauen!

KLEID, ROCK = LEIBLICHKEIT

1. Mose 3, 21 berichtet von Fellkleidern oder Hautröcken, die Adam und Eva nach ihrem Fall und ihrer Verfluchung erhielten. Wie hier, so dürfen wir öfter in der Schrift unter Kleidern Bilder der Leiblichkeit verstehen.

So sagt der Herr in Matth. 6, 30, daß Gott das Gras des Feldes »kleidet«, d. h. die ihm eigentümliche Gestalt und Erscheinungsform gibt, und redet in diesem Zusammenhang von den Nahrungs- und Kleidungssorgen für unsern Leib (Vers 25—32).

Je nachdem, mit welchen Geschöpfen und wie er mit diesen Geschöpfen verkehrt und verfährt, »kleidet« sich Gott anders. Das ist ja auch im Irdischen so. Ein Richter oder Soldat erscheint nicht, wenn er im Freundeskreis oder mit der Familie im trauten Heim beisammen ist, in der Amtskleidung oder gar mit Gewehr und Tornister. Wenn der Richter aber seines Amtes waltet oder der Soldat in den Krieg zieht, dann ist das etwas ganz anderes. So spricht die Schrift von einem Machtkleid des Armes Gottes (Jes. 51, 9), von Rachegewändern und einem Eifertalar (Jes. 59, 17). Ps. 104, 2 sagt uns, daß sich Gott in Licht hüllt wie in ein Gewand, und Christus hat in seiner Eigenschaft als Keltertreter ein bespritztes, hochrotes Kleid an (Jes. 63, 1—3).

Die weißleuchtenden Kleider von Matth. 17, 2 deuten auf verklärte Leiblichkeit, und auch die reinen Gewänder von Offb. 3, 4. 5. 18; 19, 8 weisen auf den Herrlichkeitsleib hin. Darum sind sowohl das Zerreißen als auch das Waschen der Kleider von tiefer Bedeutung (Offb. 22, 14 u. a.).

Wenn wir Joseph als Typ auf Christus verstanden haben, so erkennen wir sein jeweiliges Gewand (der bunte Rock, solange er beim Vater war, das Sklavengewand, die Gefängniskleidung, den Kleiderwechsel, ehe er vor Pharao trat usw.) als wunderbaren prophetisch-symbolischen Hinweis auf die verschiedenen Leibesherrlichkeiten des Sohnes Gottes.

Möchte sich während unseres Niedrigkeitswandels allezeit Pred. 9, 8 erfüllen, wo wir lesen: »Deine Kleider seien weiß zu aller Zeit (d. h. dein Leibesleben sei immer rein und gottgemäß)!«

KNIEEN = DEMÜTIGUNG, UNTERWERFUNG

Das Niederwerfen beim Gebet ist ein Zeichen der Demütigung und Unterwerfung unter Gottes Liebeswillen. »Salomo kniete auf seine Kniee nieder und breitete seine Hände aus gen Himmel« (2. Chron. 6, 13) und »stand auf von dem Beugen seiner Kniee« (1. Kön. 8, 54). Esra schreibt, daß er sich auf seine Kniee niederbeugte und seine Hände zu dem Herrn ausbreitete (Esr. 9, 5), und von Daniel lesen wir, daß er dreimal des Tages auf seine Kniee niederkniete und betete und lobpries vor seinem Gott (Dan. 6, 11).

Vor dem Herrn fielen während seines Erdenlebens viele Menschen bittend oder anbetend nieder (Matth. 17, 14; Mark. 1, 40; 10, 17; Luk. 5, 8). Aber auch die Kriegsknechte sanken vor Jesus auf die Kniee, um ihn zu verspotten, (Matth. 27, 29) und waren damit, ohne es zu wissen, ihre eigenen Propheten. Denn Jehova-Christus, der nicht lügen kann, hat geschworen, daß sich einst alle Kniee, also auch die der Kriegsknechte, vor ihm beugen werden (Jes. 45, 23).

Der Herr betete knieend (Luk. 22, 41), und Stephanus befahl, im Gebet knieend, seinen Geist in Jesu Hände (Apg. 7, 60). Auch Petrus (Apg. 9, 40) und Paulus (Apg. 20, 36; 21, 5; Eph. 3, 14) knieten zum Gebet nieder.

Vor Heiligen und Götzen beugte man ebenfalls die Kniee (2. Kön. 1, 13; 1. Kön. 19, 18).

Phil. 2, 10 verheißt, daß sich im Namen Jesu jedes Knie beugen wird, der Himmlischen, der Irdischen und der Unterirdischen. Es ist ein unverdientes Vorrecht, daß wir jetzt schon anbetend und lobpreisend vor unserm Gott und Vater niederknieen dürfen und nicht erst lange, furchtbare Gerichts- und Verdammungswege zu gehen brauchen.

KOT, SCHLAMM = SÜNDE, SCHMUTZ, UNSICHERHEIT

Kot und Schlamm sind oft gebrauchte Bilder für Sünde und Schmutz. So betet Hanna in 1. Sam. 2, 8: »Aus dem Kote erhöht er den Armen« (vgl. Ps. 113, 7). »Ich bin versunken in tiefen Schlamm«, klagt der königliche Sänger in Ps. 69, 2 und fleht im 14. Vers: »Ziehe mich heraus aus dem Schlamm, daß ich nicht versinke!«

Jes. 57, 20 vergleicht die Gesetzlosen mit dem aufgewühlten Meer, das nicht ruhig sein kann und immer wieder Schlamm und Kot aufwühlt, und 2. Petr. 2, 22 sagt von Ungerechten, in der Befleckung des Fleisches Wandelnden, daß es ihnen ergeht wie einer Sau, die sich, nachdem sie gewaschen ist, wieder im Kote wälzt.

»Von allen euren Unreinigkeiten werde ich euch reinigen«, verheißt Gott seinem Volk in Hes. 36, 25. Wir aber, auf die das Ende der Äonen gekommen ist, d. h. die das jetzt schon erfassen und erfahren dürfen, was dereinst am Ende der Zeitalter ausgeführt und dargestellt sein wird (1. Kor. 10, 11), vermögen durch die reinigende, heiligende und vollendete Gnade, jetzt schon in der Reinheit Christi zu leben und zu wandeln.

Gott schenke uns, daß das Zeugnis von Ps. 40, 2. 3a auch unser Bekenntnis sei und bleibe, indem wir allezeit mit dem heiligen Sänger sagen können: »Er hat mich heraufgeführt aus der Grube des Verderbens, aus kotigem Schlamm; und er hat meine Füße auf einen Felsen gestellt, meine Schritte befestigt; und in meinen Mund hat er gelegt ein neues Lied, einen Lobgesang unserm Gott.«

KREUZ = SCHMACH, SCHANDE, FLUCH

Der Kreuzestod war im Altertum die grausamste und entehrendste Strafe. Das griechische Wort stauros bedeutet Schand- oder Marterpfahl.

Am Kreuze wurde Christus ein Fluch für uns, denn es steht geschrieben: »Verflucht ist jeder, der am Kreuze hängt« (Gal. 3, 13).

Da aber Gott Fluch in Segen zu verwandeln vermag (5. Mose 23, 5; Neh. 13, 2), darum ist der Schandpfahl des Kreuzes die größte und herrlichste Segensquelle alles Heils. Deshalb rühmt sich auch der Apostel Paulus des Kreuzes (wörtlich: in dem Kreuze), wie wir in Gal. 6, 14 lesen.

Das Blut des Kreuzes Christi bedeutet nichts Geringeres als die Aussöhnung des gesamten Alls, wie Paulus in Kol. 1, 20 bezeugt: »... durch ihn das All mit sich auszusöhnen.«

Das Wort, das der Herr einst zu seinen Jüngern sagte: »Wenn jemand mir nachkommen will, der verleugne sich selbst und nehme sein Kreuz auf sich und folge mir nach!« (Matth. 16, 24) gilt erst recht uns, die wir Glieder des Christus sein dürfen.

Der Apostel Paulus schreibt im Galaterbrief, daß

1. er mit Christo gekreuzigt ist (2, 20);
2. die des Christus sind, ihr Fleisch gekreuzigt halten (5, 24);
3. die Welt ihm gekreuzigt ist (6, 14).

Gott schenke auch uns diese praktische Einstellung zum Kreuz Christi und bewahre uns davor, daß wir Feinde des Kreuzes werden (Phil. 3, 18)! Laßt uns vielmehr gleich unserm Herrn und Haupt die Schande des Kreuzes nicht achten, sondern sie um der vor uns liegenden Freude willen dankbar erdulden zur Ehre und Verherrlichung Gottes des Vaters und zu unserer Glückseligkeit!

KRONE, KRANZ = RUHM, EHRE, FREUDE

Die Krone ist das Zeichen der königlichen und hohepriesterlichen Würde und ist deshalb auch ein Sinnbild der Ehre. Da unser Glaubenskampf mit korinthischen Spielen verglichen wird, so ist auch öfter von dem Siegeskranz die Rede, den die Überwinder gleich jenen Wettkämpfern als Zeichen des Ruhmes zu ihrer Freude empfangen sollen. Jene erhielten einen vergänglichen Kranz; unser aber wartet eine unvergängliche Krone (1. Kor. 9, 25).

Paulus nennt die Philipper und Thessalonicher seine Hoffnung und Freude und Krone des Ruhms (Phil. 4, 1; 1. Thess. 2, 19).

In 2. Tim. 4, 8 frohlockt er, daß ihm hinfort die Krone der Gerechtigkeit bereit liegt, die alle diejenigen erhalten sollen, die die Erscheinung Christi liebhaben; Jak. 1, 12 spricht von der Krone des Lebens, die denen verheißen ist, die ihn lieben, und in 1. Petr. 5, 4 wird die »unverwelkliche Krone der Herrlichkeit« genannt, die die Gemeindeältesten empfangen sollen, wenn der Erzhirte offenbar geworden ist.

Spr. 4, 9 bezeugt von der Weisheit, welche im letzten und tiefsten Sinn Christus ist, daß sie unserm Haupt einen anmutigen Kranz verleiht und uns eine prächtige Krone darreicht.

Hiob sagt bezüglich der Schmach und Entehrung, die er erfuhr, daß ihm seine Ehre ausgezogen und die Krone seines Hauptes weggenommen wurde (Hiob 19, 9), und in Klgl. 5, 16 bezeugt der tränenreiche Prophet: »Gefallen ist die Krone unseres Hauptes; wehe uns, denn wir haben gesündigt!«

Von dem Antichristen der Endzeit lesen wir prophetisch in Hes. 21, 30—32: »Und du, Unheiliger, Gesetzloser, Fürst Israels, dessen Tag gekommen ist zur Zeit der Ungerechtigkeit des Endes! so spricht der Herr, Jehova: Hinweg mit dem Kopfbund und fort mit der Krone! Dies wird nicht mehr sein. Das Niedrige werde erhöht und das Hohe erniedrigt! Umgestürzt, umgestürzt, umgestürzt will ich sie machen; auch dies wird nicht mehr sein — bis der kommt, welchem das Recht gehört: dem werde ich's geben.«

Wohl ist Christus heute schon mit Ehre und Herrlichkeit gekrönt (Hbr. 2, 9), und alles ist ihm unterworfen (Hbr. 2, 8a); aber das ist noch nicht in die Erscheinung getreten, sondern vorerst noch Glaubensgut für einige wenige (Hbr. 2, 8b).

Einst wird nach schweren, schmerzvollen Gerichtswegen und -schlägen der errettete und geläuterte Überrest des verirrten Volkes zur prächtigen Krone und zum herrlichen Kranze sein (Jes. 28, 5), und es wird eine prachtvolle Krone in der Hand des Herrn und ein königliches Diadem in der Hand seines Gottes sein (Jes. 62, 3).

Der Herr schenke uns, daß unser Glaubensleben und Glaubenskampf gottgemäß in seinen Linien und Normen verläuft, auf daß wir zu denen gehören dürfen, die einst gekrönt werden nach seiner Verheißung (2. Tim. 2, 5)!

KUSS = HULDIGUNG, VEREINIGUNG, LIEBE

Der Kuß ist das Zeichen der Verehrung und Huldigung (1. Kön. 19, 18; Hos. 13, 2; Hiob 31, 27; 1. Sam. 10, 1), der Unterwerfung (Ps. 2, 12), wie auch das Staublecken auf das Küssen der Füße hindeutet (Jes. 49, 23; Mich. 7, 17; Ps. 72, 9), der Vereinigung und Versöhnung (1. Mose 33, 4; 2. Sam. 14, 33) und der Liebe (Hohel. 1. 2; 1. Sam. 20, 41; Apg. 20, 37).

Von dem heiligen Bruderkuß, der bei den ersten Gemeinden üblich war und bis zum heutigen Tag in verschiedenen christlichen Kreisen üblich ist, lesen wir in Röm. 16, 16; 1. Kor. 16, 20; 2. Kor. 13, 12; 1. Thess. 5, 26; 1. Petr. 5, 14.

»Gnade und Wahrheit sind sich begegnet; Gerechtigkeit und Friede haben sich geküßt«, steht prophetisch bezüglich des verheißenen Königreichs Christi in Ps. 85, 10 geschrieben. Das will sagen, daß einmal ein Zustand erreicht wird, wo nicht nur der unbedingten Wahrheit und der unantastbaren Gerechtigkeit Gottes Genüge getan ist, sondern wo sich auch die Gnade und der Friede voll auswirken können, ohne daß der Heiligkeit Gottes dadurch Abbruch getan wird.

Vielen erscheint es unvereinbar, daß alles zum Heil und Frieden kommen soll, ohne daß dadurch Gottes Wahrheit und Gerechtigkeit angetastet wird. Und doch vermag der Glaube zu fassen, daß dereinst Gerechtigkeit und Frieden in unauflöslichem Bund als Erweis der Macht und Liebe Gottes die Grundlage des Heils und der Glückseligkeit aller Geschöpfe sein werden.

LAHMHEIT = UNFÄHIGKEIT ZU GOTTGEFÄLLIGEM WANDEL

Lahme oder kranke Tiere zu opfern war eine Verunehrung und Versündigung Gott gegenüber (3. Mose 22, 20; Mal. 1, 8). Ein gelähmter Priester durfte nicht zum Dienst ins Heiligtum nahen, um es nicht zu entweihen (3. Mose 21, 17—23). Lahmheit macht einen Gott geziemenden Gang, einen ihm entsprechenden Wandel unmöglich und schloß deshalb von Dienst und Opfer aus. Damit ist jedoch nicht gesagt, daß Gott alles Lahme ausrotten und vernichten will. Im Gegenteil! Eine Fülle köstlicher Verheißungen zeigt uns, wie Gott mit dem Lahmen verfährt, um es zurechtzubringen und zu verherrlichen.

Von dem Überrest des durch schwere Gerichte gegangenen Volkes sagt der Herr in Jer. 31, 8. 9: »Siehe, ich bringe sie aus dem Lande des Nordens und sammle sie aus dem äußersten Ende der

Erde, unter ihnen Blinde und Lahme, Schwangere und Gebärende allzumal; in großer Versammlung kehren sie hierher zurück. Mit Weinen kommen sie, und unter Flehen leite ich sie; ich führe sie zu Wasserbächen auf einem ebenen Wege, auf dem sie nicht straucheln werden.«

Unter den sieben Beweisen für seine Messianität läßt der Herr dem Täufer auch den nennen, daß durch ihn Lahme wandeln (Matth. 11, 4—6; vgl. 15, 30. 31; 21, 14).

Arme, Krüppel, Lahme und Blinde sind nach dem Gleichnis vom großen Abendmahl zum Königreich Christi berufen (Luk. 14, 13. 21).

»Richtet auf die erschlafften Hände und die gelähmten Kniee und machet gerade Bahn für eure Füße, auf daß nicht das Lahme vom Wege abgewandt, sondern vielmehr geheilt werde!« ruft der Schreiber des Hebräerbriefes (12, 12. 13) seinen Lesern zu.

In 2. Sam. 4, 4; 9, 1—13 wird die ergreifende Geschichte des gelähmten Mephiboseth erzählt. Dieser Enkel Sauls, des Todfeindes Davids, ist nicht nur ein prophetisches Vorbild irdischer Völker, sondern auch ein Typ satanischer Mächte. Mephiboseth heißt auf deutsch Schandbild. Gleichwie Mephiboseth um Jonathans (zu deutsch: Gabe Gottes) willen Gnade und Barmherzigkeit erlangte, so wird am Ende der Äonen auch den schlimmsten Schandbildern der Schöpfung Errettung und Frieden zuteil. Wie Mephiboseth fortan in Jerusalem wohnte und an des Königs Tisch aß, so sollen nach Ps. 68, 18 auch die Widerspenstigen oder Abtrünnigen bei Gott wohnen.

Den gesegneten Wechsel aus der Wüste der Furcht in die Gottesstadt des Friedens wird gleich dem gelähmten Mephiboseth nicht nur Israel erleben. Es wird im Vollumfang wahr werden, was Jes. 35, 3—6a geschrieben steht: »Stärket die schlaffen Hände und befestiget die wankenden Kniee! Saget zu denen, welche zaghaften Herzens sind: Seid stark, fürchtet euch nicht! Siehe, euer Gott kommt, Rache kommt, die Vergeltung Gottes! Er selbst kommt und wird euch retten! Dann werden die Augen der Blinden aufgetan und die Ohren der Tauben geöffnet werden; dann wird der Lahme springen wie ein Hirsch, und aufjauchzen wird die Zunge des Stummen!«

LAMM = STELLVERTRETENDES SÜHNEOPFER, UNSCHULD, REINHEIT

Das Lamm (ein junges Schaf oder eine junge Ziege) war das häufigste Opfertier des alttestamentlichen Kultes. Es mußte ohne Fehl und dazu je nach Opferart männlich und einjährig sein. Nicht die Opfertiere als solche, sondern die Gesinnung der Darbringenden und die Vorschattung des wesenhaften Opfers befriedigen Gottes Herz. Darum sagt er in Jes. 1, 11: »Wozu soll mir die Menge eurer Schlachtopfer? Ich bin satt der Brandopfer, der Widder und des Fettes der Mastkälber, und am Blute von Farren und Lämmern und jungen Böcken habe ich kein Wohlgefallen.«

Der Herr wird oft als das wahre, wesenhafte Gotteslamm bezeichnet, auf den alle Opfertiere nur Vorbild und Hinweis waren. So sagt der Prophet von ihm: »Er wurde mißhandelt, aber er beugte sich und tat seinen Mund nicht auf, gleich dem Lamme, welches zur Schlachtung geführt wird, und wie ein Schaf, das stumm ist vor seinen Scherern; und er tat seinen Mund nicht auf« (Jes. 53, 7; vgl. Apg. 8, 32—35).

Der Täufer nennt den Herrn in Joh. 1, 29. 36 ausdrücklich das Lamm Gottes, das die Sünde der Welt hinwegnimmt, und Petrus schreibt in 1, 19 seines ersten Briefes von Christus als von einem Lamm ohne Fehl und ohne Flecken.

Auch die Jünger des Herrn werden als Lämmer bezeichnet. So sagt schon der Prophet: »Er wird seine Herde weiden wie ein Hirt, die Lämmer wird er in seinen Arm nehmen und in seinem Busen tragen, die Säugenden wird er sanft leiten« (Jes. 40, 11), und Gott verheißt in Hes. 34, 16: »Das Verlorene will ich suchen und das Versprengte zurückführen, und das Verwundete will ich verbinden und das Kranke will ich stärken.«

Bei der Aussendung der Siebenzig sprach der Herr: »Gehet hin! Siehe, ich sende euch wie Lämmer inmitten von Wölfen!«, und Petrus bekommt den Auftrag: »Weide meine Lämmer!« (Joh. 21, 15. 17).

Der Apostel Paulus redet nur andeutungsweise an einer einzigen Stelle von Christus als dem Lamme, nämlich in 1. Kor. 5, 7b. Dort schreibt er: »Auch unser Passah, Christus, ist geschlachtet.« Der Nationenapostel hatte eben den Sonderauftrag, den Christus Gottes als erhöhten, verherrlichten Herrn, als Haupt der Gemeinde und Haupt über das All zu verkündigen.

Gott gebe uns die Gnade, inmitten dieser Welt der Gewalt die Lammesnatur Christi darzustellen und schweigend unsern zuvorbestimmten Weg zur Herrlichkeit zu gehen!

LAND = ISRAEL IM GEGENSATZ ZUR VÖLKERWELT

Während die Völkerwelt oft als Meer oder See bezeichnet wird (siehe: Meer!), nennt die Schrift Israel häufig »das Land«. Darum lesen wir auch öfter vom »Land Israel« und »Land Juda«. Jedenfalls ist das Wort Land, wenn es allein steht und sich dem Zusammenhang nach auf kein anderes bezieht, immer auf Israel bzw. Kanaan zu deuten (Hos. 1, 2; 4, 1; Joel 1, 2; 2, 1), das deshalb von Gott auch oft »mein Land« genannt wird.

So schattet prophetisch der dritte Schöpfungstag, an dem das Trockene, die Erde, von der Sammlung der Wasser, den Meeren, geschieden wurden, die Zeit ab, in der Israel von den Völkern ausgesondert wurde, wie ja das Sechstagewerk ein prophetisches Vorbild für die ganze Geschichte der Erde ist.

Lesen wir, um nur einen kleinen Ausschnitt der Schrift anzuführen, in Ps. 37 einige Stellen nach, die vom Land handeln! »Die auf den Herrn hoffen, werden das Land besitzen.« — »Die Sanftmütigen werden das Land besitzen und werden sich ergötzen an Fülle von Wohlfahrt.« — »Die von ihm Gesegneten werden das Land besitzen.« — »Die Gerechten werden das Land besitzen und werden darin wohnen für den Äon.« — »Harre auf den Herrn und bewahre seinen Weg, und er wird dich erhöhen, das Land zu besitzen« (Vers 9. 11. 22. 29. 34a).

In Offb. 12. 12 lesen wir ein »Wehe!« über Land und Meer, d. h. über Israel und die Nationen, weil der Teufel große Wut hat, da er weiß, daß seine Zeit bald abgelaufen ist.

»Der Herr macht dürres Land zu Wasserquellen«, sagt der heilige Sänger in Ps. 107, 35b (vgl. Jes. 35, 7; 41, 18) und zielt damit prophetisch auf große Wiederherstellungsgedanken Gottes, die er anbruchhaft im kleinen und letztlich an der gesamten Schöpfung ausführen wird.

LEINWAND = GERECHTER, HEILIGER WANDEL

»Die feine weiße Leinwand sind die gerechten Taten (oder Werke) der Heiligen«, belehrt uns Offb. 19, 8. Das ist eine klare, unanfechtbare Symboldeutung.

Nun verstehen wir auch, weshalb die Kleider der Priester vornehmlich aus Leinwand bestanden (2. Mose 28, 42; 39, 28; 3. Mose 6, 3; 16, 4) und auch beim Bau der Stiftshütte Leinwand oder Byssus verwendet wurde. David (1. Chron. 15, 27) und die Leviten und Sänger und ihre Söhne und Brüder (2. Chron. 5, 12) waren in Byssus gekleidet.

Spr. 31, 22 sagt von dem wackeren Weibe, dem zurechtgebrachten Volk Israel, daß der Byssus der Gerechtigkeit und Heiligkeit und der Purpur königlicher Würde ihr Gewand sind (vgl. Offb. 19, 8). Diesen Byssus hat Gott selbst ihr angetan, wie er in Hes. 16, 10. 13 bezeugt.

Als der Herr seinen Jüngern die Füße wusch, umgürtete er sich mit einem leinenen Tuch (Joh. 13, 4. 5), und dem Petrus wurden unreine Tiere in einem Leinentuch gezeigt (Apg. 10, 11; 11, 5).

Die Kriegsheere, die dem zum Gericht ausziehenden Wort, (d. h. dem Sohn Gottes; vgl. Joh. 1, 1. 2. 14) folgen, sitzen auf weißen Pferden und sind mit weißer, reiner Leinwand bekleidet. Auch Engel werden uns oft als mit linnenen Kleidern angetan beschrieben (Hes. 9, 2. 3. 11; 10, 6. 7; Offb. 15, 6), wodurch ihre Unbeflecktheit dargestellt wird.

In diesem Lichte erst verstehen wir die moralisch-erbauliche Bedeutung von Pred. 9, 8: »Deine Kleider seien weiß zu aller Zeit!« (Siehe »Kleid«!)

LENDE = GEMÜT, GESINNUNG, URSPRUNG

»Umgürtet die Lenden euerer Gesinnung!« ermahnt Petrus die Fremdlinge in der Zerstreuung (1. Petr. 1, 13). Paulus ruft uns zu: »Stehet nun, euere Lenden umgürtet mit Wahrheit!« (Eph. 6, 14), und Jesaias sagt prophetisch vom Herrn, daß Gerechtigkeit der Gurt seiner Lenden sein wird (11, 5).

Die Lenden sind der Sitz der Kraft (Hiob 40, 11; Spr. 31, 17), des Schmerzes (Jes. 21, 3; Nah. 2, 10), der Bereitschaft (2. Mose 12, 11;

1. Kön. 18, 46; 2. Kön. 4, 29; Jer. 1, 17; Luk. 12, 35) und der Lebensquelle (1. Mose 35, 11; 46, 26; 1. Kön. 8, 19; Apg. 2, 30; Hebr. 7, 5. 10).

Durch eine Symbolhandlung seines Propheten ließ Gott den Ägyptern und den Abessiniern eine schmachvolle Zukunft voraussagen, wie wir in Jes. 20, 2b—5 lesen: »Gehe, löse das Sacktuch von deinen Lenden und ziehe deine Sandalen von deinen Füßen. Und er tat also und ging nackt und barfuß. Und der Herr sprach: Gleichwie mein Knecht Jesaia nackt und barfuß gegangen ist, drei Jahre lang, ein Zeichen und Vorbild betreffs Ägyptens und Äthiopiens: also wird der König von Assyrien die Gefangenen Ägyptens und die Weggeführten Äthiopiens hinwegtreiben.«

Auch die Segnungen, die man einem Menschen zuteil werden läßt, kommen aus den Lenden, d. h. aus dem Gemüt und der Gesinnung. So sagt Hiob in 31, 20, daß die Lenden des Dürftigen ihn gesegnet haben.

Die Lenden sollen zum Zeichen der Trauer mit Sacktuch umgürtet werden, wie wir in Jes. 32, 11; 1. Kön. 20, 31. 32 und Amos 8, 10 lesen.

Laßt uns Menschen sein, die, umgürtet an den Lenden mit Wahrheit, den Listen des Teufels nicht unterliegen, sondern zur Ehre Gottes zu stehen vermögen!

LÖWE = HERRSCHAFT, GEWALT

Der Löwe gilt als König unter den Tieren. Wegen seiner Stärke wird er oft als Bild gewaltiger Feinde gebraucht. So werden die Babylonier (Jer. 2, 15), Joahas (Hes. 19,3), Jojakim (Hes. 19, 5) und Pharao (Hes. 32, 2) mit jungen Löwen verglichen, während Gottes Volk ein versprengtes Schaf genannt wird, das die Löwen verscheucht haben (Jer. 50, 17).

Nicht nur irdische Mächte, sondern auch Gewalten der Finsternis werden manchmal im Bilde eines Löwen dargestellt. 1. Petr. 5, 8 spricht von dem Teufel als von einem brüllenden Löwen, und aus 2. Tim. 4, 17 könnte man schließen, daß Paulus den Löwen hätte vorgeworfen werden sollen. Vielleicht meint er aber auch mit dem »Rachen des Löwen« den Tod.

Zorn und Schrecken des Königs werden in Spr. 19, 12; 20, 2 das Knurren eines jungen Löwen genannt, und im Psalter werden die Angst und Bedrängnis der heiligen Sänger öfter mit einem Weilen unter Löwen verglichen (Ps. 57, 4; 22, 13. 21; 35, 17).

Auch der gerechte Zorn Gottes, der die Bösen erschreckt und zerbricht, wird in der Schrift manchmal im Bilde eines Löwen dargestellt. Darum sind z. B. im salomonischen Tempel zwölf elfenbeinerne Löwen als Sinnbild königlicher Macht und Gewalt angebracht (1. Kön. 10, 19. 20).

Gott nennt sein gerichtsmäßiges Erscheinen das Herniedersteigen eines Löwen, wenn er in Jes. 31, 4 droht: »Wie der Löwe und der junge Löwe, wider den der Hirten Menge zusammengerufen wird, über seinem Raube knurrt, vor ihrer Stimme nicht erschrickt und sich vor ihrem Lärmen nicht ergibt, also wird der Herr der Heerscharen herniedersteigen, um auf dem Berge Zion und auf seinem Hügel zu streiten.«

Hiskia schreibt in seinem Tagebuch: »Ich beschwichtige meine Seele bis zum Morgen... dem Löwen gleich, also zerbrach er (d. i. Gott) alle meine Gebeine« (Jes. 38, 13a), und Jeremia vergleicht den Herrn mit einem lauernden Bären und einem versteckten Löwen (Klgl. 3, 10).

Ernst und eindringlich ist die Gerichtsandrohung Gottes in Hos. 5, 14: »Ich werde für Ephraim wie ein Löwe sein und für das Haus Juda wie ein junger Löwe. Ich, ich werde zerreißen und davongehen; ich werde wegtragen, und niemand wird erretten« (vgl. Hos. 13, 7. 8!).

Christus selbst wird wegen seiner unüberwindlichen Siegesmacht der Löwe aus dem Stamm Juda genannt (Offb. 5, 5), wie ja auch von Juda (zu deutsch: Lob Gottes!) in 1. Mose 49, 9 geschrieben steht: »Juda ist ein junger Löwe...; er legt sich nieder wie ein Löwe und eine Löwin...«

Welch eine gesegnete Stellung, Gott nicht als brüllenden, furchterregenden Löwen fliehen zu müssen, sondern ihm als liebendem Vater nahen und Anbetung darbringen zu dürfen!

MAUER, ZAUN = BEWAHRUNG, SCHEIDUNG

Eine Stadt ohne Mauer war im Altertum den Feinden, umherstreifenden Horden und wilden Tieren preisgegeben. Darum wurde auf starke Mauern großer Wert gelegt. So ist die Mauer das Sinnbild der Bewahrung und des Schutzes.

Wegen seines schirmenden Wächterdienstes, den Jeremia gegenüber Volk und Fürsten, König und Priestern tun sollte, wird er von Gott eine »eherne Mauer« genannt (Jer. 1, 18; 15, 20), die von der Gottlosigkeit des Landes nicht überrannt werden sollte.

Den Verfall Israels kennzeichnet das kurze, vielsagende Wort: »Jede Mauer wird zu Boden fallen« (Hes. 38, 20), und der Herr droht seinem untreuen Volk mit einer starken Nation, von der er in 5. Mose 28, 52 sagt: »Sie wird dich belagern in allen deinen Toren, bis deine hohen und festen Mauern, auf welche du vertraust, in deinem ganzen Lande gefallen sind.« Ethan beklagt in Ps. 89, 40 den Zustand seines Volkes, wenn er sagt, daß alle seine Mauern niedergerissen und alle seine Festen in Trümmer gelegt sind.

Spr. 25, 28 vergleicht einen Mann, der sich nicht beherrschen kann, mit einer Stadt ohne Mauer.

Aus all diesen Zusammenhängen können wir unschwer erkennen, daß die Mauer ein Bild der Bewahrung ist. Aber nicht Mauern aus Erde, Stein oder Erz vermögen wirklich zu schützen, sondern niemand anders als Gott selbst. Darum verheißt er, daß er für die Seinen »eine feurige Mauer ringsum« sein werde (Sach. 2, 5). Diese Mauer kann kein Feind stürzen und zerstören!

Die Mauer, der Zaun oder die Zwischenwand sind aber auch Symbole der Scheidung. So bezeugt David in 2. Sam. 22, 30 hinsichtlich der Trennungsmöglichkeiten und Hindernisse, die sich ihm in den Weg stellen: »Mit meinem Gott werde ich über eine Mauer springen.« Der Glaube vermag auch die stärksten Mauern zu überwinden, wie in Hebr. 11, 30 geschrieben steht: »Durch Glauben fielen die Mauern Jerichos, nachdem sie sieben Tage umzogen waren.«

Die Mauern der heiligen Stadt sollen alles Gottlose abhalten, wie denn auch Offb. 22, 15 sechs Gruppen von Menschen aufzählt (sechs ist die Zahl des Menschen!), die kein Recht haben, in das neue Jerusalem einzugehen (vgl. Offb. 21, 27!).

Wer Joseph als Vorbild auf Christus verstanden hat, der darf vielleicht auch das scheinbar bedeutungslose, nichtssagende Verheißungswort von 1. Mose 49, 22 fassen, wo wir lesen: »Sohn eines Fruchtbaumes ist Joseph, Sohn eines Fruchtbaumes am Quell; die Schößlinge treiben über die Mauer.« Damit ließ Gott durch den sterbenden Patriarchen die herrliche Wahrheit andeuten, daß der wahre Joseph, Christus, seine Lebens- und Segensgüter schrankenlos über jede Mauer der Scheidung hinweg darreichen und mitteilen wird. Das spricht auch Paulus unverhüllt bezüglich aller Völker aus, die so lange getrennt waren und z. T. als unrein gegolten hatten, wenn er in Eph. 2, 14 schreibt: »Er ist unser Friede, der aus beiden eines gemacht und abgebrochen hat die Zwischenwand der Umzäunung.«

Dieses tiefe Wort von dem Hinwegtun jeder Zwischenwand wird erst dann restlos in jeder Beziehung erfüllt sein, wenn Gott nicht nur einiges in etlichen, sondern alles in allen sein wird.

MILCH = ANFANGSGRÜNDE DES GLAUBENS

In Jes. 28, 9 fragt der Prophet, wen man Erkenntnis lehren und wem man die Botschaft verständlich machen soll und gibt im gleichen Zusammenhang die Antwort: »Den von Milch Entwöhnten.«

Die Milch als Nahrung für Kinder ist ein Bild für die Anfänge und Grundlagen des Glaubenslebens. Darum schreibt auch Petrus in 2, 2 seines ersten Briefes: »Wie neugeborene Kindlein seid begierig nach der vernünftigen, unverfälschten Milch, auf daß ihr durch dieselbe wachset zur Errettung.«

Paulus nennt die Korinther Fleischliche und Unmündige (1. Kor. 3, 1), denen er Christus nur als Gekreuzigten verkündigen konnte (1. Kor. 2, 2), und bezeichnet diese Wortverkündigung als »Milch und nicht Speise« (1. Kor. 3, 2).

Der Schreiber des Hebräerbriefes sagt klar und unzweideutig, daß jeder, der noch Milch genießt, unerfahren ist im Worte der Gerechtigkeit und als Unmündiger bezeichnet werden muß, da für Erwachsene (Vollkommene oder Zielstrebige) die feste Speise bestimmt ist (Hebr. 5, 12. 13).

Laßt uns nicht bei den ohne Zweifel sehr wichtigen und unerläßlichen Grundlagen des Glaubens stehen bleiben, sondern solche werden, denen der Herr in einem Geheimnis verborgene Weisheit Gottes mitteilen kann (1. Kor. 2, 6. 7), auf daß wir hineinwachsen mögen in die ganze Gottesfülle (Eph. 3, 19)!

MOND = HERRSCHAFT DER FINSTERNIS

Der Mond ist »das kleine Licht zur Beherrschung der Nacht« (1. Mose 1, 16). Er hat seinen Dienst für bestimmte Zeiten (Ps. 104, 19).

In der Nacht regen sich »alle Tiere des Waldes« (Ps. 104, 20) und ziehen sich erst dann zurück, wenn die Sonne aufgeht (Ps. 104, 22). Der Glaube sieht in diesem Wort mehr als nur eine naturkundliche Aufzählung. Er weiß, daß jedes Wort aus Gottes Mund geistgehaucht und lebensvermittelnd ist. So bieten auch diese kurzen Psalmworte ein prophetisches Bild der gegenwärtigen Weltzeit, die ja auch Paulus »Nacht« nennt (Röm. 13, 12). Die Verse 22 und 23 kennzeichnen das messianische Königreich, während der Mensch, Christus, an sein Werk geht und die Tiere, die Finsternismächte, in ihren Höhlen lagern.

Das Weib von Offb. 12, 1, das den Mond unter den Füßen hat, ist das Gottesvolk, das einmal alle satanischen Gewalten überwunden haben wird. Das gleiche Zeugnis lesen wir von uns in Röm. 16, 20, wo Paulus schreibt: »Der Gott des Friedens aber wird in kurzem den Satan unter eure Füße zertreten.«

Während Christus die Sonne, also Beherrscher des Tages ist, ist der Feind der Mond, der Fürst der Finsternis, wie wir aus der Zusammenschau der beiden obigen Schriftzeugnisse ersehen können.

Wir wollen noch zwei kurze Gottesworte hier anführen und es dem Glauben jedes einzelnen überlassen, sie so zu nehmen und zu verstehen, wie es ihm erschlossen ist. In Jes. 30, 26 lesen wir: »Das Licht des Mondes wird sein wie das Licht der Sonne, und das Licht der Sonne wird siebenfältig sein«, und in Ps. 148, 3 fordert der inspirierte Sänger Sonne und Mond auf, gemeinsam Gott zu loben.

MORGENSTERN = ENGELFÜRST

Als Gott die Erde gründete, jubelten die Morgensterne und alle (alle!) Söhne Gottes jauchzten (Hiob 38, 7). Wenn diese Wesen bei der Urschöpfung zugegen waren, können es natürlich unmöglich Menschen gewesen sein.

Die Söhne Gottes (beni elohim) sind Engel, während die Morgensterne Engelfürsten sind. So wird auch Satan im Bilde des Königs von Babel ein vom Himmel gefallener Glanzstern, ein Sohn der Morgenröte genannt (Jes. 14, 12).

Der wahre Morgenstern, der König der Könige und der Fürst der Fürsten ist Jesus Christus, der ja Erfüller aller und jeder

Verheißung, Inhalt und Ziel aller Gottesgedanken ist und für den alle Geschöpfe und Wesen nur verzerrte Abbilder und schattenhafte Vorbilder sind. Darum sagt er von sich in Offb. 22, 16: »Ich bin die Wurzel und das Geschlecht Davids, der glänzende Morgenstern.«

MOTTE = ZERSTÖRUNG

»Siehe, allesamt werden sie (die Feinde Gottes) zerfallen wie ein Kleid, die Motte wird sie fressen«, lesen wir in Jes. 50, 9, und Hiob klagt, daß er zerfalle wie Moder, wie ein Kleid, das die Motte zerfressen hat (13, 28). Wir ersehen daraus, daß die Motte ein Bild allmählicher, unaufhaltsamer Zerstörung ist.

David beschreibt die Vergänglichkeit des Menschen mit den Worten: »Strafst du einen Mann mit Züchtigungen für die Ungerechtigkeit, so machst du, gleich der Motte, seine Schönheit zergehen; ja, ein Hauch sind alle Menschen« (Ps. 39, 11), und Gott sagt bezüglich der stolzen Schmäher der Frommen: »Wie ein Kleid wird sie verzehren die Motte, wie Wolle sie verzehren die Schabe« (Jes. 51, 8).

Irdische Schätze können durch Motten zerstört werden (Matth. 6, 19; Luk. 12, 33), haben also keinen bleibenden Wert.

Gott vergleicht (siehe oben!) sein Gerichtswerk mit der zerstörenden Tätigkeit der Motte, wenn er in Hos. 5, 12 droht: »Ich werde für Ephraim wie die Motte sein, für das Haus Israel wie der Wurmfraß.«

Und doch vermögen wir inmitten dieser vergänglichen, verderbten Welt Schätze zu sammeln, die dem Zerstörungswerk der Motte nicht unterliegen. Wenn schon im Alten Testament das Verheißungswort steht, daß die im Himmel aufbewahrten Schätze von Motten nicht angegriffen werden, wieviel höher und herrlicher sind die Heilsgüter, denen unser Suchen und Sinnen gelten sollte (Kol. 3, 1. 2)!

MYRRHE = LEIDEN, BITTERKEIT, WOHLGERUCH

Die wertvollste Myrrhe ist das selbstausfließende Harz eines Balsamstrauches, das deshalb auch zum heiligen Salböl verwendet wurde (2. Mose 30, 23; Hohel. 1, 13; 3, 6; 5, 1. 5. 13; Ps. 45, 8; Joh. 19, 39). Die Myrrhe ist ein Sinnbild der Leiden und der Bitterkeit einerseits und des Wohlgeruchs andererseits.

Die Sterndeuter aus dem Morgenland opferten das Gold des Glaubens, den Weihrauch der Anbetung und die Myrrhe der Bitterkeit. Dadurch deuteten sie prophetisch an — natürlich ohne ihr Wissen und Wollen, wie ja sehr viel Prophetie unbewußt geschieht —, wodurch das Erdenleben des Herrn gekennzeichnet war.

Die Gemeinde zu Smyrna (zu deutsch: Myrrhe oder Bitterkeit) wird viel Drangsal und Leid zu erdulden haben (Offb. 2, 10).

Daß der Herr am Kreuz Wein mit Myrrhe erhielt (Mark. 15, 23), hat seinen Grund darin, daß mitleidige Frauen zum Tode verurteilten Verbrechern Betäubungsmittel zu reichen pflegten. Vielleicht ist es auch biblisch begründet durch das Wort aus Spr. 31, 6a, wo wir lesen: »Gebet starkes Getränk den Umkommenden!«

Möchten wir mit unserm großen Bruder Paulus im Blick auf die mancherlei Myrrhen unseres Lebens sagen lernen: »Jetzt freue ich mich in den Leiden« (Kol. 1, 24)!

NACHT = GOTTESFERNE, ABWESENHEIT CHRISTI

»Wir sind nicht von der Nacht«, schreibt Paulus in 1. Thess. 5, 5 und will damit, wie aus dem ganzen Zusammenhang (Vers 1—11) hervorgeht, sagen, daß wir als Gläubige der Finsternis, der Gottesferne, entnommen sind.

Wenn Christus die wahrhaftige Sonne ist, dann ist die »Nacht«, heilschronologisch gesehen, die Zeit der Abwesenheit Christi und der »Tag« die Zeit seiner Gegenwart. Das finden wir in vielen Schriftzusammenhängen bestätigt.

So nennt Paulus in Röm. 13, 12 die gegenwärtige Weltzeit Nacht und sagt bezüglich des Wandels: »Die da schlafen, schlafen des Nachts, und die da trunken sind, sind des Nachts trunken. Wir aber, die vom Tage sind, laßt uns nüchtern sein!« (1. Thess. 5, 7. 8a).

Die Nacht wird die Völker plötzlich hinwegheben (Hiob 36, 20), und als der Herr auf Erden weilte und wirkte, sagte er: »Es kommt die Nacht, da niemand wirken kann« (Joh. 9, 4).

»Wenn jemand in der Nacht (also christuslos und gottesfern) wandelt, stößt er sich, weil das Licht nicht in ihm ist«, lesen wir in Joh. 11, 10, und der Prophet bezeugt in Jes. 26, 9a: »Mit meiner Seele verlangte ich nach dir in der Nacht, ja, mit meinem Geiste in meinem Innern suchte ich dich eifrig.«

Weil das ganze All Gott dient (Ps. 119, 91), darum steht auch die Nacht in seinem Dienst. So lesen wir in Ps. 74, 16: »Dein ist der Tag und auch die Nacht; den Mond und die Sonne hast du bereitet.«

Wenn schon die alttestamentlichen Gläubigen Ps. 91, 5 (»Du wirst dich nicht fürchten vor dem Schrecken der Nacht!«) fassen und glauben durften, wieviel mehr Ursache haben wir als die Glieder des Christus, die wir mit jeder geistlichen Segnung inmitten der Himmlischen gesegnet sind (Eph. 1, 3), uns nicht vor den Ängsten und Schrecken der gegenwärtigen Weltzeit zu fürchten, sondern mit dem Apostel Paulus den Siegesgesang des Glaubens anzustimmen!

Noch ein kurzes, aber gewaltiges Verheißungswort sei hier genannt: Offb. 22, 5a lautet: »Nacht wird nicht mehr sein.«

Was einmal das Endergebnis der Wege Gottes sein wird, das Abtun aller Finsternis, so daß im Vollumfang des Wortes keinerlei Nacht mehr ist, dürfen wir durch den Glauben jetzt schon verwirklichen und darstellen und »als am Tage« wandeln, auch wenn uns die Nacht der Gottesferne und Christuslosigkeit rings umgibt.

ÖL, SALBÖL = GOTTES GEIST

Der Ölbaum ist seltsamerweise am fruchtbarsten, wenn er auf dürrem, steinigem Boden wächst. Seine Wurzeln finden sogar in Steinritzen und Felsspalten noch Nahrung. Darum spricht 5. Mose 32, 13 von »Öl aus dem Kieselfelsen«, und Hiob 29, 6 redet von »Ölbächen aus dem Felsen«. So sind auch für uns oft nicht Reichtum und Wohlergehen, sondern Armut und Mangel und Herzenshärtigkeit unserer Umgebung der Boden, auf dem wir am besten als Geistesmenschen zur Ehre Gottes gedeihen können.

Erst nach sieben Jahren bringt der Ölbaum seine Erstlingsfrüchte und wird erst nach weiteren sieben Jahren volltragend. So läßt wirkliche Geistesfrucht naturgemäß viel länger auf sich warten als die Werke des Fleisches, die sich rasch offenbaren (vgl. die Fruchtbarkeit Jakobs und Esaus!).

Der Leuchter mit seinem Ölbehälter und den beiden Ölbäumen, wovon wir in Sach. 4, 1—6 lesen, ist nach der Deutung des Engels ein Sinnbild für den Geist Gottes.

Für die Zeit seiner Verstockung und Zerstreuung wurde dem untreuen Israel gesagt: »Mit Öl wirst du dich nicht salben« (5. Mose 28, 40).

»Du hast mein Haupt mit Öl gesalbt«, frohlockt David in Ps. 23, 5, und Gott bestätigt das in Ps. 89, 20 mit dem Zeugnis: »Mit meinem heiligen Öl habe ich ihn gesalbt.«

»Öl und Räucherwerk erfreuen das Herz«, lesen wir in Spr. 27, 9, und in Pred. 9, 8b steht das feine Wort: »Das Öl mangle nicht auf deinem Haupte!«

Möchten wir nie vergessen, daß wir zwar von Gott gesalbt sind (2. Kor. 1, 21), daß aber tote Fliegen das Öl des Salbenmischers stinkend machen können (Pred. 10, 1)! Paulus kleidet diese Möglichkeit, den uns gegebenen Heiligen Geist durch Untreue und Befleckung zu verunehren, in die Mahnung: »Betrübet nicht den Heiligen Geist, durch welchen ihr versiegelt worden seid auf den Tag der Erlösung« (Eph. 4, 30).

OFEN = MIT ELEND UND GERICHT VERKNÜPFTE DIENSTBARKEIT

Vom eisernen Schmelzofen und vom Schmelzofen des Elends lesen wir in 5. Mose 4, 20; 1. Kön. 8, 51; Jer. 11, 4 und Jes. 48, 10. Das Gericht, das Gott über die abtrünnige Stadt verhängt, wird in Jes. 31, 9 durch Feuer und einen Ofen dargestellt, und in Hes. 22, 22 steht geschrieben: »Wie Silber im Ofen geschmolzen wird, also werdet ihr in Jerusalem geschmolzen werden, und ihr werdet wissen, daß ich, der Herr, meinen Grimm über euch ausgegossen habe.«

Wir kennen die schreckliche Rolle, die der Ofen Nebukadnezars spielen sollte (Dan. 3, 19. 22), und auch in Mal. 4, 1 lesen wir von einem Ofen, wenn die Drangsalszeit mit den Worten beschrieben wird: »Siehe, der Tag kommt, brennend wie ein Ofen, und es werden alle Übermütigen und jeder Täter der Gesetzlosigkeit zu Stoppeln werden, und der kommende Tag wird sie verbrennen.«

Die Füße des zum Gericht wiederkommenden Herrn werden als wie im Ofen glühend beschrieben (Offb. 1, 15).

Beim Schall der fünften Posaune hören wir, daß sich der Schlund eines Abgrunds öffnet und der Rauch wie der Rauch eines Ofens daraus hervorsteigt und furchtbare, heuschreckenähnliche Tiere auf die Erde wirft (Offb. 9, 1—3).

Wir dürfen geistlicherweise heute das gleiche erleben, was die Freunde Daniels im glühenden Ofen erfuhren, daß uns der Feind trotz alles Wütens nicht antasten darf, da ein Stärkerer in liebendem Erbarmen über uns wacht und waltet.

OTTER = HINTERLIST, SCHÄNDLICHKEIT

5. Mose 32, 33 redet vom grausamen Gift der Natter, und Hiob 20, 16 spricht von der tötenden Wirkung der Otternzunge.

»Otternbrut« nannte der Herr die unbußfertigen Pharisäer (Matth. 3, 7; 12, 34; 23, 33; vgl. Jes. 59, 5), und Ps. 140, 3 sowie Röm. 3, 13 sagen, daß Otterngift unter den Lippen der Gottlosen ist.

Den Frommen ist in Ps. 91, 13 verheißen, daß sie auf Löwen und Ottern treten, d. h. ein Siegesleben über die Hinterlist und Gewalt der Sünde zu führen vermögen.

Ein noch herrlicheres Verheißungswort bezüglich der Natter lesen wir in Jes. 11, 8. Dort steht geschrieben: »Der Säugling wird spielen am Loch der Natter und das entwöhnte Kind seine Hand ausstrecken nach der Höhle des Basilisken.«

Es ist ein Ausschnitt aus der Darstellung der Segnungen des messianischen Reiches (lies Vers 6—9!) und eine Prophetie auf die Zeit der endgültigen Wiederherstellung aller Dinge, wo keinerlei Bosheit mehr sein wird.

PALME = SIEG, FRIEDEN

»Der Gerechte wird sprossen wie der Palmbaum«, lesen wir in Ps. 92, 12a; die Wände und Türen des Tempels wurden mit Schnitzwerk von Cherubim, Palmen und aufbrechenden Blumen geschmückt (1. Kön. 6, 29. 32. 35); in die Felder der zehn Erzgestelle grub Hiram von Tirus Cherubim, Löwen und Palmen ein (1. Kön. 7, 36), und an der von Gold überzogenen Zypressenholzverkleidung des Tempels ließ Salomo Palmen und Ketten anbringen (2. Chron. 3, 5).

Joel 1, 12 spricht von verdorrten Palmen, und vom Gottlosen sagt Hiob 15, 32, daß sein Palmzweig nicht grün wird, da für ihn keine Hoffnung besteht, aus der Finsternis zu entweichen (Vers 30a).

Als der Herr in Jerusalem einzog, streute die Volksmenge Palmzweige, um den Seigesfürsten des Friedens zu begrüßen (Joh. 12, 13).

In Offb. 7, 9—17 ist die Rede von einer unzählbaren Schar, die in der großen Drangsal den Märtyrertod starb. Zum Erweis ihrer Gerechtigkeit sind sie mit weißen Gewändern bekleidet, und zum Zeichen, daß sie überwunden haben, tragen sie Palmen in ihren Händen (Vers 9).

Glückselig, wer Gott kennt als den Gott des Friedens (Röm. 15, 33; 16, 20; 1. Kor. 14, 33; 2. Kor. 13, 11; 1. Thess. 5, 23; 2. Thess. 3, 16; Hebr. 13, 20), der uns seinen eigenen Frieden nicht in Form irgend welcher Gefühle, Sachen oder Dinge, sondern in der Person seines eigenen Sohnes der Liebe gegeben hat (Eph. 2, 14)!

PANZER = GERECHTIGKEIT, GLAUBEN, LIEBE

In Jes. 59, 16. 17 wird berichtet, wie sich Gott zum Kampf der Vergeltung rüstet. Dabei wird die Gerechtigkeit mit einem Panzer verglichen. Ähnliches lesen wir in der geistlichen Waffenrüstung von Epheser 6. Da werden im 14. Vers als erstes Stück der Gurt der Wahrheit und als zweites der Brustharnisch der Gerechtigkeit genannt.

Die Reihenfolge bei Aufzählungen der Schrift ist immer von Bedeutung. Nur wer vor Gott völlig wahr geworden ist, wer, bildlich gesprochen, den Gurt der Wahrheit angetan hat, kann als nächstes Stück den Brustharnisch der Gerechtigkeit anlegen, d. h. durch den Glauben gerecht werden vor Gott.

Vom Brustharnisch des Glaubens und der Liebe steht in 1. Thess. 5, 8 geschrieben. Dort lesen wir: »Wir aber, die von dem Tage sind, laßt uns nüchtern sein, angetan mit dem Brustharnisch des Glaubens und der Liebe und als Helm mit der Hoffnung der Seligkeit.«

Gleichwie vom Brustharnisch die Schwerthiebe, Lanzenstöße und Pfeile des Gegners abprallen und nicht todbringend ins Herz eindringen können, so sind wir durch die Gerechtigkeit des Glaubens unantastbar für den Feind, der uns trotz all seiner Ränke und Bosheit von der Liebe Gottes nie zu scheiden vermag.

POSAUNE = BOTSCHAFT, KUNDMACHUNG

Die Posaune (hebr.: schopar) diente hauptsächlich als Signalinstrument zur Sammlung des Heeres im Krieg, zur Verkündigung einer Gefahr durch den Wächter, zur Bekanntmachung der Thronbesteigung eines Königs oder beim Beginn eines neuen Jahres, besonders des Halljahres (Richt. 3, 27; 1. Sam. 13, 3ff.; Amos 3, 6; Jer. 6, 1. 17; 2. Sam. 15, 10; 1. Kön. 1, 34. 39. 41; 3. Mose 23, 24; 4. Mose 29, 1; 3. Mose 25, 9).

Totenauferweckung (1. Kor. 15, 52), Entrückung der Gemeinde (1. Thess. 4, 16), Gerichte der Drangsalszeit (Offb. 8, 2; 11, 15) und Sammlung der Auserwählten des Gottesvolkes nach der großen Drangsal (Matth. 24, 31) werden von verschiedenen Posaunentönen begleitet werden.

Während die Posaune dumpf tönt, klingt die Trompete (hebr.: chazozerah) hell und schmetternd. Sie war aus Silber (4. Mose 10, 2 ff.; 31, 6) und wurde hauptsächlich zum Aufbruch und an Fasten geblasen. Das Jubel-, Hall- oder Heimholerjahr ist von wunderbarer symbolischer Bedeutung. Lies 3. Mose 25, 8—13!

Wenn dieses gesetzliche Schattenbild seine Erfüllung findet (Kol. 2, 16. 17; Hebr. 10, 1), dann gibt es gewaltige Loslassungen aus aller und jeder Verschuldung und eine wunderbare Rückkehr zu verlorenen Gütern, Gaben und Segnungen! Der kühnste Glaube vermag nicht im Vollumfang zu fassen, was dann unser Gott und Vater, von dem doch geschrieben steht, daß er über Bitten und Verstehen weit hinaus zu tun vermag, aus- und durchführen wird!

RABE = UNREINER GEIST

Der Rabe ist ein Aasfresser und darum unrein (3. Mose 11, 15; 5. Mose 14, 14). Es wird von ihm erzählt, daß er beim Verzehren von Leichen zuerst die Augen aushacke (vgl. Spr. 30, 17).

In der Gerichtsandrohung über Edom lesen wir: »Pelikan und Igel nehmen es in Besitz, und Eule und Rabe wohnen darin« (Jes. 34, 11a). Ähnlich heißt es von Babel, daß es die Behausung von Dämonen und ein Gewahrsam jedes unreinen Geistes und ein Gewahrsam jedes unreinen und gehaßten Vogels ist (Offb. 18, 2b).

Eigenartig ist, daß Noah über die durch Gericht untergegangene und wieder neu erstehende Erde zuerst einen Raben fliegen ließ (1. Mose 8, 6). Wußte er denn nicht, daß der Rabe als Aasfresser sich auf den Leichen der Flut niederlassen könne und kein Verlangen nach der Arche habe? Wenn wirklich alle und jede Schrift von Christus zeugt, dann auch diese!

Die reine Taube ist ein Abbild des Herrn; der unreine Rabe dagegen ein Symbol des Feindes. Ohne Widerspruch zu erfahren, sagte Satan zu Jesus, daß alle Reiche des Erdkreises ihm, d. i. dem Teufel, übergeben seien (Luk. 4, 6), und Paulus bezeugt, daß der Feind der »Gott dieser Weltzeit« ist (2. Kor. 4, 4). So ließ Gott, bildlich gesprochen, zunächst Satan und seine Helfershelfer sich auf der Erde auswirken. Christus, auf die Erde gesandt, kehrte, da er nicht hatte, da er sein Haupt hinlegen konnte, zum Vaterhaus zurück und »hatte nichts« (Dan. 9, 26). Wenn er aber zum zweitenmal kommen wird, dann wird er gleich der Taube nach ihrer zweiten Aussendung ein Ölblatt, einen Erstling der Geistesfrucht, nämlich seine Gemeinde mit sich bringen (vgl. 1. Mose 8, 10. 11 mit Röm. 8, 23!). Und wenn Christus zum drittenmal vom Vaterhaus ausgeht auf die Erde, dann wird er sein Zelt auf der Erde bei den Menschen errichten, um bei ihnen zu bleiben für den Äon (vgl. 1. Mose 8, 12 mit Offb. 21, 3!).

Selbst der unreine Rabe ist ein Diener Gottes, ob er es weiß und will oder nicht (Versorgung des Propheten Elia am Bache Krith — 1. Kön. 17, 4. 6).

Gottes allgenugsame Liebe und fürsorgende Treue hört selbst das Geschrei der jungen Raben (Ps. 147, 9) und bereitet ihnen ihre Speise (Hiob 38, 41), so daß Jesus seinen kleingläubigen Jüngern zuruft: »Betrachtet die Raben, daß sie nicht säen noch ernten, die weder Vorratskammer noch Scheune haben, und Gott ernährt sie doch; um wieviel vorzüglicher seid ihr als die Vögel!« (Luk. 12, 24).

Haben wir nicht alle Ursache, dieser köstlichen Vatertreue Gottes zu vertrauen, der selbst um die scheinbar wertlosesten und unreinsten Tiere seiner Schöpfung so liebevoll besorgt ist?

RAUCH, DAMPF = ZORN, VERGÄNGLICHKEIT

Rauch und Dampf werden als Bilder des Zornes und der Vergänglichkeit gebraucht. So lesen wir in 5. Mose 29, 20 von dem rauchenden Zorn und Eifer des Herrn; in Ps. 74, 1 fragt der heilige Sänger, weshalb der Zorn Gottes wider die Herde seiner Weide rauche, und in Ps. 80, 4 steht geschrieben: »Herr, Gott der Heerscharen, bis wann raucht dein Zorn wider das Gebet deines Volkes?«

Als Zeichen des Zornes steigt Rauch aus Gottes Nase (Ps. 18, 8), und in Jes. 30, 27 lesen wir: »Siehe, der Name des Herrn kommt von fernher; sein Zorn brennt, und der aufsteigende Rauch ist gewaltig; seine Lippen sind voll Grimmes, und seine Zunge ist wie ein verzehrendes Feuer.«

Gottlose Menschen werden auch manchmal mit Rauch verglichen. So heißt es in Ps. 37, 20 von den Gesetzlosen und Gottesfeinden, daß sie wie Rauch dahinschwinden; Ps. 68, 2 steht geschrieben: »Wie Rauch vertrieben wird, so wirst du sie vertreiben, wie Wachs vor dem Feuer zerschmilzt, so werden die Gesetzlosen umkommen vor dem Angesicht Gottes«, und von Edom verheißt Jes. 34, 10, daß der Rauch des brennenden Landes ewiglich emporsteigt.

»Diese sind ein Rauch in meiner Nase«, sagt Gott von seinem widerspenstigen Volk (Jes. 65, 5), und bezüglich des Endgerichts über die große Hure Israel weissagt Offb. 19, 2. 3: »Er hat die große Hure vernichtet, welche die Erde mit ihrer Hurerei verderbte, und hat das Blut seiner Knechte gerächt an ihrer Hand. Und zum andernmal sprachen sie: Halleluja! Und ihr Rauch steigt auf von Äon zu Äon.«

Rauch und Dampf sind auch ein Sinnbild der Vergänglichkeit. »Wie Rauch entschwinden meine Tage«, klagt der Psalmist in Ps. 102, 3. »Die Himmel werden zergehen wie Rauch«, prophezeit Jes. 51, 6; in Nah. 2, 13 droht Gott, daß er die Wagen Ninives in Rauch aufgehen lassen wird, und Jak. 4, 14 nennt das Menschenleben einen Dampf, der eine kleine Zeit sichtbar ist und dann verschwindet.

Die Anbeter des Tieres werden eine Qual erdulden müssen, deren Rauch von Äon zu Äon aufsteigt (Offb. 14, 11), der also so lange dauert, wie es Äonen gibt.

Wie tröstlich zu wissen, daß auch einmal die Äonen und mit ihnen der Zorn und Fluch ein Ende haben werden (Hebr. 9, 26; 1. Kor. 10, 11; Offb. 22, 3)!

RÄUCHERWERK = GEBET, ANBETUNG

Von Rauchaltar, Räucherfaß, Räucherpfanne und Räucherwerk steht oft in den heiligen Büchern geschrieben. Goldene Schalen voll Räucherwerks sind nach Offb. 5, 8 die Gebete der Heiligen, und David schreibt in Ps. 141, 2: »Lasse als Räucherwerk vor dir bestehen mein Gebet!«

Nur von Gott verordnete Priester durften auf dem Räucheraltar räuchern. Darum traf Ussia das Strafgericht lebenslänglichen Aussatzes, als er im Hochmut seines Herzens trotz der Warnung des Priesters Asarja dem Herrn räuchern wollte (2. Chron. 26, 16—21).

Zum Räuchern wurde meist das Wertvollste, nämlich das Fett verwendet (2. Mose 29, 13; 3. Mose 8, 16; 4. Mose 18, 17).

Der hochheilige goldene Räucheraltar ist in 2. Mose 30, 1—10 beschrieben, und in den Versen 34—38 wird die Bereitung des Räucherwerkes folgendermaßen angeordnet: »Der Herr sprach zu Mose: Nimm dir wohlriechende Gewürze, Stakte und Räuchermuschel und Galban, wohlriechende Gewürze und reinen Weihrauch; zu gleichen Teilen sollen sie sein. Und mache Räucherwerk daraus, Würzwerk, ein Werk des Salbenmischers, gesalzen, rein, heilig. Und zerstoße davon zu Pulver und lege davon vor das Zeugnis in das Zelt der Zusammenkunft, woselbst ich mit dir zusammenkommen werde; hochheilig soll es euch sein. Und das Räucherwerk, das du machen sollst, nach dem Verhältnis seiner Bestandteile sollt ihr es euch nicht machen; heilig dem Herrn soll es dir sein. Wer dergleichen macht, der soll ausgerottet werden aus seinen Völkern.«

Jehiskia zeigt vier Gründe auf, weshalb der Zorn über Juda und Jerusalem gekommen ist. Er sagt in 2. Chron. 29, 6. 7, daß die Väter

1. die Türe der Halle verschlossen haben,
2. die Lampen ausgelöscht,
3. kein Räucherwerk geräuchert und
4. kein Brandopfer dargebracht haben.

War das nicht auch die Sünde der Pharisäer zur Zeit Jesu, und ist es nicht dem Wesen nach auch die Verschuldung der »Christenheit«, daß man

1. andern den Zutritt zu Gott unmöglich macht,
2. das gottgeschenkte Licht des Geistes verliert,

3. weder Gebet, Fürbitte noch Anbetung darbringt und
4. keine völlige Selbsthingabe an Gott vollzieht?

»Öl und Räucherwerk erfreuen das Herz«, sagt Spr. 27, 9. Möchte auch unser Leben vom Öl des Heiligen Geistes und vom Räucherwerk des Gebetes und der Anbetung so erfüllt sein, daß nicht nur unser eigenes Herz, sondern auch das Herz unseres Gottes und Vaters darob erfreut ist!

REGEN = SEGENS- ODER GERICHTSVERMITTLUNG

Der Regen ist der eigentliche Lebens- und Segensspender im heißen Orient. Der Jahresertrag der Felder hängt fast völlig davon ab, ob es genügend und zu rechter Zeit regnet. Darum wird der Regen oft als das Sinnbild des Segens und der Güte Gottes benützt, wie wir z. B. in Hes. 34, 26 lesen: »Ich werde den Regen fallen lassen zu seiner Zeit, Regen des Segens werden es sein.«

Wiederum steht in Ps. 65, 10 geschrieben: »Du tränkst ihre Furchen, ebnest ihre Schollen, du erweichest sie mit Regengüssen, segnest ihr Gewächs«; nach Ps. 147, 8 soll Gott gelobt werden, weil er den Himmel mit Wolken bedeckt, Regen für die Erde bereitet und Gras auf den Bergen sprossen läßt; und das Aufrichten des ermatteten Gottesvolkes wird in Ps. 68, 9 mit reichlichen Regengüssen verglichen.

Hos. 6, 3 sagt von der nahenden Hilfe Gottes: »Er (der Herr) wird für uns kommen wie der Regen, wie der Spätregen die Erde benetzt.« (Lies die Segensverheißungen in 3. Mose 26, 4; 5. Mose 11, 14; 28, 12; 32, 2; Hiob 5, 10; 29, 23; Apg. 14, 17; Hebr. 6, 7 und viele andere mehr!).

In der regenreichen Zeit des Dezember, Januar und Februar kann es häufig zu wolkenbruchartigem Regen, verbunden mit starkem Sturm kommen. Dann führen die sonst trockenen Bachtäler reißende Wasserfluten mit sich (2. Kön. 3, 17—20). Solch ein wütender Regenguß kann den Wanderer in große Not bringen (Hiob 24, 8), starke Kriegswagen am Weiterfahren hindern (1. Kön. 18, 44) und selbst Mauern und Häuser vernichten (Hes. 13, 11—13; Matth. 7, 27). Darum ist der Regen auch mitunter ein Bild des Gerichts und der Strafe, wie ja auch der hebräische Gottesname El-Schaddai sowohl »der Segenausströmende« als auch »der Hinwegschwemmende« bedeutet.

In Hes. 38, 22 droht der Herr: »Ich werde Gericht an ihm üben durch die Pest und durch Blut; und einen überschwemmenden Regen und Hagelsteine, Feuer und Schwefel werde ich regnen lassen«, und nach Hiob 37, 3—6 sind Blitze, Donner und Regengüsse Stimmen des zürnenden Gottes (vgl. Jes. 30, 30!).

REGENBOGEN = GNADENGEDANKEN GOTTES

Der Regenbogen ist das Zeichen des Bundes, den Gott mit der Erde schloß, wie wir in 1. Mose 9, 8—17 lesen. Dieser Bogen ist ein Beweis dafür, daß Gott der Erde und jeden lebendigen Wesens darauf in Gnade gedenkt, um sie nicht mehr durch Wasserfluten zu verderben. Darum ist von Bedeutung, daß der Regenbogen zum Throne Gottes gehört, wie in Hes. 1, 28a geschrieben steht: »Wie das Aussehen des Bogens, der am Regentage in den Wolken ist, also war das Aussehen des Glanzes ringsum. Das war das Aussehen des Bildes der Herrlichkeit des Herrn.«

Beim Blick in den geöffneten Himmel sieht Johannes rings um den Thron einen Regenbogen (Offb. 4, 3), und der starke Engel in Offb. 10, 1, dessen Angesicht wie die Sonne und dessen Füße wie Feuersäulen sind, ist auf seinem Haupte mit einem Regenbogen bekleidet.

Wohl dem, der Gott kennt als einen Vater voller Erbarmen, dessen Sinnen unablässig darauf gerichtet ist, Gnade und Güte zu erweisen!

RING = VOLLMACHT, WERTSCHÄTZUNG, ERWÄHLUNG, UNANTASTBARKEIT

Als Joseph erhöht wurde und Vollmacht über ganz Ägypten bekam, erhielt er außer den weißen Byssusgewändern und der goldenen Kette auch einen Siegelring (1. Mose 41, 42). Ähnliches wird uns in Esther 3, 10 berichtet, wo Hamans Vollmacht über Israel durch den Siegelring des Königs bestätigt wird.

In Hohelied 8, 6a bittet die Braut ihren Geliebten: »Lege mich wie einen Siegelring an dein Herz, wie einen Siegelring an deinen Arm!« Damit unterstellt sie sich der Liebe (Herz) und der Macht (Arm) des Bräutigams und gebraucht den Ring als Bild der Wertschätzung (vgl. Jer. 22, 24!).

Früher war das Siegel meist an einem Fingerreif befestigt, wie das ja auch heute noch manchmal der Fall ist. Nun lesen wir von dem Siegel des lebendigen Gottes in Offb. 9, 2—8. Erde, Meer, Bäume und die Knechte Gottes wurden versiegelt, damit sie nicht beschädigt werden sollten. Daraus erkennen wir, daß das Siegel Unantastbarkeit bewirkt.

Aber nicht nur Vollmacht, Wertschätzung und Unantastbarkeit versinnbildlicht der Siegelring, er ist auch ein Symbol der Erwählung. Das bestätigt uns Hagg. 2, 23: »An jenem Tage, spricht der Herr der Heerscharen, werde ich dich nehmen, Serubbabel, Sohn Schealtiels, meinen Knecht, und werde dich wie einen Siegelring machen; denn ich habe dich erwählt, spricht der Herr der Heerscharen.«

Als der verlorene Sohn heimkehrte, wurde er nicht, wie er es sich ausgedacht hatte, als geringster Knecht gehalten und behandelt, sondern erhielt vielmehr Segnungen, die seine kühnsten Erwartungen, wenn er solche gehabt hätte, weit überstiegen: Das Kleid der Gerechtigkeit, die Sandalen der Freiheit und den Ring der Vollmacht und Erwählung (Luk. 15, 22).

Welch ein freundlicher Gott und Vater, der so mit Verlorenen verfährt! Laßt uns ihm das Größte zutrauen! Er wird über alles Flehen und Verstehen weit hinaus tun, weil das Meer seiner Gnade und Liebe unerschöpflich ist.

ROST = ALLMÄHLICHE ZERSETZUNG

Gleichwie der Sauerstoff der Luft Metalle angreift und der entstehende Rost sie allmählich zersetzt und völlig verdirbt, so wirken die bösen Geister der Luft auf Leib und Seele des Menschen zersetzend ein. Darum vergleicht auch Gott Jerusalem, die Stadt der Blutschuld, mit einem Topf, dessen Rost nicht von ihm weicht (Hes. 24, 6).

Der Herr bezeugt in Matth. 6, 19. 20, daß irdische Schätze dem zerstörenden Rost unterworfen sind, himmlische dagegen von ihm nicht angegriffen werden können.

Jakobus ruft den Reichen zu: »Euer Gold und Silber ist verrostet, und ihr Rost wird zum Zeugnis wider euch sein« (5, 3). Ihre vermeintlichen Glaubensgüter waren nicht echt und sind deshalb zugrunde gegangen.

Wohl uns, daß der Reichtum der Herrlichkeit seines Erbes in den Heiligen (Eph. 1, 18b) von keiner Macht im weiten Weltenall vernichtet oder auch nur angetastet werden kann!

ROSS = KAMPFBEGIERDE, STOLZ, FLEISCHESLUST

Roß und Wagen werden in der Schrift häufig zusammen genannt. Besonders wird die Macht Ägyptens immer wieder mit Rossen in Verbindung gebracht (2. Mose 14, 9. 23; 15, 1. 21; 5. Mose 11, 4; 17, 16).

Auch die Chaldäer, die »Plünderer des Erbteils«, werden starken Rossen verglichen, wie wir in Jer. 50, 11 lesen.

Das Roß ist ein Bild der Kampfbegierde und des Stolzes, das deshalb gebändigt werden muß. So steht in Spr. 21, 31 geschrieben, daß das Roß für den Tag des Streites gerüstet wird. Ps. 32, 9 warnt uns, nicht einem unbändigen Roß zu gleichen, dem nach Spr. 26, 3 die Peitsche gehört. Auch Jak. 3, 3 spricht davon, daß Pferde nur durch Zügel zu lenken sind.

Gott gebietet immer wieder, sich weder auf Rosse zu verlassen (Ps. 33, 17; 147, 10; Jes. 30, 15. 16; 31, 1; Hos. 1, 7; Sach. 9, 9. 10) noch sie zu fürchten (5. Mose 20, 1; Josua 11, 6; Ps. 20, 7).

Das Roß wird auch mit der Fleischeslust in Beziehung gebracht. So ist in Hes. 23, 19. 20 von den vielen Hurereien Israels die Rede, die gegen ihre Buhlen entbrannte, deren Erguß wie der Erguß der Rosse ist. Wie köstlich ist dem Glauben die Verheißung, daß einst sogar auf den Schellen der Rosse geschrieben stehen wird: »Heilig dem Herrn!« (Sach. 14, 20). Selbst die naturhaften Triebe der Kampfbegierde und der Fleischeslust werden für Gott geheiligt sein.

In seiner Eigenschaft als Richter und Rächer bedient sich Gott auch des Rosses. So sah der Knabe des Elias, als ihm die Augen geöffnet waren, daß sich rings um den Propheten feurige Rosse und Wagen befanden (2. Kön. 6, 17). In Sach. 6, 1—8 werden die Gerichtswerkzeuge Gottes, die seinen Zorn stillen, im Bild von vier Rossen dargestellt (vgl. Offb. 6, 1—8!). Nach Sach. 10, 3 wird Gott seine seither gescheuchte Herde zu einem Prachtroß im Streite machen, und Offb. 19, 11 schildert uns den zum Gericht kommenden Christus als auf einem weißen Pferde reitend.

Wieviel Herrlichkeiten und Offenbarungen des Wesens und der Wege Gottes sieht der Glaube in solch unscheinbaren Zusammenhängen, wo der Unglaube und Kleinglaube nur belanglose Zufälligkeiten erblickt!

RUTE = ZÜCHTIGUNG, ZORN

»Mit der Rute werde ich ihre Übertretungen heimsuchen«, sagt der Herr in Ps. 89, 32, und Spr. 22, 8 redet von der Rute des Zornes Gottes. In Jes. 10, 5 ruft der Herr aus: »He! Assyrer, Rute meines Zornes! Und der Stock in seiner Hand ist mein Grimm.« Auch Klgl. 3, 1 spricht von der Rute des Grimmes Gottes.

Den aufgeblasenen Korinthern stellt Paulus die ironische Frage: »Was wollt ihr? Soll ich mit der Rute zu euch kommen oder in der Liebe und im Geiste der Sanftmut?« (1. Kor. 4, 21). Die Offenbarung redet dreimal von der eisernen Rute, d. h. von dem Gericht, das über die Sünde der Gottlosen ergehen wird (Offb. 2, 27; 12, 5; 19, 15).

Die Rute der Züchtigung und des Zornes soll aber nicht nur strafen und peinigen, sondern hat vielmehr wie alles und jedes Gericht positive Zurechtbringungsziele und Wiederherstellungsaufgaben. So steht in Spr. 22, 15 geschrieben: »Narrheit ist gekettet an das Herz des Knaben; die Rute der Zucht wird sie davon entfernen.« Die Rute wird also in erster Linie nicht zur Rache und Strafe, sondern zur Entfernung der Narrheit benützt. Spr. 23, 14 lesen wir: »Du schlägst ihn mit der Rute und errettest seine Seele vom Scheol«, und in Spr. 29, 15 steht das köstliche Wort: »Rute und Zucht geben Weisheit.«

Laßt uns bei allen Liebesführungen Gottes, die uns als hartes Strafgericht und scharfe Züchtigung erscheinen, immer daran denken, daß nicht derjenige Mann seinen Sohn haßt, der die Rute benützt, sondern der, der sie nicht gebraucht (Spr. 23, 14)! Dann lernen wir auch, und wenn es unter Tränen geschieht, die Rute der Züchtigung unseres Vaters küssen und ihm von Herzen für sie danken.

SÄEN = HINGABE IN DER ERWARTUNG KÜNFTIGER FRUCHT

Von Samen, Saat und Säen spricht die Schrift sehr häufig. Im Falle des Ungehorsams soll das Volk seinen Samen vergeblich säen und keine Frucht erwarten dürfen (3. Mose 26, 16; Micha 6, 15a).

Gott fordert, daß man nicht in die Dornen säe, d. h. nicht mit ungereinigtem Herzen die Verheißungen ergreife, sondern vielmehr einen Neubruch pflüge, d. h. die Pflugschar der Buße durch das Herz gehen lasse. Nicht die äußere Fleischesbeschneidung, sondern nur die innere Herzensreinigung kann den verdienten Zorn des Herrn verhindern. Darum lesen wir in Jer. 4, 3. 4: »So spricht der Herr: Pflüget euch einen Neubruch und säet nicht unter die Dornen! Beschneidet euch für den Herrn und tut hinweg die Vorhäute eurer Herzen, damit mein Grimm nicht ausbreche wie ein Feuer und unauslöschlich brenne wegen der Bosheit eurer Handlungen!«

Es ist ein unabänderliches Grundgesetz für alle Frucht nach Geist, Seele und Leib, daß man nur das erntet, was man sät, wie Paulus in Gal. 6, 7. 8 bezeugt: »Irret euch nicht, Gott läßt sich nicht spotten! denn was irgend ein Mensch sät, das wird er auch ernten. Denn wer für sein eigenes Fleisch sät, wird von dem Fleische Verderben ernten; wer aber für den Geist sät, wird von dem Geiste ewiges Leben ernten.«

Das Wort Same wird, wie die meisten, ja, vielleicht alle Worte der Schrift, in verschiedenem Sinn gebraucht. Je nach der inneren Reife und dem Grade seiner Berufung vermag der Gläubige das Wort immer tiefer und klarer zu fassen. Der natürliche Mensch versteht unter dem Säen des Samens nur die irdisch-kreatürliche Tätigkeit. Damit ist sein Verstehenkönnen erschöpft. Der Geistesmensch aber weiß, daß der Same das Wort Gottes ist, wie es der Herr selbst in Mark. 4, 14. 15 (vgl. Luk. 8, 11) erklärt. Auch Paulus spricht vom Säen als vom Verkündigen des Evangeliums, wenn er in 1. Kor. 9, 11 schreibt: »Wenn wir euch das Geistliche gesät haben, ist es ein Großes, wenn wir euer Fleischliches ernten?«

Der Same aber ist nicht nur das Wort Gottes, sondern weit mehr. Er ist eine Bezeichnung für die Söhne des Reiches, von denen Gott sagt: daß er sie »aussät«. So steht in Matth. 13, 38 geschrieben: »Der gute Same sind die Söhne des Reiches.« Die Söhne des Reiches werden als Saatgut Gottes ausgestreut oder gesät. Darum sagt Gott in Hos. 2, 23: »Ich will sie mir säen«, und in Sach. 10, 9 verheißt er: »Ich will sie unter den Völkern säen, und in den fernen Ländern werden sie meiner gedenken.«

Auch unser sterblicher Leib wird als Samenkorn bezeichnet, das in Schwachheit und Verweslichkeit dem dunkeln Schoß der Erde anvertraut wird; denn Paulus schreibt in 1. Kor. 15, 42—44a: »Es wird gesät in Verwesung, es wird auferweckt in Unverweslichkeit.

Es wird gesät in Unehre, es wird auferweckt in Herrlichkeit; es wird gesät in Schwachheit, es wir auferweckt in Kraft; es wird gesät ein seelischer Leib, es wird auferweckt ein geistiger Leib.«

Im tiefsten und letzten Sinn ist der Same, das sterbende Weizenkorn, niemand anders als Christus selbst, auf den ja alle und jede Verheißung zielt. Darum lesen wir in Gal. 3, 16: »Dem Abraham waren die Verheißungen zugesagt und seinem Samen. Er sagt nicht: ‚und den Samen' als von vielen, sondern als von einem: ‚und deinem Samen', welcher Christus ist.« Auch im 19. Vers ist die Rede von dem Samen, dem die Verheißung gegeben war. In Joh. 12, 24 sagt der Herr prophetisch über sich selbst: »Wenn das Weizenkorn nicht in die Erde fällt und stirbt, bleibt es allein; wenn es aber stirbt, bringt es viel Frucht.«

Mag unser Leben in vielen Stücken eine Tränensaat sein, — einst kommt der Tag einer wunderseligen Jubelernte (Ps. 126, 5), wo sich in unaussprechlicher Herrlichkeit Ps. 97, 11 erfüllen wird: »Licht ist gesät dem Gerechten und Freude den von Herzen Aufrichtigen.«

SALZ = UNVERWESLICHKEIT, SCHARFE FÄULNISBEKÄMPFUNG

Der sittlichen Fäulnis seiner Umgebung stellt der Herr in Matth. 5, 13 die Aufgabe seiner Jünger gegenüber, die Welt zu bewahren und zu erhalten, wenn er dort sagt: »Ihr seid das Salz der Erde.« Auch Paulus spricht vom Salz und meint damit scharfe Fäulnisbekämpfung. Denn in Kol. 4, 6 sagt er hinsichtlich unseres Zeugnisses: »Euer Wort sei allezeit in Gnade, mit Salz gewürzt!«

So wie der Apostel Gnade und Salz nebeneinander stellt, so spricht der Herr in Mark. 9, 50 vom Frieden und Salz, wo wir lesen: »Habt Salz in euch selbst und seid in Frieden untereinander!«

Im Opferdienst spielt das Salz eine wichtige Rolle. Alle Gaben des Speisopfers wurden gesalzen (3. Mose 2, 13); das Brandopfer mußte mit Salz bestreut werden (Hes. 43, 24); das Räucherwerk sollte gesalzen sein (2. Mose 30, 35), und jegliches Schlachtopfer wurde mit Salz gesalzen (Mark. 9, 49).

Salz gehörte zu den notwendigen Bedürfnissen des Tempeldienstes (Esra 6, 9; 7, 22), und der »ewige Salzbund vor dem Herrn« (4. Mose 18, 19; 2. Chron. 13, 5) soll wohl die Unverletzlichkeit und den sittlichen Ernst der Bündnisse Gottes andeuten.

Auch unser Leben, das von Natur aus nur Tod und Unfruchtbarkeit gebiert, kann gleich der unfruchtbaren Quelle bei Jericho (lies 2. Kön. 2, 19—22!) durch das Salz der Unverweslichkeit und Fäulnisbekämpfung gesund und fruchtbar werden, wie denn auch diese kurze Begebenheit auf die Völker der Erde und das ganze All gedeutet werden kann.

Seien wir darum dankbar, daß uns Gott zu aller dargereichten Gnade und zu allem tief beseligenden Frieden auch das scharfe Salz der Bewahrung und Fäulnisbekämpfung schenkt!

SAND = UNZÄHLBARKEIT, UNZUVERLÄSSIGKEIT

Für Unzählbarkeit wird oft der Sand als Bild gebraucht. So wurde dem Abraham bezüglich der Zahl seiner Nachkommen verheißen, daß sie wie der Sand am Ufer des Meeres sein sollte (1. Mose 22, 17; Hebr. 11, 12).

Die Heere der vereinigten Könige in Josua 11, 1—4 bildeten ein großes Volk wie der Sand, der am Ufer des Meeres ist, und die Kamele der Midianiter und Amalekiter waren ebenfalls so zahllos wie Meeressand (Richter 7, 12).

Auch die Zahl der Philister (1. Sam. 13, 5), Judas und Israels (1. Kön. 4, 20; Jes. 10, 22; Hos. 1, 10), die Summe der Gedanken Gottes (Ps. 139, 17. 18), die Witwen des Landes (Jer. 15, 8) und der Same Davids und die Leviten (Jer. 33, 22) werden bezüglich ihrer Vielzahl durch das Sinnbild des Sandes gekennzeichnet.

In Offb. 20, 7 ff. wird uns die Zeit nach dem Tausendjährigen Reich geschildert. Trotz der Fülle der erfahrenen Segnungen werden die Völker, weil sie ja nur äußerlich und machtmäßig bekehrt waren, nicht geistesmäßig erneuert sein und sich deshalb als Feinde Gottes erweisen. Wir lesen darüber: »Wenn die tausend Jahre vollendet sind, wird der Satan aus seinem Gefängnis losgelassen werden, und er wird ausgehen, die Nationen zu verführen, die an den vier Ecken der Erde sind, den Gog und den Magog, sie zum Kriege zu versammeln, deren Zahl wie der Sand des Meeres ist.«

Der Herr sprach vom Sand als von unzuverlässigem Grunde, auf dem man kein Haus bauen sollte, wenn er in Matth. 7, 26. 27 sagt: »Jeder, der diese meine Worte hört und sie nicht tut, der wird einem törichten Manne verglichen werden, der sein Haus auf dem Sand baute; und der Platzregen fiel hernieder, und die Ströme kamen, und die Winde wehten und stießen an jenes Haus; und es fiel, und sein Fall war groß.«

Wohl uns, daß wir nicht auf dem Sand menschlicher Leistungen oder Gefühle, sondern auf dem von Gott gelegten Grunde Jesus Christus stehen dürfen (1. Kor. 3, 11)!

SAUERTEIG = HEIMLICHE BOSHEIT, FALSCHE LEHRE

Der Sauerteig hat in der Schrift niemals die Bedeutung von etwas Gutem. Immer nur ist die Rede davon, daß man sich vor ihm hüten und ihn wegtun soll. Er taugte auch deshalb nicht zum heiligen Opfer.

Wenn der Herr in Matth. 13, 33 davon spricht, daß das Reich der Himmel einem Sauerteig gleich geworden ist, so will er damit sagen, daß die Königsherrschaft Christi durch den Ungehorsam der Menschen aufgehalten und vorläufig verderbt wurde.

»Ihr sollt den Sauerteig aus euern Häusern wegtun«, gebietet Gott in 2. Mose 12, 15, und nach dem 19. Vers sollte in den Häusern der Frommen sieben Tage kein Sauerteig gefunden werden (vgl. 5. Mose 16, 4!).

Kein Speisopfer durfte Sauerteig enthalten, wie wir in 3. Mose 2, 11 lesen: »Alles Speisopfer, das ihr dem Herrn darbringet, soll nicht aus Gesäuertem gemacht werden; denn aller Sauerteig und aller Honig, davon sollt ihr kein Feueropfer dem Herrn räuchern.«

Jesus warnt seine Jünger vor dem »Sauerteig der Pharisäer« und meinte damit deren böse Lehre (Matth. 16, 6—12).

Auch Paulus redet vom Sauerteig. In 1. Kor. 5, 6 und Gal. 5, 9 schreibt er, daß ein wenig Sauerteig den ganzen Teig durchsäuert, und in 1. Kor. 5, 8 spricht er von dem »Sauerteig der Bosheit und Schlechtigkeit«, der ausgefegt werden soll (Vers 7).

So, wie die Hitze des Ofens die Wirkung des Sauerteigs zum Stillstand bringt, so hat der, der am Fleische leidet, mit der Sünde abgeschlossen (1. Petr. 4, 1). Darum hat auch die Trübsalshitze der Leiden so wichtige Dienste und Aufgaben in unserer Zubereitung und muß mithelfen zu unserer und aller Vollendung.

SAUM = RANDGEBIET GÖTTLICHEN WIRKUNGSBEREICHES

Hiob 37, 3 sagt bezüglich des machtvollen Tuns Gottes: »Er sendet es (das Getöse) aus unter den ganzen Himmel und seinen Blitz bis zu den Säumen der Erde.« Das soll heißen, daß auch die entferntesten Teile der Schöpfung unter Gottes Beeinflussung und Wirkung stehen.

In Hiob 26, 14 lesen wir hinsichtlich der Taten des Allmächtigen: »Siehe, das sind die Säume seiner Wege, und wie wenig haben wir von ihm gehört! Und den Donner seiner Macht, wer versteht ihn?« Wenn wir schon das Tun Gottes so wenig begreifen, wieviel weniger ist uns von Natur aus bekannt, was im Herzen unseres Vaters vorgeht! Wenn der natürliche Mensch so wenig über Gottes Wege weiß, wie sollte er da die Herrlichkeit seiner Ziele verstehen und glauben können!

In Ps. 133, 2 ist die Rede davon, daß das köstliche Salböl vom Haupt Aarons auf seinen Bart und von da auf den Saum seiner Kleider herabfließt. Was soll das heißen? Wir erkannten in dem Öl ein Bild des Heiligen Geistes. So, wie nun das Öl von dem Haupt, auf das es zuerst getan wurde, herabfließt, so wird Gottes Geist dereinst ausgegossen werden »auf alles Fleisch« (Joel 2, 28), bis daß Gott sein urinnerstes Lichts- und Liebeswesen aller Schöpfung mitgeteilt haben und alles in allen sein wird.

SÄUSELN = GNADENWIRKUNG DES GEISTES GOTTES

In 1. Kön. 19, 11—13 finden wir eine grundlegende Selbstoffenbarung Gottes. Er will dem zürnenden Propheten sein innerstes, ureigentliches Wesen enthüllen und zeigt ihm, daß er weder im starken, bergezerreißenden, felsenzerschmetternden Wind noch im Erdbeben oder im Feuer ist. Nicht der Grundsatz der Macht und Gewalt, sondern vielmehr das liebliche, sanfte Säuseln, das stille Wehen und Wirken des Geistes entspricht Gottes wesenhaftem Charakter.

Im tiefsten Innern seines Herzens ist Gott nicht Macht und Zorn, sondern Gnade und Liebe! Mag sich auch diese Liebe oftmals unserm sündigen Naturzustande als heiliges Zürnen offenbaren: Gott ist wesenhaft Geist und Licht und Liebe. Rache und Zorn sind nur Mittel und Wege, die er vorübergehend benützt, die aber seiner eigentlichen Natur keineswegs entsprechen und schon von dem Propheten als »fremdartig« erkannt werden (Jes. 28, 21: »befremdend ist sein Werk!«). Wohl plagt und betrübt Gott die Menschenkinder, aber es geschieht »nicht von Herzen«, wie uns Klagelieder 3, 33 so wunderbar enthüllt.

Wer einmal erfaßt hat, wer der Sturm im tiefsten und letzten Grunde ist, nämlich Gottes Feind, der sieht in dem einfachen Wort von Ps. 107, 29 herrliche Vollendungsziele geoffenbart. Dort lesen wir: »Er (Gott) verwandelt den Sturm in Säuseln«. Nun wird aber Gottes eigener Charakter durch »Säuseln« abgeschattet, wie wir aus 1. Kön. 19 ersahen.

Was wir jetzt schon persönlich erfahren dürfen, daß Gott die Stürme der Sünde und Sorge, der Lüste und Leidenschaften in unserm Herzen in sanftes, friedvoll erlöstes Säuseln zu verwandeln vermag, das erkennen und glauben wir aus der Schrift auch hinsichtlich Israels, der Nationen und der gesamten Schöpfung.

SCHAF = WEHRLOSIGKEIT, GEDULD

Das Schaf zählt zu den reinen Tieren und ist zu jeder Opferart verwendbar. Es hat als Haustier fast alle Selbständigkeit verloren und ist sehr ängstlich und seinen Feinden gegenüber völlig wehrlos. Darum wird auch ein Volk ohne Führung mit einer Schafherde verglichen (4. Mose 27, 17; 1. Kön. 22, 17; Matth. 9, 36; Mark. 6, 34).

Die Lenksamkeit des Schafes und die Fürsorge, die es an einem rechten Hirten findet, ist ein häufig gebrauchtes Bild für das Verhältnis des Menschen zu Gott. Denken wir nur an das liebliche Hirtenkapitel (Joh. 10) oder an den 23. Psalm! Oder lesen wir 1. Petr. 2, 25; Matth. 18, 12 ff; Offb. 7, 17 und andere Stellen nach!

Das beim Scheren und Schlachten stille, geduldige Schaf ist ein Vorbild und Abbild der Geduld und Leiden Christi und seiner Märtyrer. So lesen wir vom Herrn prophetisch in Jes. 53, 7: »Er wurde mißhandelt, aber er beugte sich und tat seinen Mund nicht auf, gleich dem Lamme, welches zur Schlachtbank geführt wird, und wie ein Schaf, das stumm ist vor seinen Scherern«. Jer. 11, 19a steht geschrieben: »Ich war wie ein zahmes Lamm, das zum Schlachten geführt wird«, und in Ps. 44, 11 klagt der heilige Sänger: »Du gabst uns hin wie Schlachtschafe, und unter die Nationen hast du uns zerstreut«.

Paulus zitiert in Röm. 8, 36 ein Wort aus dem gleichen Psalm (44), das er auf unsern, der Gläubigen aus den Nationen, von Gott verordneten Sterbensweg im jetzigen Zeitlauf bezieht.

Laßt uns dankbar und gehorsam diese heiligen Normen der Leidenszubereitung im Blick auf die Herrlichkeitsziele erfassen und ausleben!

SCHELLE = ÄUSSERE VERKÜNDIGUNG

Der Saum der Amtskleidung des Hohepriesters war abwechselnd mit Granatäpfeln und goldenen Schellen besetzt (2. Mose 28, 33. 34; 39, 25. 26). Das mag wohl bedeuten, daß das Wort des Zeugnisses (Schelle) und die Frucht der Liebe (Granatapfel) in heiliger Harmonie beisammen sein sollen.

Auch Paulus vergleicht die schallende Zimbel mit dem gesprochenen Wort, wenn er in 1. Kor. 13, 1 schreibt: »Wenn ich mit den Zungen der Menschen und Engel rede, aber nicht Liebe habe, so bin ich ein tönendes Erz geworden oder eine schallende Zimbel«. Das Wort des Zeugnisses und die Frucht des Geistes sollten immer beisammen sein, und wo die letztere fehlt, hat das erstere keinen Zweck.

Als David die Bundeslade nach Jerusalem bringen ließ, spielten er und das ganze Haus Israel vor dem Herrn mit allerlei Instrumenten, mit Lauten und Harfen, mit Tamburinen und Sistren und mit Zimbeln (2. Sam. 6, 1—5).

Das war ein kleines prophetisches Vorbild der gesegneten Zeit, in der sich Ps. 150, 6 im Vollumfang erfüllen wird, da alles, was Odem hat, also alle Lebewesen der gesamten Schöpfung, den Herrn preisen werden mit Posaune, Harfe und Laute, mit Tamburin und Reigen, mit Saitenspiel und Schalmei, mit klingenden und schallenden Zimbeln (Vers 3—5).

SCHIFF = GLAUBE, ABHÄNGIGKEIT

Der Apostel Paulus bezeichnet eine Verirrung oder ein Zerbrechen des Glaubens als »Schiffbruch«, wenn er in 1. Tim. 1, 19 schreibt: »...indem du den Glauben bewahrst und ein gutes Gewissen, welches etliche von sich gestoßen und so, was den Glauben betrifft, Schiffbruch gelitten haben«. So begreifen wir durchaus, daß in der christlichen Kunst das Schiff vielfach als Sinnbild des Glaubens gebraucht wird. In vielen Darstellungen der Katakomben stellt das Schiff das Glaubensleben der Christen dar, das dem Hafen ewiger Ruhe zueilt.

Im Mittelalter, als die Unterscheidungen der Haushaltungen Gottes, die Verschiedenartigkeit der Verheißungen für Bundesvolk, Nationen, Gemeinde, Engel usw. der Masse völlig verloren gegangen war, war das mystische Schiff, die Arche Noah, ein vielverbreitetes Sinnbild der aus dem Sündenverderben der Welt erretteten Kirche.

Ist es Zufall oder Nebensache, daß von dem Herrn während seines Erdenlebens nie berichtet wird, daß er auf einem Wagen fuhr, sondern nur, daß er sich eines Schiffes bediente? Wem die Schrift kein Offenbarungsbuch voll göttlicher Tiefen ist, dem mag eine solche Erwägung überflüssig oder gar töricht erscheinen. Wer aber einmal erkannt hat, in welcher Weise das Wort Gottes von den Wagen redet (siehe »Wagen«), der denkt darüber anders. Der sieht im Schiff ein Bild des sich bergenden, in allen Stücken von Gott abhängigen Glaubens, während der Wagen Macht, Stärke und Gericht darstellt.

In Jak. 3, 4 lesen wir auch von Schiffen. Im Zusammenhang (lies von Vers 1 ab!) ist die Rede vom Lehrdienst in der Gemeinde, vom Wort der Zunge. Jakobus will sagen, daß, wie ein kleines Steuerruder ein großes Schiff lenkt, so daß es nicht den Stürmen preisgegeben ist, auch die Zunge den Glaubenswandel und Lehrdienst beeinflußt und leitet.

Laßt uns den Glauben und ein gutes Gewissen bewahren, auf daß wir nicht gleich Hymenäus und Alexander im Glauben Schiffbruch erleiden (1. Tim. 1, 19. 20)!

SCHILD = DECKUNG, BEWAHRUNG

Der Schild als Verteidigungswaffe deckt und schützt den Kämpfer. So bedürfen wir auch im Kampf gegen Welt, Fleisch und Sünde eines Schildes der Bewahrung.

Eph. 6, 16 spricht bei der Aufzählung der Stücke der geistlichen Waffenrüstung vom Schild des Glaubens (oder der Treue). Durch diesen Schild sind wir gedeckt gegenüber den feurigen Pfeilen satanischer Mächte und Gewalten, die uns umschwirren, solange wir hienieden wallen.

Aber im tiefsten Grunde ist nicht unser Glaube oder unsere Treue unser Schild, hinter dem wir unantastbar für den Feind geborgen sind, sondern nichts und niemand anders als Gott selbst! So bekommt schon Abraham vom Herrn die herrliche Verheißung: »Ich bin dir ein Schild« (1. Mose 15, 1a), und in 5. Mose 33, 29a lesen wir: »Glückselig bist du! Wer ist wie du, ein Volk, gerettet durch den Herrn, den Schild deiner Hilfe?« In 2. Sam. 22, 3 frohlockt David: »Gott ist mein Schild« und fügt in Vers 31 hinzu, daß der Herr nicht nur ihm, sondern allen, die auf ihn trauen, ein Schild ist.

Vom Schild des Heiles Gottes steht in 2. Sam. 22, 36 und Ps. 18, 35 geschrieben, und Spr. 2, 7 sagt, daß Gott denen, die in Vollkommenheit wandeln, ein Schild ist.

Welch ein seliges Wissen in dieser Welt voller Streit und Bosheit, daß wir uns nicht mit fleischlich-irdischen Waffen selbst verteidigen müssen, sondern unser Gott und Vater in Christo Jesu unser allgenugsamer Schutz und Schild ist!

SCHLACKE = VERWERFLICHKEIT, WERTLOSIGKEIT

In Ps. 119, 119 wird das Hinwegräumen aller Gesetzlosen mit dem Wegtun von Schlacken verglichen, und Gott ruft in Hes. 22, 18—22 klagend und drohend aus: »Menschensohn, das Haus Israel ist mir zu Schlacken geworden; ... Silberschlacken sind sie geworden. ... Weil ihr alle zu Schlacken geworden seid, darum, siehe, werde ich euch in Jerusalem zusammentun ... Ich werde meinen Zorn und meinen Grimm zusammentun und euch hineinlegen und schmelzen. ... Wie Silber im Ofen geschmolzen wird, also werdet ihr in Jerusalem geschmolzen werden. Und ihr werdet wissen, daß ich, der Herr, meinen Grimm über euch ausgegossen habe.« »Dein Silber ist zu Schlacken geworden«, sagt Gott in Jes. 1, 22, und in Spr. 26, 23 lesen wir: »Ein irdenes Geschirr, mit Schlackensilber überzogen: feurige Lippen und ein böses Herz.«

Soll nun aber jedes Gefäß und Gerät, das durch Schlacken und Schaumsilber unbrauchbar geworden ist, für immer verworfen werden? Mitnichten! So steht in Spr. 25, 4 geschrieben: »Man entferne die Schlacken von dem Silber, so geht für den Goldschmied ein Gerät hervor«, und in Jes. 1, 25. 26 finden wir das herrliche Verheißungswort: »Ich werde meine Hand gegen dich wenden, und werde deine Schlacken ausschmelzen wie mit Laugensalz und hinwegschaffen all dein Blei. Und ich werde deine Richter wiederherstellen wie zuerst und deine Räte wie im Anfang. Danach wird man dich nennen: Stadt der Gerechtigkeit, treue Stadt.«

Gottes Wege enden nicht mit endgültiger Verwerfung oder Vernichtung, sondern vielmehr mit Erlösung, wozu auch das Gericht dienen muß (Jes. 1, 27: »... erlöst ... durch Gericht«). Das Ziel, das unser ewigtreuer Rettergott auch gewißlich erreichen wird, ist Wiederherstellung und Zurückbringung alles dessen, was verloren war (Luk. 19, 10).

SCHLAF = BEWUSSTSEINS- UND BEWEGUNGSLOSIGKEIT IN BEZUG AUF GOTT

Der Schlaf wird sowohl als Bild der Sünde als auch des Todes gebraucht. Gleichwie das Wachbewußtsein und die Bewegung bei dem Schlafenden stark gehemmt bzw. ganz ausgeschaltet sind, so ist auch das im Geistlichen im Blick auf Gott der Fall.

Jona floh vor Gott und legte sich schlafen, anstatt seinen Auftrag auszuführen. Wie beschämend müssen für ihn die Worte des Obersteuermannes gewesen sein, der ihm zurief: »Was ist mit dir, du Schläfer? Stehe auf, rufe deinen Gott an!« (Jona 1, 6b).

Vom Schlaf des Todes lesen wir in Hiob 14, 12; Jer. 51, 57; Dan. 12, 2; Matth. 27, 52; Joh. 11, 11—13; 1. Kor. 11, 30; 15, 20 u. a. m.

Auch als Bild der Sünde und Verstockung wird der Schlaf gebraucht. So sagt Jes. 29, 10: »Der Herr hat einen Geist tiefen Schlafes über euch ausgegossen und hat eure Augen verschlossen; die Propheten und eure Häupter, die Seher, hat er verhüllt.«

Der Apostel Paulus spricht verschiedene Male vom Schlaf als von einem Wandel in der Finsternis. In Röm. 13, 11 redet er davon, vom Schlafe aufzuwachen, da das Heil nahe ist; Eph. 5, 14 ruft er uns zu: »Wache auf, der du schläfst, stehe auf aus den Toten, und der Christus wird dir leuchten!«, und 1. Thess. 5, 6. 7a ermahnt uns: »Laßt uns nicht schlafen wie die übrigen, sondern wachen und nüchtern sein. Denn die da schlafen, schlafen des Nachts ...«

Der Hüter der Seinen, der nie schläft noch schlummert (Ps. 121, 4), ist unser Herr und Haupt, der uns aus jedem Schlaf der Sünde und des Todes völlig zu erretten und bis zum Ziele der Herrlichkeit tadellos zu bewahren vermag.

SCHLANGE = LIST, VERWORFENHEIT, SATAN

Schon die erste Aussage der Schrift über die Schlange nennt als deren Hauptmerkmal die List (1. Mose 3, 1). Sie ist eine Betrügerin und Verführerin (1. Mose 3, 13; 2. Kor. 11, 3), die deshalb mit einem besonderen Fluch belegt wird (1. Mose 3, 14).

In 1. Mose 49, 17 wird verheißen, daß Dan eine Schlange am Weg sein wird. Dan war unter den Stämmen, die einen Dienst des Fluches zu tun hatten (5. Mose 27, 13). Weil der Stamm Dan in Götzendienst verfiel (Richt. 18, 13 ff.), wird er bei der Aufzählung der 144 000 Versiegelten weggelassen (Offb. 7, 4—8).

Im tiefsten Sinn ist die alte Schlange der Teufel und Satan (Offb. 12, 9; 20, 2), der immer nur verführen, bedrohen und quälen kann. Und doch ist auch die Schlange wie alles und jedes Geschöpf Gottes im letzten Grunde nur dessen Werkzeug und Diener.

Wie wunderbar enthüllt Gott seine Gedanken durch die eherne Schlange in der Wüste (4. Mose 21; Joh. 3, 14)! Ein Blick auf sie genügte, um die von den feurigen Schlangen tödlich Gebissenen sofort und völlig zu heilen.

Während einerseits die Möglichkeit besteht, durch die Schlange von der Einfalt gegen den Christus abgewandt zu werden (2. Kor. 11, 3) und ihn zu versuchen zum eigenen Verderben (1. Kor. 10, 9), ist andererseits den Jüngern Gewalt gegeben, durch den Glauben auf Schlangen zu treten (Luk. 10, 19; vgl. Ps. 91, 13).

Wieviel mehr dürfen wir durch den Glauben schon jetzt erfahren, daß der Gott des Friedens den Satan unter unsere Füße zertritt (Röm. 16, 20)!

Nicht immer wird die Schlange töten und würgen. Einst kommt die Zeit, da der Staub der Erde ihre Speise sein wird (Jes. 65, 25), und wenn am Ende der Äonen das Getier des Feldes Gott preisen wird (Jes. 43, 20), dann wird unter diesem »wildem Getier und allem Vieh« (Ps. 148, 10) auch die Schlange in ihrer ursprünglichen Schönheit wieder zum Lobe Gottes da sein.

SCHLÜSSEL = ERÖFFNUNG, ZUGÄNGLICHMACHUNG VON WELTEN UND WAHRHEITEN

Wie man im Irdischen vermittelst eines Schlüssels verschlossene Häuser, Gärten oder Schatzkammern öffnen und sich dadurch Eingang verschaffen kann, so ist es auch im Geistlichen.

Von dem »Schlüssel der Erkenntnis« lesen wir in Luk. 11, 52, wo Jesus den Pharisäern und Schriftgelehrten zuruft: »Wehe euch Gesetzgelehrten; denn ihr habt den Schlüssel der Erkenntnis weggenommen; ihr selbst seid nicht hineingegangen, und die Hineingehenden habt ihr gehindert!«

Die geistgezeugte Erkenntnis läßt an Gütern und Segnungen teilhaben, die ohne diesen Schlüssel einfach nicht zugänglich sind. Darum ermuntern auch die Apostel immer wieder, in der Erkenntnis und durch die Erkenntnis zu wachsen (Eph. 4, 13; Phil. 1, 9; Kol. 1, 9. 10; 2. Petr. 1, 2. 3; 3, 18 u. a. m.).

In Matth. 16, 19a verheißt der Herr dem Petrus: »Ich werde dir die Schlüssel des Reiches der Himmel geben«. In Erfüllung dieses Wortes hat Petrus sowohl an Pfingsten als auch im Haus des Kornelius vielen (aus den Nationen) das Reich der Himmel erschließen dürfen.

»Ich habe den Schlüssel des Todes und des Hades«, sagt der Herr in Offb. 1, 18, und in Offb. 3, 7 steht von ihm geschrieben, daß er schließt, und niemand wird öffnen.

In Christo ist uns der Schlüssel zum Vaterherzen Gottes und zur Erbschaft des ganzen All gegeben (Eph. 2, 13; Röm. 8, 17. 32).

Wie beseligend und trostreich ist das Wissen des Glaubens, daß Gott alle nicht deshalb in den Unglauben eingeschlossen hat, um sie darin endlos schmachten zu lassen, sondern um sie vielmehr zur gegebenen Zeit und Stunde zu begnadigen (Röm. 11, 32)!

SCHMELZEN = REINIGEN, SCHEIDEN

Das Schmelzen ist, menschlich gesprochen, ein gar schmerzhafter Prozeß. Drangsale werden ein eiserner Schmelzofen (5. Mose 4, 20; 1. Kön. 8, 51; Jer. 11, 4) oder ein Schmelzofen des Elends genannt (Jes. 48, 10; siehe auch Hes. 22, 18—20!).

Gott vergleicht sich selbst mit einem Schmelzer, wie wir z. B. in Mal. 3, 3a lesen: »Er wird sitzen und das Silber schmelzen und reinigen«. Wiederum sagt der Herr in Jer. 9, 7: »Siehe, ich will sie schmelzen und läutern, denn wie sollte ich anders handeln . . .?«

Dieser Zornprozeß des Schmelzens (Hes. 22, 17—22) scheint zunächst ergebnislos, wie Jer. 6, 29 geschrieben steht: »Vergebens hat man geschmolzen und geschmolzen: die Bösen sind nicht ausgeschieden worden.«

Und doch wird Gott am Ende der Tage sein Ziel erreichen; denn Mal. 3, 3 lautet: »Er wird sitzen und das Silber schmelzen und reinigen; und er wird die Kinder Levi reinigen und sie läutern wie das Gold und wie das Silber, sodaß sie Opfergaben dem Herrn darbringen werden in Gerechtigkeit.« Zu jener Zeit wird der heilige Opferkult wieder eingeführt werden. Er wird dann aber nicht mehr nur eine tote Formsache sein, sondern im Rückblick auf das wesenhafte Opfer auf Golgatha vom Geiste des Lebens und der Liebe beseelt sein.

So, wie Silber und Gold im Schmelztiegel erprobt werden, so werden die Herzen der Menschen von Gott geprüft (Spr. 17, 3), werden das Silber unseres Erlöstseins und das Gold unseres Glaubens und unserer Treue in den mancherlei Schmelzöfen der verschiedensten Nöte und Schwierigkeiten zubereitet, erprobt und vollendet.

SCHMIED = GERICHTSGEWALT, TEUFEL

Der erste Schmied, von dem wir lesen, war Tubalkain, ein Hämmerer von allerlei Schneidewerkzeug aus Erz und Eisen (1. Mose 4, 22). Er stammte aus der verfluchten Kainslinie (1. Mose 4, 17 ff.).

In Jes. 54, 16 sagt Gott: »Siehe, ich habe den Schmied geschaffen, der das Kohlenfeuer anbläst und die Waffe hervorbringt, seinem Handwerk gemäß; und ich habe den Verderber geschaffen, um zu zerstören.« Wir ersehen aus dieser Zusammenstellung, daß unter dem Schmied der Feind und Verderber zu verstehen ist.

Der Eisenschmied arbeitet mit Hämmern bei Kohlenglut (Jes. 44, 12a). Da er kein Wasser getrunken hat, wird er matt, hungrig und kraftlos (Jes. 44, 12b). Wenn dieser Bericht nur etwas Belangloses über den Hunger und Durst eines fleißigen Handwerkers besagen will, dann könnte er füglich aus dem Worte Gottes wegbleiben, und diejenigen hätten recht, die von wertlosem, orientalischem Ballast sprechen, von dem die Bibel gereinigt werden muß. Nein, dieser Schmied ist ein Vorbild und Abbild des Feindes, der nach Christus, dem Brot des Lebens, hungern wird und das Wasser des Lebens, ein oft gebräuchliches Bild der Segnungen Gottes, noch nicht getrunken hat!

In 2. Tim. 4, 14 lesen wir ebenfalls von einem Eisenschmied. Während im 16. Vers dieses Kapitels allen, die Paulus verließen, diese Sünde nicht zugerechnet werden soll, ist der Apostel zwei Verse vorher gewiß, daß dem Schmied Alexander nach seinen Werken vergolten werden soll. Warum dieser Unterschied? Äußerlich gesehen ist das sehr einfach zu erklären. Alexander, der Schmied, sündigte aus vorsätzlicher Bosheit, die Freunde und Brüder des Apostels dagegen aus Schwachheit und Furcht. Schon das Gesetz macht ja einen Unterschied zwischen absichtlichen und versehentlichen Fehltritten. Da aber die Schrift vieldeutig und ein »gefülltes Wort« ist, so ist mit dieser Erklärung die Bedeutung der Stelle nicht erschöpft. So, wie der Schmied keine Gnade erwiesen bekam, sondern Vergeltung empfing, so muß auch der Feind alle Gerichte Gottes durchkosten, wie u. a. in Jes. 26, 10a geschrieben steht: »Wird dem Gesetzlosen Gnade erzeigt, so lernt er nicht Gerechtigkeit.« Dieser böse Knecht wird nicht eher aus dem Gefängnis herauskommen, bis er auch den letzten Pfennig bezahlt hat (Matth. 5, 26; Luk. 12, 59).

Einst kommt die Zeit, da die verderblichen Waffen und Mordwerkzeuge umgeschmiedet werden in Segensgeräte. Dann erfüllt sich zunächst im Tausendjährigen Reich Jes. 2, 4, wo verheißen ist: »Sie werden ihre Schwerter zu Pflugscharen schmieden und ihre Speere zu Winzermessern; nicht wird Nation wider Nation das Schwert erheben, und sie werden den Krieg nicht mehr lernen.«

Ob Gott dann wohl am Ende auch seinen hungernden und dürstenden Feind, den Eisenschmied, den Verderber, mit dem Christus-Lebensbrot atzen und mit dem Lebenswasser seiner Segnungen tränken wird? Wer Spr. 25, 21 (Röm. 12, 20) nicht nur als Gebot für arme, schwache Menschen, sondern vielmehr, was ja jede Schrift im tiefsten und letzten Sinn sein will, als Selbstoffenbarung Gottes verstanden hat, der vermag in heiliger Freude des Glaubens eine klare Antwort darauf zu geben.

SCHUH, SANDALE = FREIHEIT, ANSPRUCH, SELBSTBESTIMMUNG

Kriegsgefangene (Jes. 20, 2. 4) und Sklaven mußten barfuß gehen. Darum ist der Schuh ein Sinnbild der Freiheit, des Anspruchs und der Selbstbestimmung. Deshalb bedeutet das Ausziehen der Schuhe das Abtreten eines Anspruchs oder die Anerkennung einer Herrschaft. So sagt Gott in Ps. 60, 8: »Auf Edom will ich meine Sandale werfen«, d. h. Edom soll mein Sklave sein.

Am feurigen Busch gebot der Herr dem Mose, seine Schuhe auszuziehen (Apg. 7, 33), d. h. auf seine Selbstbestimmung zu verzichten.

Bei Verweigerung der Schwagerehe soll nach 5. Mose 25, 5—10 die verschmähte Witwe dem Schwager den Schuh ausziehen und ihn anspeien, um so sein Tun als schändlich zu brandmarken (vgl. Ruth 4, 6. 7).

Wenn die Schuhe oder Sandalen Recht und Anspruch abschatten, dann sind die Schuhriemen das, was Recht und Anspruch festigt. So gewinnen Gottesworte von den Riemen der Schuhe oder Sandalen (Mark. 1, 7; Jes. 5, 27) eine tiefere als nur äußere, nichtssagende Bedeutung.

Daß Abraham von dem Könige von Sodom weder einen Faden noch einen Schuhriemen nehmen wollte (1. Mose 14, 23), will sagen, daß er auf alles verzichtet, was ihm als Befestigung oder Erhärtung seiner Ansprüche von den Nationenkönigen gegeben werden könnte; er will allein auf Gott und seine Verheißungen gestellt sein.

Dem heimkehrenden verlorenen Sohn wurden die Sandalen der Freiheit gereicht (Luk. 15, 22), und Paulus ermahnt uns in Eph. 6, 15, mit der Bereitschaft des Evangeliums des Friedens beschuht zu sein.

SCHULTER = KRAFT, DIENSTBARKEIT, GEHORSAM

Von seinem Sohn Issaschar sagte der sterbende Jakob, daß er seine Schulter zum Lasttragen beugt (1. Mose 49, 15), und bezüglich des Volkes Israel in Ägypten heißt es, daß es sein Hab und Gut auf den Schultern trug (2. Mose 12, 34).

Hinsichtlich der Leviten lesen wir in 1. Chron. 15, 15, daß sie die Lade Gottes auf ihren Schultern trugen; von seinem Volk sagt Nehemia, daß es die Schultern widerspenstig zurückzog und nicht gehorchte (Neh. 9, 29; vgl. Sach. 7, 11), und auch Ps. 81, 6 bringt die Last mit der Schulter in Verbindung.

Wir ersehen aus all diesen Zusammenhängen, daß die Schrift die Schulter als Bild der Tragkraft, der Dienstbarkeit und des Gehorsams gebraucht.

Bezüglich der Wiederherstellung des Volkes Israel sagt Jesaja: »Das Joch ihrer Last und den Stab ihrer Schulter ... hast du zerschlagen« (Jes. 9, 4; vgl. 10, 27; 14, 25), und von Christus verheißt er: »Die Herrschaft ruht auf seiner Schulter« (Jes. 9, 6).

Auf den Schultern des Herrn, d. h. in seinem Dienst, wird der Schlüssel des Hauses David sein (Jes. 22, 22), und gleichwie Aaron die Namen der Kinder Israel auf beiden Schultern trug (2. Mose 28, 12), so trägt der wahre Hohepriester, Christus, die Seinen auf den starken Schultern seiner Kraft.

Mit Freuden legte der gute Hirte das gefundene Schaf auf seine Schultern (Luk. 15, 5), und Benjamin (zu deutsch: Sohn des Glükkes!) darf zwischen den Schultern Gottes wohnen (5. Mose 33, 12).

Wieviel glückseliger ist unser Teil als Glieder des Christus, die wir als Sohn und Erbe dem Herzen Gottes, unseres Vaters, so unaussprechlich nahe gebracht sind!

SCHWEIN = UNREINHEIT

Das Schwein zählt zu den unreinen Tieren (3. Mose 11, 7; 5. Mose 14, 8). Darum gebraucht es der Herr als Bild für Menschen, die göttliche Wahrheiten beschmutzen, wenn er in Matth. 7, 6 sagt: »Werfet nicht euere Perlen vor die Schweine!«

In Spr. 11, 22 wird ein schändliches Weib mit einem Schwein verglichen. Dort lesen wir: »Ein goldener Ring in der Nase eines Schweines, so ist ein schönes Weib ohne Schicklichkeitsgefühl«.

Jes. 65, 4 und 66, 17 nennen Schweinefleisch und Greuel zusammen; 2. Petr. 2, 22 vergleicht einen Menschen, der in frühere Sünden zurückfällt, mit einer Sau, die, nachdem sie gewaschen ist, sich wieder im Kote wälzt, und der verlorene Sohn wurde bis zum Schweinehirten (Luk. 15, 15), der tiefsten Stufe, die es für einen gesetzestreuen Juden gab, erniedrigt.

Wie abgrundtief und unbeschreiblich groß und herrlich muß das Erbarmen und die Gnade Gottes sein, wenn sie einen verkommenen Menschen vom Schweinetrog holt, mit dem Kuß der Liebe empfängt und ihn nicht nur zum Sklaven und Knecht, sondern zum Sohn und Erben über alles setzt!

SCHWERT = KRIEG, TOD, VERDERBEN, SCHEIDUNG

Schwert, Hunger und Pest droht Gott gegen sein abgefallenes Volk zu senden (Jer. 24, 10; 29, 17); bis zur Vernichtung soll das Schwert hinter ihnen her sein (Jer. 49, 37).

In vielen Zusammenhängen wird der Krieg als Schwert bezeichnet (Hes. 5, 17; 6, 3; 12, 14; 29, 8; Jer. 9, 16; 48, 2). »Soll das Schwert immerfort fressen?« rief Abner dem Joab zu (2. Sam. 2, 26; vgl. Jer. 46, 10).

»Das Schwert ist der Grimm über die Missetaten«, bezeugt Hiob 19, 29 und bestätigt damit die ernste Wahrheit, daß Krieg, Tod und Verderben die Kennzeichen des gegenwärtigen Zeitlaufs sind und daß das Schwert über alle Nationen der Erde gebracht werden wird (Jer. 25, 29).

Hiob 15, 22 sagt von dem Gesetzlosen und Gewalttätigen (Vers 25), dem Feinde, daß er für das Schwert ausersehen ist, d. h. daß er »der Tode« (nicht nur »des Todes«!) sterben muß (vgl. Hes. 28, 8).

Das Schwert ist auch Sinnbild scharfer Scheidung. So sagt der Herr in Matth. 10, 34: »Ich bin nicht gekommen, Frieden zu bringgen, sondern das Schwert«. In Offb. 2, 12 wird der Erhöhte und Verherrlichte bezeichnet als der, »der das scharfe und zweischneidige Schwert hat«, und Hebr. 4, 12 nennt Gottes Wort (das ja im tiefsten Grunde Christus selber ist — Joh. 1, 1; Offb. 19, 13) »schärfer als jedes zweischneidige Schwert und durchdringend bis zur Scheidung von Seele und Geist«.

Der durch das Schwert versinnbildlichte Tod ist, zutiefst gesehen, ein gewaltiger, finsterer Engelfürst, dessen Vorgesetzter und Gewalthaber der Teufel ist (Hebr. 2, 14).

Nun lesen wir über das Schwert Goliaths eine seltsame Begebenheit. In 1. Sam. 21, 9 wird uns berichtet, daß der Priester Ahimelech Goliaths furchtbares Schwert, desgleichen es nicht mehr gab (!), in ein Priestergewand einhüllte. Im Auftrag Gottes erhielt David diese Todeswaffe als Besitztum zugeeignet, damit er sie fortan verwenden könne (1. Sam. 22, 10). Diese scheinbar bedeutungslose Begebenheit hat wie alles und jedes Wort Gottes tiefere als nur buchstäbliche Bedeutung. Wenn das Schwert ein Sinnbild des Todes und David ein Christustyp ist, dann will uns dieses Ereignis darüber belehren, daß der Tod, der seither die stärkste Waffe des Feindes war, diesem entrissen und ein Werkzeug des David-Christus wurde.

So zerfällt das Haus des Bösen in sich selbst; seine Untertanen sagen sich von ihm los und werden nach und nach Werkzeuge Gottes und seines Sohnes. Nun kann der Tod uns nicht nur nicht von Gottes Liebe scheiden (Röm. 8, 35), sondern er muß, wenn auch vorläufig noch ohne Wissen und Bewußtsein, uns Lebens- und Segensdienste tun, da uns ja doch alles, also auch der Tod, zum besten dienen muß (Röm. 8, 28).

Das Kriegsschwert des Todes hat für den Glauben seine furchterregende Wirkung verloren, so daß wir, obgleich Leib und Seele noch unter dem Tode leiden müssen, auch über ihm und seinen Diensten unsern herrlichen Rettergott anbeten können (1. Thess. 5, 18).

SEE, MEER, WASSER = NATIONEN, VÖLKERSCHAFTEN, GESETZLOSIGKEIT, ANGST

Die See, das Meer und die Wasser sind häufig gebrauchte Bilder der Nationenwelt. So sagt ein Engel klar und unzweideutig zu dem heiligen Seher in Offb. 17, 15: »Die Wasser ... sind Völker und Völkerschaften und Nationen und Sprachen«. Jes. 17, 12 vergleicht das Ungestüm vieler Völker mit dem Brausen der Meere und das Rauschen von vielen Völkerschaften mit dem Rauschen gewaltiger Wasser. Auch der Herr nennt die Bedrängnis und Ratlosigkeit der Völker der Letztzeit »brausendes Meer und Wasserwogen« (Luk. 21, 25).

Jes. 57, 20 bezeichnet die Gesetzlosen als ein unruhiges, Schlamm und Kot aufwühlendes Meer, und Sach. 10, 11 nennt Assyrien und Ägypten im Hinblick auf Israel ein »Meer der Angst«.

Stärker aber als das unruhige Wogen und Wallen der Völkerwelt ist Gott. »Er stillt das Brausen der Meere, das Brausen ihrer Wellen und das Getümmel der Völkerschaften« (Ps. 65, 7) und schlägt die Wellen im Meer und wirft die Hoffahrt der Heiden nieder (Sach. 10, 11).

Als unser Herr in Niedrigkeit auf der Erde wandelte, vermochte er auch dem Meere zu gebieten, so daß sich die Menschen darüber verwunderten (Matth. 8, 27).

Sein Wandeln auf dem See war nicht nur ein Zeichen, daß ihm die Naturgewalten unterstellt sind, sondern deutete, prophetisch gesehen, darauf hin, daß ihm einst alle Völker untertan sein werden.

Von dem unruhigen, fluchbeladenen und fluchbringend durch die Völker irrenden Israel lesen wir in Amos 8, 12: »Sie werden umherschweifen von Meer zu Meer ...«.

Unser großer und herrlicher Gott vermag auch aus den Tiefen des Meeres zurückzubringen (Ps. 68, 22) und seine Friedensherrschaft von Meer zu Meer über alle Nationen zu errichten (Sach. 9, 10). Welch eine herrliche Segenszeit wird einst die Erde erleben, wenn sich Jes. 60, 5 erfüllen wird: »Du wirst vor Freude strahlen, und dein Herz wird weit werden und beben, denn des Meeres Fülle wird sich zu dir wenden, der Reichtum der Nationen zu dir kommen« (vgl. 5. Mose 33, 19). Dann werden der unbeständige Charakter der Völker (»überwallend wie Wasser« — 1. Mose 49, 4) und ihre gottfeindliche Bosheit (Ps. 93, 4) vorbei sein, und das Wort in Offb. 21, 1: »Das Meer ist nicht mehr«, wird sich in seiner irdisch-prophetischen Bedeutung herrlich erfüllen.

Daß die Wasser »oberhalb der Himmel« nicht Menschen, sondern Engel sind, und daß auch sie dereinst ausnahmslos in das Lob Gottes einstimmen werden (Ps. 148, 4), soll hier nicht näher dargelegt, sondern nur angedeutet werden.

SIEGEL = BESTÄTIGUNG, GEWISSHEIT

Man wird keine wertlose Drucksache, sondern nur einen Brief mit wichtigem oder wertvollem Inhalt versiegeln. Darum ist das Siegel ein Beweis für den Wert einer Sache oder eines Geschöpfes und betont dessen Unantastbarkeit.

Die Löwengrube, in die Daniel geworfen wurde, wurde versiegelt (Dan. 6, 18) als Vorbild auf die Versiegelung von Christi Grab (Matth. 27, 66).

Röm. 4, 11 nennt das Zeichen der Beschneidung, das Abraham empfing, das »Siegel der Gerechtigkeit und des Glaubens«.

Der Apostel Paulus bezeichnet in 1. Kor. 9, 2 seine gläubigen Briefadressaten als das Siegel, d. h. die Bestätigung seiner Apostelschaft, da ihn viele nicht als Apostel anerkennen wollten.

In 2. Tim. 2, 19 lesen wir von einem doppelten Siegel des festen Grundes Gottes, einem von uns aus gesehen objektiven, das allein im Herrn liegt, und einem subjektiven, das sich aus unserm Wandel erkennen läßt. Christus kennt die Seinen, und wer seinen Namen kennt, der steht ab von der Ungerechtigkeit.

Wir lesen von mancherlei Versiegelungen in der Schrift. So steht in Hiob 9, 7 geschrieben, daß Gott die Sterne versiegelt, und in Hiob 14, 17 klagt der Dulder auz Uz: »Meine Übertretung ist versiegelt in einem Bündel«.

In Jes. 8, 16 spricht Gott durch den Propheten: »Binde das Zeugnis zu, versiegle das Gesetz in meinen Jüngern!« Bis zur Zeit des Endes soll das Buch Daniel versiegelt sein (Dan. 12, 4. 9); versiegelte, d. h. von Gott verschlossene und dem natürlichen Begriffsvermögen unzugänglich gemachte Schriften vermag kein Mensch zu verstehen (Jes. 29, 11. 12). Nur Christus, das geschlachtete Lamm, ist würdig, Gottes Siegel zu öffnen, wie die vier lebendigen Wesen und die vierundzwanzig Ältesten in dem neuen Lied von Offb. 5, 9 singen.

Die Braut des Herrn wird in Hohel. 4, 12 »eine versiegelte Quelle« genannt, und in Joh. 6, 27 bezeugt Jesus, daß Gott der Vater ihn versiegelt hat.

Noch einige Pauluszeugnisse bezüglich unserer Versiegelung seien hier erwähnt. 2. Kor. 1, 21. 22 sagt uns ein Vierfaches hinsichtlich unserer Stellung:

1. Gott befestigt uns in Christum;
2. er hat uns gesalbt;
3. er hat uns versiegelt;
4. er hat uns das Unterpfand des Geistes in unsere Herzen gegeben.

Gott hat uns versiegelt! Wir kostbar und wertvoll müssen wir in seinen Augen sein, daß wir eine solch herrliche Aussage lesen und glauben dürfen! Dieses Siegel ist zugleich Angeld und Unterpfand unseres künftigen Erbes, wie in Eph. 1, 13. 14 geschrieben steht: »Ihr seid versiegelt worden mit dem heiligen Geist der Verheißung, welcher das Unterpfand unseres Erbes ist bis zur Erlösung des erworbenen Besitzes zum Preise seiner Herrlichkeit« (vgl. Eph. 4, 13!).

SILBER = SÜHNUNG, ERLÖSUNG, LÄUTERUNG

In 2. Mose 30, 11—16 lesen wir von dem Silber als der Sühne (Lösegeld oder Versöhnung) der Seele. Diese Sühnesumme der Gemusterten war Silber. Das geht aus 2. Mose 38, 25. 28 hervor, wo geschrieben steht: »Und das Silber von den Gemusterten der Gemeinde betrug 100 Talente und 1775 Sekel..., und die 100 Talente waren zum Gießen der Füße des Heiligtums«.

1. Kön. 10, 27 und 2. Chron. 1, 15 berichten uns über die Regierungsarbeit des Königs Salomo etwas Seltsames. Es heißt dort, daß er das Silber den Steinen gleich machte. Was will das sagen?

Zunächst sicher so viel, daß das Silber in solcher Menge vorhanden war, daß man es kaum höher schätzte als die Steine. Wollte aber diese Stelle nicht mehr als das besagen, so hätten die recht, die von der übertriebenen orientalischen Bildersprache der Bibel reden, auf die wir ohne jeden Schaden völlig verzichten könnten.

Wer aber von Gott einen Blick dafür geschenkt bekam, wie vieldeutig, tief und unerschöpflich jedes Wort heiliger Schrift ist, der sieht hinter diesen scheinbar nebensächlichen und übertriebenen Angaben große und weittragende Offenbarungen der Wege und Ziele unseres Vaters.

Steine schatten Engel ab. Unter der Regierung des wahren Salomo, Christi, wird einmal soviel Silber der Erlösung vorhanden und verwendbar sein wie Steine (= Engel) da sind. Das will sagen, daß die Erlösung auch für die Geistwesen ausreicht, was ja auch Jes. 53, 12; Phil. 2, 10. 11; Kol. 1, 20 u. a. Stellen bezeugen.

In Hiob 22, 25 wird der Allmächtige als ein Schatz glänzenden Silbers bezeichnet, und in Ps. 12, 6 werden die Worte Gottes siebenmal gereinigtes Silber genannt.

Daß Silber bleibenden Wert hat, ersehen wir aus 1. Kor. 3, 12, wo uns vergängliche und unvergängliche Dinge aufgezählt werden. Unter dem Bleibenden steht Silber an zweiter Stelle.

Auch 2. Tim. 2, 20 spricht von goldenen und silbernen Ehrengefäßen und hölzernen und irdenen Gefäßen zur Unehre.

»Dein Silber ist zu Schlacken geworden!« ruft Gott dem abtrünnigen Israel in Jes. 1, 22 zu und vergleicht dessen Wiederherstellung mit einem Läuterungs- und Schmelzprozeß des Silbers. So lesen wir in Sach. 13, 9: »...ich werde sie läutern, wie man das Silber läutert...«, und in Mal. 3, 3 steht geschrieben: »Er wird sitzen und das Silber schmelzen und reinigen, und er wird sie reinigen und sie läutern wie das Gold und wie das Silber...«

Gott verheißt in Jes. 60, 17 statt des Eisens Silber zu bringen. Was meint er damit? Wir sahen, daß Eisen ein Bild der Sünde ist. Nun soll alles Eisen durch Silber ersetzt werden. Das bedeutet, daß die Erlösung für alle Sünde ausreicht und jede Sündentiefe zu beseitigen vermag. Auch hier erblickt der Glaube herrliche Verheißungen und frohlockt darüber, wo der Unglaube nur sinnlose Torheit sieht.

SITZEN = HERRSCHEND, RICHTEND, WOHNEND, ZUR ENTSPANNUNG GEKOMMEN SEIN

Während »alles Heer des Himmels« um Gott »steht«, sieht der Prophet den Herrn auf seinem Throne »sitzen« (1. Kön. 22, 19). Knechte müssen stehen; nur Herren geziemt es zu sitzen. Das Sitzen deutet auf richterliche Herrlichkeit oder auch Entspannung hin, während das Stehen Dienstbereitschaft ausdrückt. Darum lesen wir sehr oft davon, daß Gott auf seinem Thron sitzt (Dan. 7, 9; Offb. 4, 2. 3. 9. 10; 5, 1. 13; 6, 16; 7, 10. 15; 14, 14; 19, 4; 20, 11; 21, 5 u. a. m.).

Auch vom Herrn steht geschrieben, daß er zur Rechten Gottes sitzt. So lesen wir in Ps. 110, 1: »Gott sprach zu meinem Herrn: Setze dich zu meiner Rechten.« In Matth. 25, 31 sagt Jesus: »Wenn der Sohn des Menschen kommen wird in seiner Herrlichkeit und alle Engel mit ihm, dann wird er auf seinem Thron der Herrlichkeit sitzen.« Lukas 22, 69 steht geschrieben: »Von nun an wird der Sohn des Menschen sitzen zur Rechten der Macht Gottes«, und Markus 16, 19 berichtet uns: »Der Herr wurde, nachdem er mit ihnen geredet hatte, in den Himmel aufgenommen und setzte sich zur Rechten Gottes.«

Schon Sach. 6, 13 verheißt von dem Zemach Christus: »Ja, er wird den Tempel Gottes bauen; und er wird Herrlichkeit tragen; und er wird auf seinem Throne sitzen und herrschen, und er wird

Priester sein auf seinem Throne...« In Hebr. 1, 2 lesen wir, daß Gott seinen Sohn zum Erben aller Dinge gesetzt hat, und Kol. 3, 1 wie auch Eph. 1, 20 bezeugen uns, daß der Christus zur Rechten seines Vaters sitzt.

Gott setzt Niedere in die Höhe (Hiob 5, 11) und läßt die aus dem Staub erhobenen Geringen und aus dem Kote erhöhten Armen bei Edlen sitzen (Ps. 113, 7. 8). Möchten auch wir solche sein, die »im Verborgenen des Höchsten sitzen« (Ps. 91, 1), d. h. im vertrauten Umgang mit Gott zur Entspannung gekommen sind!

Wie wird es einmal sein, wenn sich Micha 4, 4 erfüllt, wo geschrieben steht: »Sie werden sitzen ein jeder unter seinem Weinstock und unter seinem Feigenbaum, und niemand wird sie aufschrecken; denn der Mund des Herrn der Heerscharen hat geredet«.

Sonne, Mond und Sterne, die eine siebenfache Zweckbestimmung haben, werden an die Ausdehnung »gesetzt«, d. h. sie haben eine Regierungsaufgabe an der Schöpfung (1. Mose 1, 17).

Jes. 49, 6 verheißt: »Ich habe dich auch zum Licht der Nationen gesetzt, um mein Heil zu sein bis an das Ende der Erde«, und der Herr verspricht seinen Jüngern in Lukas 22, 29. 30: »Ich verordne euch, gleichwie mein Vater mir verordnet hat, ein Reich, auf daß ihr esset und trinket an meinem Tische in meinem Reiche und auf Thronen sitzet, richtend die zwölf Stämme Israels«.

Diesen Hochsitz göttlicher Herrschaft wollte, im Bilde des Fürsten von Tyrus gesehen (Hes. 28, 2), der Feind an sich reißen, als er sagte: »Ich bin ein Gott, ich sitze auf einem Gottessitze im Herzen der Meere«.

Lot »saß« im Tore (1. Mose 19, 1), d. h. er hatte eine hohe Funktion als Ratsherr und Richter inne.

Einst wird Gott im Tale Josaphat sitzen, um alle Nationen zu richten, wie wir in Joel 3, 12 lesen: »Die Nationen sollen sich aufmachen und hinabziehen in die Talebene Josaphat; denn dortselbst werde ich sitzen, um alle Nationen ringsum zu richten«.

Wohl uns, daß wir in das Reich des Sohnes der Liebe Gottes versetzt sind (Kol. 1, 13), ja, daß wir in Christo mitsitzen inmitten der Himmelswesen, auf daß wir in den kommenden Ewigkeiten unsere weltweiten Gnadenaufgaben am ganzen All ausführen (Eph. 2, 6. 7)!

SONNE = LICHT, LEBEN, GERECHTIGKEIT, GLÜCKSELIGKEIT, CHRISTUS

Die Sonne ist die Beherrscherin des Tages (1. Mose 1, 16; Ps. 136, 8). Jer. 31, 35 bezeugt die gleiche Wahrheit und spricht im Zusammenhang von den »Ordnungen des Mondes« und dem erregten Meer und seinen brausenden Wogen, welche die unruhige Völkerwelt abschatten. Dürfen wir nicht hinter diesen scheinbar oberflächlichen, überflüssigen Bemerkungen, wenn wir etwas von der Symbolik der Schrift verstehen, innere Zusammenhänge und Offenbarungen der Wege Gottes begreifen?

Die Sonne wird oft als Bild der Gerechtigkeit gebraucht. So lesen wir in Matth. 13, 43 von den Gerechten, daß sie im Reiche ihres Vaters wie die Sonne leuchten, und Jes. 62, 1 spricht von der Gerechtigkeit als von einem Lichtglanz.

Auch Herrlichkeit und Glückseligkeit werden im Bilde der Sonne dargestellt. »Der Gott, der aus der Finsternis Licht leuchten hieß, hat in unsere Herzen geleuchtet zum Lichtglanz der Erkenntnis der Herrlichkeit Gottes im Angesicht Christi«, lesen wir in 2. Kor. 4, 6, und Richter 5, 31 vergleicht die, die den Herrn liebhaben, mit der aufgehenden Sonne.

Von Joab und seinen Männern steht in 2. Sam. 2, 32 geschrieben: »Licht brach ihnen an zu Hebron«. Wenn wir bedenken, daß Hebron soviel wie Gemeinschaft bedeutet, so können wir den tiefen, feinen Sinn dieses Wortes wohl verstehen. In der Gemeinschaft mit Gott muß alles Dunkel der Sünde und Sorge weichen!

Als Jakob über den Pniel (zu deutsch: Gottes Angesicht oder: Gott sah gnädig an) hinaus war, ging ihm die Sonne auf (1. Mose 32, 31). Dürfen wir das geistlicherweise nicht auch immer wieder erleben, daß uns, wenn wir im Gebet Gottes Angesicht suchen, die Sonne aufgeht?

Auch die Person Gottes und Christi wird öfter durch die Sonne versinnbildlicht. So wird der Herr in Mal. 4, 2 »die Sonne der Gerechtigkeit« genannt, und als er auf Tabor umgestaltet wurde, leuchtete sein Angesicht wie die Sonne (Matth. 17, 2). Auch Offb. 1, 16 bezeugt uns, daß das Antlitz des Sohnes Gottes wie die Sonne erstrahlte.

In Jes. 60, 19 lesen wir: »Nicht wird ferner dir die Sonne zum Licht sein bei Tage noch zur Helle der Mond dir scheinen, sondern der Herr wird dir zum ewigen Licht sein...«, und 2. Sam. 23, 4 sagt von Christus, dem gerechten Herrscher der Zukunft: »Er wird sein wie das Licht des Morgens, wenn die Sonne aufgeht...«.

»Der Herr, Gott, ist Sonne...«, frohlocken die Söhne Korah in Ps. 84, 11, und die Segensentfaltungen und Herrlichkeitsoffenbarungen Christi in seinem Reiche werden in Jes. 30, 26 durch siebenfältiges Sonnenlicht dargestellt.

Gott gebe uns, daß wir in dieser dunkeln Welt allezeit als »Licht im Herrn« erfunden werden (Eph. 5, 8) und uns als »Söhne des Lichtes« erweisen (1. Thess. 5, 5)!

SPREU = WERTLOSER ÜBERREST, VERGEHEN UND VERWEHEN

Von der Spreu lesen wir elfmal in der Schrift, davon neunmal im Alten Testament. Sie ist ein Bild wertlosen Überrestes, des Vergehens und Verwehens.

Sowohl Israel als auch die Weltreiche werden hinsichtlich ihrer Vergänglichkeit und ihres Unwertes vor Gott mit Spreu verglichen.

In Hosea 13, 3 bezeichnet der Prophet Ephraim als »Spreu, welche von der Tenne dahinfliegt«, und der Täufer sagt vom Herrn im Blick auf Israel, daß er die Spreu mit unauslöschlichem Feuer verbrennt (Matth. 3, 12; Luk. 3, 17).

Hiob vergleicht die Gesetzlosen mit »Spreu, die der Sturmwind entführt« (21, 18), und auch Ps. 1, 4 sagt von ihnen, daß sie wie Spreu sind, »die der Wind dahintreibt«.

»Laß sie wie Spreu sein vor dem Winde«, betet David in Ps. 35, 5 in bezug auf seine Feinde.

Gott schilt die Völkerschaften, und »sie fliehen weithin und werden gejagt wie Spreu der Berge vor dem Winde und wie Stoppeln vor dem Sturm« (Jes. 17, 13). Auch in Jes. 29, 5 werden gottfeindliche Völkerschaften mit dahinfahrender Spreu verglichen, ja, selbst das Eisen, der Ton, das Erz, das Silber und das Gold des gewaltigen Standbildes Nebukadnezars, das die Weltreiche darstellt, werden »wie Spreu der Sommertenne« (Dan. 2, 35).

Wohl uns, daß unser Leben, das von Natur aus nur vergängliche Spreu ist, in und durch Christus für Gott und seine Schöpfung unendlich wertvoll und köstlich ist und werden wird!

STAB = WANDERSCHAFT, GLAUBE, VERTRAUEN

»Einen goldnen Wanderstab
Ich in meinen Händen hab'.
— — — — — — — — — — —
Dieser Stab, seht, ist mein Glaube!«

So heißt es in einem Volkslied, welches, wie uns das sehr häufig begegnet, tiefe göttliche Wahrheiten ahnt. Der »goldene Stab« des Glaubens ist eigentlich eine Symbolverdoppelung, denn sowohl das Gold als auch der Stab sind Bilder des Glaubens und der Treue. Nur ist das erstere mehr von Gott aus, das zweite dagegen mehr vom Menschen aus gesehen.

Der Stab ist zunächst ein Bild der Wanderschaft. So gebot Moses, daß die Israeliten an den Lenden umgürtet, an den Füßen beschuht und mit einem Stabe in der Hand das Passah des Herrn essen sollten (2. Mose 12, 11; vgl. 2. Kön. 4, 29; Mark. 6, 8. 9).

Weil dieses Wandern aber im Auftrag Gottes und im Blick auf seine Verheißungen geschieht, so ist der Stab auch ein Symbol des Glaubens und des Vertrauens.

Im Tal des Todesschattens findet David seinen Trost am Stab und Stecken des Herrn, d. h. im lebendigen Vertrauen auf Gott (Ps. 23, 4). Darum lesen wir auch in 2. Mose 4, 20, daß Moses, der im Auftrage des Herrn voll Glaubensvertrauen nach Ägypten zurückkehrte, den »Stab Gottes in seine Hände« nahm.

Wer wirklich erwählt ist, dessen Stab ist nicht tot und fruchtleer, sondern sproßt und bringt viele Blüten und Früchte (4. Mose 17, 5).

Wenn wir dereinst über den Jordan, den Todesstrom, gehen, dann werden wir, menschlich gesprochen, nichts in Händen haben als den Stab des Glaubens (1. Mose 32, 10). Und wenn Gott schon einen nur mit dem Stab des Glaubens versehenen Jakob »zu zwei Zügen« werden ließ, — wieviel reicher, höher und herrlicher werden dann die Segnungen sein, die wir in Christo als rechtmäßige Söhne Gottes und Erben des All ergreifen dürfen!

STAUB = UNZÄHLBARKEIT, TROSTLOSIGKEIT

Unzählbarkeit, Trostlosigkeit und manchmal auch der Tod werden mitunter im Bild des Staubes dargestellt. »Ich will deinen

Samen machen wie den Staub der Erde, so daß, wenn jemand den Staub der Erde zu zählen vermag, auch dein Same gezählt werden wird«, verheißt Gott dem Abraham in 1. Mose 13, 16 (vgl. 28, 14), und in 2. Chron. 1, 9 betet Salomo bezüglich Israels als von einem Volk, das »zahlreich wie der Staub der Erde« ist.

Weit häufiger aber ist der Staub ein Sinnbild der Trauer und Trostlosigkeit. »Ich bin Staub und Asche«, sagt Abraham in 1. Mose 18, 27 zu Gott, und Hiob klagt in 10, 9, daß Gott ihn zu Staub zurückkehren lassen will (vgl. 1. Mose 2, 7; 3, 19).

Aus dem Staub vermögen höchstens Stechmücken und Geschwüre hervorzukommen (2. Mose 8, 16. 17; 9, 9—11), und von den Menschen wird im Gegensatz zu den Engeln gesagt, daß sie in Lehmhäusern wohnen und daß ihr Grund im Staube ist (Hiob 4, 19).

Josua und seine Ältesten fielen wegen Achans Sünde aufs Angesicht vor der Lade des Herrn und warfen Staub auf ihre Häupter (Jos. 7, 6), und David wurde von dem Lästerer Simei mit Staub und Steinen beworfen (2. Sam. 16, 13). Hiobs Freunde streuten Staub auf ihre Häupter (Hiob 2, 12), und das gleiche werden dereinst die Kaufherren der Erde und alle in der Schiffahrt Beschäftigten tun, wenn die reiche Welt- und Handelsstadt Babylon gerichtet werden wird (Offb. 18, 19).

Nach außen gesehen hat der Prediger recht, wenn er klagt: »Alles geht an e i n e n Ort; alles ist aus dem Staube geworden, und alles kehrt zum Staube zurück« (3, 20).

Aber nicht nur Unzählbarkeit und Trostlosigkeit, selbst der Tod wird mitunter im Bilde des Staubes dargestellt. Darum redet der gekreuzigte Messias vom »Staub des Todes« (Ps. 22, 15) und weiß, daß sich dereinst vor ihm beugen werden »alle, die in den Staub hinabfahren« (Vers 29). David graut vor dem Hinabsinken in die Grube, weil der Staub den Herrn nicht preisen wird (Ps. 30, 9), und auch Moses, der Mann Gottes, spricht vom Tode als vom Zurückkehren zum Staube (Ps. 90, 3).

Doch ist der Staub nie Ziel und Ende der Wege Gottes! Schon Hanna frohlockte betend: »Er hebt aus dem Staube empor den Geringen« (1. Sam. 2, 8; vgl. Ps. 113, 7), und Jes. 26, 19 ruft den im Staub des Todes Liegenden zu, sie sollen aufwachen und jubeln, da die Erde die Hingestreckten und Schlaffen, die Toten, nicht behalten darf, sondern sie wieder herausgeben muß.

»Schüttle den Staub von dir ab!« gebietet der Prophet in göttlichem Auftrag den Gefangenen der Sünde und des Todes und verkündigt ihnen völlige Wiederherstellung (Jes. 52, 2 ff.).

In heiliger Freude stimmen wir in das Bekenntnis unseres großen Bruders und Vorbildes Paulus ein, der in 1. Kor. 15, 47—49 bezeugt: »Der erste Mensch ist von der Erde, von Staub, der zweite Mensch vom Himmel. Wie der von Staub ist, so sind auch die, welche von Staub sind, und wie der Himmlische, so auch die Himmlischen. Und wie wir das Bild dessen von Staub getragen haben, so werden wir auch das Bild des Himmlischen tragen«.

STEHEN = EHRFURCHT, DIENSTBEREITSCHAFT

Wir sahen, daß in 1. Kön. 22, 19 »alles Heer des Himmels« bei Gott »steht«. Schon im Irdischen bedeutet das Stehen vor einem Hohen und Gewaltigen Ehrfurcht und Dienstbereitschaft.

Die ausgewählten Jünglinge sollten im Palaste des Königs Nebukadnezar »stehen«, d. h. Hofdienste verrichten (Dan. 1, 4). Der Priesterstamm der Leviten sollte vor Gott »stehen, um ihm zu dienen« (5. Mose 10, 8; vgl. 18, 7).

Knechte sitzen nicht bei ihrem Herrn, sondern stehen in Ehrfurcht und Dienstbereitschaft in seiner Nähe. Darum sagt die Königin von Saba zu Salomo: »Glückselig diese deine Knechte, die beständig vor dir stehen«, und in 1. Sam. 22, 6 lesen wir: »Saul saß zu Gibea unter der Tamariske auf der Anhöhe, seinen Speer in seiner Hand, und alle seine Knechte standen bei ihm.«

Weil nun die Engel »alle dienstbare Geister« sind, »ausgesandt zum Dienst« (Hebr. 1, 14), so lesen wir nie in der Schrift, daß sie sitzen. Immer wird berichtet, daß sie »stehen«. Der Engel des Herrn stand zur Rechten des Rauchaltars (Luk. 1, 11) und stand bei den Hirten auf dem Felde, als er die Geburt Christi verkündigte (Luk. 2, 9). Jesaja sah den Herrn auf einem hohen und erhabenen Throne »sitzen« und Seraphim bei ihm »stehen« (Jes. 6, 1. 2). Auch in Hes. 10, 3 sehen wir Cherubim stehen« und Dan. 7, 10 berichtet von tausend mal Tausenden, die Gott dienten, und zehntausend mal Zehntausenden, die vor ihm »standen«. Das alles ist weder zufällig noch bedeutungslos.

Den täglich stehenden und dienenden irdischen Priestern von Hebr. 10, 11 wird im nächsten Vers der wahre Hohepriester

Christus gegenübergestellt, von dem es heißt, daß er sich »auf immerdar gesetzt« hat zur Rechten Gottes.

Nach außen hin, was unsern praktischen Zustand und Wandel auf Erden angeht, müssen wir täglich, umschwirrt von den feurigen Pfeilen des Bösen, »stehen« und »widerstehen« (Eph. 6, 13. 14). Im Geiste und im Glauben aber, hinsichtlich unserer Zuvorbestimmung und Würde in Christo, sind wir »Mitsitzende« inmitten der (stehenden!) Himmelswelten (Eph. 2, 6).

Laßt uns diese beiden Seiten unserer Berufung und unseres Wandels auseinanderhalten, bzw. in ihrer wunderbaren göttlichen Einheit im Geiste schauen, im Glauben ergreifen und im Gehorsam verwirklichen!

STEIN = LIEBLOSIGKEIT, HERZENSHÄRTIGKEIT, GEISTERWELT

Die inspirierte und die weltliche Bildersprache nennen ein gefühlloses, liebeleeres Herz steinern. Von dem Leviatan, einem Vorbild auf Satan, sagt Hiob 41, 15: »Sein Herz ist hart wie Stein und hart wie ein unterer Mühlstein«, und von Nabal steht in 1. Sam. 25, 37 geschrieben: »Sein Herz erstarb in seinem Innern, und er wurde wie ein Stein.«

Der von Engeln verordnete Gesetzeshaushalt Israels (Apg. 7, 53) hat es in verschiedener Hinsicht mit Steinen zu tun (vgl. Joh. 8, 5). Darum redete auch Paulus in 2. Kor. 3, 3 von »steinernen Tafeln« und bezeichnet die in Steine eingegrabenen Buchstaben als Dienst des Todes und der Verdammnis (Vers 7. 9).

Im sogenannten Brief des Jeremia, im 6. Kapitel des apokryphen Buches Baruch, werden die Götzen, die weder helfen noch retten können, »den Steinen gleich« genannt (Vers 39). Gott klagt über sein untreues Volk, das zum Steine sagt: »Du hast mich geboren« (Jer. 2, 27) und spottet in Hab. 2, 19 derer, die den schweigenden Stein zum Erwachen bringen wollen, um von ihm belehrt zu werden.

Wenn sich in Offb. 6, 16 die vor dem Zorn des Lammes Erschrokkenen zu den Bergen und Felsen wenden, um von ihnen verborgen zu werden, so dürfen wir gewiß hinter diesen toten Bergen und Felsen lebendige Mächte und Wesen erblicken, wie ja überhaupt an vielen Stellen der Schrift Bergen und Felsen Eigenschaften und und Handlungen zugeschrieben werden, die nur auf lebendige

Geschöpfe und nie auf toten Stoff bezogen werden können. Vgl. z. B. Jer. 51, 25 mit Offb. 8, 8!

In Jes. 57, 6 isf Gott darüber erzürnt, daß sein untreues Volk, die Kinder des Abfalls und der Same der Lüge (Vers 4), glatten Steinen (oder Steinblöcken) des Talbaches Speisopfer und Trankopfer darbringt. Sollte Israel wirklich nur toten Felsen geopfert haben und nicht vielmehr mit den hinter diesen Steinen stehenden unreinen Geistermächten in Beziehung getreten sein? Der Vergleich von Vers 17 mit Vers 31 in 5. Mose 32 zeigt uns, daß die Dämonen als Fels des ungehorsamen Israel bezeichnet werden und im Gegensatz zu dem wahren Felsen, dem Herrn, stehen.

Hes. 11, 17—19 stellt die Befreiung vom Götzendienst als Wegnahme des steinernen Herzens dar.

In Matth. 7, 9 redet der Herr von der Unmöglichkeit, daß ein Vater, der von seinem Sohn um Brot gebeten wird, ihm einen Stein darreicht. Er will damit sagen, daß Menschen, wenn sie einmal nach dem Brot des Lebens, nach ihm selber schreien, nicht einem unechten Christus, einem Engelwesen oder einem Truggeist zum Opfer fallen.

Wenn wir also, wie wir gesehen haben, unter Steinen nicht nur tote Felsblöcke verstehen müssen, so gewinnen auch solche Schriftaussagen wie Hab. 2, 11 (»der Stein wird schreien aus der Mauer«) und Nah. 1, 6 (»sein — d. i. Gottes — Grimm ergießt sich wie Feuer, und die Felsen werden von ihm zerrissen«) eine viel tiefere und wesenhaftere Bedeutung.

Auch die feurigen Steine, in deren Mitte der schirmende, gesalbte Cherub wandelte (Hes. 28, 11—16), und das Wegwälzen der Steine, wovon oft die Rede ist, offenbaren uns in diesem Lichte gewaltige und wunderbare Wahrheiten.

Auch die vom Feuer und Hammer des göttlichen Logos (Christus) zerschmetterten Felsen in Jer. 23, 29 dürfen wir in höherem Sinne verstehen. Sie schatten aufs erste unsere natürlichen, steinharten Herzen ab, sind, prophetisch geschaut, ein Bild des verstockten Volkes und weisen, symbolisch gesehen, auf Engelmächte und Geisterwelten hin.

Die Beschneidung der Kinder Israel geschah durch Steinmesser (Jos. 5, 2. 3), während unsere Beschneidung »nicht mit Händen« geschieht (Kol. 2, 11).

Daß Steine, zutiefst gesehen, auf Engelwesen hindeuten, ersehen wir u. a. auch aus 5. Mose 32, 37, wo wir lesen: »Wo sind ihre Götter (oder Engel!), der Fels, auf den sie vertrauen?« oder aus dem Gebet der Hanna in 1. Sam. 2, 2, wo sie sagt: »Kein Fels ist wie unser Gott.«

Als der Herr in Jerusalem einzog und die Menge der Jünger mit lauter Stimme Gott lobte, murrten die Pharisäer dagegen und forderten den Meister auf, solches seinen Jüngern zu verbieten. Doch der Herr entgegnete: »Ich sage euch, wenn diese schweigen, so werden die Steine schreien« (Luk. 19, 36—40).

Wenn dereinst die Steine schreien, die jetzt noch toten, von der Liebesmacht Gottes noch nicht neugezeugten Geisterwelten den Christus loben und preisen, dann erfüllt sich Hebr. 1, 6: »Und wenn er wiederum (ein andermal oder von neuem) den Erstgeborenen in den Erdkreis einführt, spricht er (oder: hat er recht, d. h. erfüllt sich): Und alle Engel Gottes sollen ihn anbeten.«

In wunderbarer, die kühnsten menschlichen Erwartungen weit übertreffender Weise wird dereinst Gott statt der Steine Eisen und statt des Eisens Silber bringen (Jes. 60, 17). Da aber Eisen Gericht und Silber Erlösung vorschatten, so bedeutet das, daß Gott die Engelwelten durch Gericht zur Erlösung führt.

Gott vermag dem Abraham aus Steinen Kinder zu erwecken (Matth. 3, 9). Von diesem Vermögen wird der Vater der Herrlichkeit zur gegebenen Zeit und Stunde Gebrauch machen, um seinen Liebes- und Rettungswillen an aller und jeder Kreatur durchzuführen.

STERN = FÜLLE, MAJESTÄT, HERRLICHKEIT, CHRISTUS

Sterne werden manchmal als Bilder der Fülle oder Vollzahl gebraucht. So wird Abraham verheißen, daß seine Nachkommen zahlreich wie die Sterne des Himmels sein sollen (1. Mose 15, 5; 22, 17; 26, 4; 2. Mose 32, 13).

»Ihr seid heute wie die Sterne des Himmels an Menge«, sagt Mose in 5. Mos. 1, 10 (vgl. 10, 22; Neh. 9, 23) und droht dem Volk, daß es im Falle seines Ungehorsams ein geringes Häuflein werde und nicht wie die Sterne des Himmels an Menge bleibe (5. Mose 28, 62).

Nicht nur Menge und Fülle, auch Glanz und Majestät werden durch Sterne dargestellt.

Offb. 8, 10. 11 spricht von einem großen Stern namens Wermut, der wie eine Fackel brennt und auf den dritten Teil der Ströme und auf die Wasserquellen fällt, und Offb. 9, 1 berichtet uns, daß einem Stern, der vom Himmel auf die Erde gefallen ist, der Schlüssel zum Schlund des Abgrundes gegeben wurde. Daraus erkennen wir, daß sich hinter den Sternen gewaltige Wesen verbergen, die bis zu gewissem Grade Handlungsfreiheit haben und sonderlich zu Gerichtsaufgaben verwendet werden.

Das ahnt selbst der gefallene, gottferne Mensch, wenn er die Naturgewalten, besonders Sonne, Mond und Sterne anbetet. Daß solcher Götzendienst, von einer Seite aus gesehen, dem Gerichtswillen Gottes entspricht, ersehen wir aus 5. Mose 4, 19. Dort lesen wir: »... daß du deine Augen nicht zum Himmel erhebest und die Sonne, den Mond und die Sterne, das ganze Heer des Himmel, sehest und verleitet werdest und dich vor ihnen bücktest und ihnen dientest, welche der Herr, dein Gott, allen Völkern unter dem ganzen Himmel zugeteilt hat« oder, wie Menge übersetzt: »Dein Gott hat sie allen andern Völkern unter dem Himmel zur Verehrung zugewiesen.« Vgl. Röm. 1, 24. 25!

Hier lernt der Glaube die Entwicklung der nur äußerlich »verchristlichten« Nationen zur Anbetung der Schöpfung durchaus verstehen.

Vom Himmel her vermögen Sterne aus ihren Bahnen zu streiten (Richt. 5, 20; vgl. Dan. 10, 13).

Gott versiegelt Sterne, wie wir sahen (Hiob 9, 7), und bei genauem Vergleich von Hiob 25, 5. 6 mit 4, 18. 19 erkennen wir, daß die Sterne im Gegensatz zu dem Würmlein Mensch gewaltige Majestäten sind.

Der Herr selbst, die herrlichste Majestät im weiten Weltenall, wird nicht nur durch einen Stern angezeigt (Matth. 2, 2), sondern selbst Stern genannt, wie Bileam, der Mann geöffneten Auges, in 4. Mose 24, 17 sagt: »Ich sehe ihn, aber nicht jetzt, ich schaue ihn, aber nicht nahe. Es tritt hervor ein Stern ...«

Offb.1, 20 erklärt: »Sterne ... sind Engel ...«, und Dan. 12, 3 vergleicht diejenigen, welche viele zur Gerechtigkeit weisen, mit Sternen.

Der Apostel Paulus schreibt in 1. Kor. 15, 41b. 42: »Es unterscheidet sich Stern von Stern an Herrlichkeit. Also ist auch die Auferstehung der Toten.« Schon auf der Reichslinie verglich ja der Herr die Körperbeschaffenheit der Söhne der Auferstehung mit der Leiblichkeit der Engel (Luk. 20, 27—36).

Unser Herz sehnt sich mit heiliger Freude nach der Zeit, wo sich das inspirierte Gebet des Psalmisten erfüllen wird, wenn er ausruft: »Lobet ihn, alle ihr leuchtenden Sterne!« (Ps. 148, 2. 3b).

STIER, STARKER = KRAFT, ENGELWELT

Stiere oder Starke sind Symbole der Kraft, darüber hinaus aber Sinnbilder der Engelwelt (vgl. 2. Petr. 2, 11).

Der Starke und Mächtige gleicht einem Hagelwetter und verderbendem Sturmwind, von dem Jes. 28, 2 redet, und ist, prophetisch gesehen, ein gewaltiger Nationenherrscher, den Gott als Zuchtrute für sein untreues Volk benützt. Symbolisch geschaut aber ist es Satan, der wider Willen und Wissen ein Werkzeug göttlicher Vorsehung sein muß.

Daß die »Starken« wirklich Engel sind, geht unzweideutig aus Ps. 78, 24. 25 hervor. Dort ist die Rede von dem Manna, dem Himmelsgetreide, Engelsbrot oder Brot der Starken, das ausnahmsweise einmal Menschen zu essen bekamen (vgl. Ps. 105, 40).

Nach Amos 5, 9 läßt Gott über den Starken Verwüstung losbrechen. Der Herr erklärt das näher, wenn er in Matth. 12, 29 sagt: »Wie kann jemand in das Haus des Starken eindringen und seinen Hausrat rauben, wenn er nicht zuvor den Starken bindet? Alsdann wird er sein Haus berauben.« Jesus nennt Satan (vgl. Vers 24—28) einen Starken, dem gegenüber er aber der Stärkere ist.

In Ps. 29, 1, dem »Psalm der sieben Donner«, werden die Söhne der Starken aufgefordert, Gott zu verherrlichen, und aus Ps. 89, 6 ersehen wir, daß die Söhne der Starken nicht Erden-, sondern Wolkenbewohner sind, wie ja auch Paulus den Teufel den »Fürsten der Gewalt der Luft« nennt (Eph. 2, 2).

Wenn David prophetisch im Blick auf den gekreuzigten Christus in Ps. 22, 12 von vielen Stieren oder Starken redet, so sieht der Glaube, genau wie Paulus in 1. Kor. 9, 9. 10, hinter den Berichten und Gesetzen über Tiere Wahrheiten und Wesen höherer Art.

Auch Ps. 68, 30 gehört hierher, wo drei Gruppen von Lebewesen genannt werden, die sich Gott mit Silberbarren, d. h. als Erlösungsbedürftige und Erlösungsfähige unterwerfen werden:

1. das Tier des Schilfes,
2. die Schar der Stiere oder Starken und
3. die Kälber der Völker.

Wenn die gewaltigen Nationen mit Kälbern verglichen werden, welch mächtige Wesen müssen dann die Starken und erst recht das Tier des Schilfes, der furchtbare Behemoth (Hiob 40, 10 ff.), wohl sein! Wir sehen in dem Tier des Schilfes den Feind und in den Starken oder Stieren Engel und Dämonen, denen gegenüber die stärksten Völker nur ungefährliche Kälber sind.

Der Götzendienst Israels, der eigentlich Dämonenkult und Engelverehrung war (Apg. 7, 42), wird darum in Ps. 106, 20 das Vertauschen der Herrlichkeit Gottes gegen das Bild eines Stieres genannt.

Wie beseligend ist es, zu wissen, daß alle Mächte und alle Gewalten einmal abgetan werden und nur der allesbeherrschende Grundsatz der Liebe Gottes in Christo Jesu endlos währen wird!

STRICK = KNECHTSCHAFT, BINDUNG

Simson war mit zwei neuen Stricken gebunden (Richt. 15, 13). Als aber der Geist Gottes über ihn kam, wurden »die Stricke an seinen Armen wie Flachsfäden, die vom Feuer versengt sind, und seine Bande schmolzen weg von seinen Händen« (Vers 14).

Dürfen wir nicht die gleiche Befreiung von jeglicher Bindung erfahren, wenn sich Röm. 8, 2 an uns erfüllt, wo Paulus bezeugt: »Das Gesetz des Geistes des Lebens in Christo Jesu hat mich freigemacht von dem Gesetz der Sünde und des Todes?« Wo der Geist des Herrn ist, da ist nicht mehr Bindung und Knechtschaft, sondern Freiheit (2. Kor. 3, 17).

Hiob 36, 7—10 redet von seltsamen Zubereitungs- und Erziehungswegen, die Gott mit seinen Menschenkindern geht. Er läßt sie mit Fesseln gebunden und in Stricken des Elends gefangen werden, aber nicht, um sie darin zugrunde gehen zu lassen, sondern um ihr inneres Ohr zu öffnen, mit ihnen zu reden und sie zur Umkehr zu führen.

Als die gefesselten Freunde Daniels in den feurigen Ofen Nebukadnezars geworfen wurden, tastete die Glut sie nicht an, sondern löste nur die Stricke ihrer Knechtschaft, so daß sie »frei wandelten mitten im Feuer« (Dan. 3, 20. 24—26). So vermögen Trübsal, Angst und Gericht unser Geistes- und Glaubensleben nicht zu vernichten, sondern müssen uns nur von den Fesseln und Bindungen lösen, unter denen wir schmachten.

Ps. 118, 27 spricht von dem Licht, das Gott gibt, und von den Stricken, mit denen das Festopfer bis an die Hörner des Altars gebunden werden soll.

Licht und Stricke — Erkenntnis und Gehorsam!

Gott gebe, daß alle herrlichen Durchblicke in seine Wege und in sein Wesen und alle im Glauben erfaßten und erfahrenen Segnungen uns nicht irgendwie zum Fallstrick werden, sondern daß wir uns »mit Seilen der Liebe« und des Gehorsams (Hos. 11, 4) immer enger an den Altar des Kreuzes Christi binden lassen!

STROM = FLUCHES- ODER SEGENSVERMITTLUNG

Das Bild vom Strom wird, wie dies bei sehr vielen Symbolen der Schrift der Fall ist, in doppeltem Sinn gebraucht. Einmal ist er ein Abbild für Flucheswirkungen und ungestüm flutendes Verderben, und zum andern schattet er Segensvermittlung und göttliche Heilsdarreichungen ab.

Der König von Assyrien und seine Heeresmacht, die Gott gegen sein ungehorsames Volk heraufführt, wird in Jes. 8, 7 »mächtige und große Wasser des Stromes« genannt (vgl. Jes. 59, 19).

In Sach. 10, 11 bezeichnet der Prophet die Beseitigung der assyrischen und ägyptischen Herrschaft als das Versiegen aller Tiefen des Stromes. Neben dieser bildlichen Auffassung dürfen wir gewißlich annehmen, daß der Nil auch buchstäblich sein Wasser verliert und das Land dadurch zur Wüste wird.

David nennt in Ps. 124 die Feinde seines Volkes überflutende, stolze Wasser eines Stromes (Vers 2. 4. 5) und spricht in 2. Sam. 22, 5 von »Wogen des Todes« und »Strömen Belials« (vgl. Ps. 18, 4).

Der Herr sprach im Gleichnis von einem Strom, der das Haus des Törichten zu Sturz bringt, aber das Haus des Klugen trotz heftigen Anpralls nicht zu erschüttern vermag (Luk. 6, 48. 49), und in Offb. 12, 15 ist die Rede davon, daß ein satanischer Verderbensstrom das Weib fortzureißen versucht.

In vielen Bildern zeigt uns die Schrift Ströme aber auch als Symbole reichlich fließenden Segens.

Ps. 46, 4 sagt uns von einem Strom, dessen Bäche die Stadt Gottes, das Heiligtum der Wohnungen des Höchsten, erfreuen.

Aus dem geöffneten Christusfelsen liefen erquickende Wasser in dürren Örtern wie ein Strom (Ps. 105, 41).

Auf den Höhen seines schmachtenden Landes wird Gott dereinst die Ströme hervorbrechen lassen (Jes. 41, 18), und der Frieden der Glaubensgehorsamen wird öfter mit einem Strom verglichen (Jes. 48, 18; 66, 12).

Offb. 22, 1. 2 zeigt uns ein köstliches Bild von dem Strom des Wassers des Lebens, der Gottes und des Lammes Thron entspringt.

Am letzten Tage des Laubhüttenfestes sprach der Herr von dem Geist Gottes als von Strömen lebendigen Wassers, die von den Glaubenden fließen sollen (Joh. 7, 37. 38).

Stärker und gewaltiger als die brausende Brandung großer Verderbensströme ist der Herr in der Höhe (Ps. 93, 3. 4), der wunderbare Rettergott, dem kein Ding unmöglich ist und der sogar »immerfließende Ströme« auszutrocknen vermag (Ps. 74, 15). Er kann »unheilbare Wunden« heilen (Jer. 30, 12—17), »unauslöschliches Feuer« auslöschen und »immerfließende Ströme« austrocknen!

Wenn schon David wissen und frohlockend bezeugen darf, daß Gott solche, die bei ihm Zuflucht nehmen, mit dem »Strome seiner Wonnen« tränkt (Ps. 36, 8), wieviel beseligender und herrlicher müssen da die Segnungen sein, mit denen wir als Glieder des Christus gesegnet sind und werden!

STUHL, THRON = HERRSCHAFT, GERICHT

Der Stuhl oder Thron Gottes hat es in erster Linie mit Heiligkeit, Gerechtigkeit und Gericht zu tun. Darum lesen wir in Ps. 47, 8: »Gott hat sich auf den Thron seiner Heiligkeit gesetzt«, und Ps. 89, 14 bezeugt: »Gerechtigkeit und Gericht sind deines Thrones Grundfeste« (vgl. Ps. 9, 7; 97, 2; 122, 5; Spr. 16, 12; 20, 8; 25, 5).

Von Haman steht geschrieben, daß König Ahasveros dessen Stuhl über alle Fürsten setzte, die bei ihm waren (Esth. 3, 1), d. h. ihm wurden unumschränkte Herrschaft und Gerichtsgewalt verliehen.

Der Herr sagt von den Pharisäern und Schriftgelehrten, daß sie sich auf Mosis Stuhl gesetzt haben (Matth. 23, 2), d. h. daß sie keine frohe Botschaft der Liebe und Erlösung, sondern nur Gesetz und Gericht verkündigen.

Die Schrift spricht von einem Thron des Verderbens (Ps. 94, 20), von Thronen im Totenreich (Jes. 14, 9), einem Thron der Gewalttat (Am. 6, 3), dem Thron des Drachen (Offb. 13, 2) und dem Thron Satans (Offb. 2, 13). Auch eine Gruppe der Engel wird in Kol. 1, 16 »Throne« genannt.

Gottes Thron aber ist gegenüber all diesen Thronen hoch und erhaben (Jes. 6, 1), besteht aus Feuerflammen und seine Räder aus loderndem Feuer (Dan. 7, 9b), ja, der ganze Himmel ist sein Thron (Jes. 66, 1; vgl. Matth. 5, 34; 23, 22).

Er, der im Himmel thront, lacht und spottet seiner gegen ihn wütenden Feinde (Ps. 2, 4) und wird zur gegebenen Zeit und Stunde »den Thron der Königreiche umstürzen und die Macht der Königreiche der Nationen vernichten« (Hagg. 2, 22).

Werfen wir noch einen kurzen Blick auf die drei wichtigen Stühle oder Throne, auf denen der Herr sitzen und Gericht halten wird!

Da ist zunächst für uns Gläubige der Richterstuhl (genauer: Preisrichterstuhl) Christi, vor dem wir einst offenbar werden (2. Kor. 5, 10). Dort gibt es ein Lob- oder Preisgericht, aber keinerlei Verdammnis. Denn wer glaubt, wird nicht verdammt, aber je nach seiner Treue gelobt und mit verschiedener Herrlichkeit gelohnt.

Zum andern redet die Schrift von dem »Thron der Herrlichkeit«, auf dem der Herr sitzen wird, wenn er das Gericht über die bei Anbruch des Tausendjährigen Reiches lebenden Völker ausüben wird (Matth. 25, 31—46). Hier handelt es sich nicht um einzelne Menschen, sondern um ganze Nationen, die je nach ihrem Verhalten zu Jesu »Brüdern« in die Lichtesnähe oder Schattenferne des messianischen Königreiches gerückt werden.

Zuletzt sei noch der »große weiße Thron« erwähnt, von dem in Offb. 20, 11—15 die Rede ist. Hier findet ein umfassendes Verdammungsgericht statt. Doch wird es auch dann noch solche geben, die im Buche des Lebens eingeschrieben sind und nicht in den Feuersee geworfen werden.

Offb. 4, 5—6 gewähren uns in besonderer Weise Einblick in den Thron Gottes und zeigen uns mancherlei eigenartige Zusammenhänge.

Wie anbetungswürdig groß ist es, daß die Gemeinde des Christusleibes nicht berufen ist, gleich den Engeln und verschiedenen Gruppen von Berufenen und Erlösten vor dem Throne Gottes zu stehen, sondern vielmehr in Christo mit ihm auf seinem Thron zu sitzen!

TAG = LICHTS- ODER GERICHTSGEGENWART GOTTES UND CHRISTI

Die Schrift unterscheidet drei verschiedene Tage: den Tag des Menschen, an dem Christus abwesend ist und der deshalb hinsichtlich der Person Jesu auch »Nacht« genannt wird, den Tag des Herrn und den Tag Gottes.

Die Zeugnisse über den Tag des Herrn nehmen einen sehr breiten Raum in unsrer Bibel ein, während vom Tag des Menschen und vom Tag Gottes nur je einmal die Rede ist (1. Kor. 4, 3; 2. Petr. 3, 12).

Prophetisch gesehen versteht das Wort Gottes unter »Tag« die Herrschaft Christi im messianischen Reich einschließlich der einleitenden Gerichte, also der Drangsalszeit. Das festzuhalten ist wichtig, weil sich sonst scheinbar unlösliche Widersprüche ergeben hinsichtlich der Aussagen über den Schrecken einerseits und die Segnungen andererseits, die mit dem Tag des Herrn verknüpft sind.

Die »große Drangsal«, die der Aufrichtung des messianischen Friedensreiches unmittelbar vorausgeht, sie ermöglicht und einleitet, wird oft »Tag der Rache« genannt (Jes. 34, 8; 61, 2; 63, 4; Jer. 46, 10; Luk. 21, 22). Es ist ein »Tag der Bestürzung und der Zertretung und der Verwirrung« (Jes. 22, 5), den man, da er Finsternis und nicht Licht ist, nicht herbeiwünschen soll (Amos 5, 18). Diese $3^1/_2$ Jahre sind eine Zeit »des Zornes und Grimmes Gottes« (Ps. 110, 5; Jes. 13, 13; Klgl. 1, 12; 2, 1; Hes. 7, 19; Zeph. 1, 18), der Bedrängnis, des Übels und des Verderbens (Ps. 27, 5; 41, 1; 50, 15; 59, 16; 86, 7; 102, 2; Jer. 16, 19; 17, 17; Nah. 1, 7), an dem Satan ohne, ja gegen sein Wissen und Wollen Gerichtsdienste auszuführen hat, um dadurch Gottes Absichten erfüllen zu helfen (Spr. 16, 4).

Der Tag des Herrn kommt wie eine Verwüstung vom Allmächtigen (Joel 1, 15), er ist ein Tag der Finsternis und Dunkelheit, ein Tag des Gewölkes und der Wolkennacht (Joel 2, 2; vgl. Zeph. 1, 15; Mal. 3, 2; 4, 1).

Der »große Tag Jehovas« (Zeph. 1, 14) ist wohl ein Tag des Zornes (Offb. 6, 17), aber er ist auch ein herrlicher Tag (Apg. 2, 20), da er Heil und Rettung vorbereitet und einleitet. Er heißt darum auch »Tag des Heils« (Jes. 49, 8), an dem man Gott preisen wird (Jes. 12, 1) und an dem auch die Nationen zur Erkenntnis Gottes kommen werden (Jes. 19, 21. 24; Sach. 2, 11; Ps. 72, 11). Dann werden die geistliche Blindheit und Taubheit der Völker beseitigt sein (Jes. 29, 18), und Himmel und Erde werden an jenem wunderbaren Tage Erhörung und Segnung erfahren (Hos. 2, 21. 22). »Es wird geschehen an jenem Tage, da werden die Berge von Most triefen und die Hügel von Milch fließen, und alle Bäche werden von Wasser fließen« (Joel 3, 18). Die Füße des wiederkommenden Christus werden »an jenem Tage auf dem Ölberg stehen, der vor Jerusalem gegen Osten liegt; und der Ölberg wird sich in der Mitte spalten nach Osten und nach Westen hin« (Sach. 14, 4). Selbst auf den Schellen der Rosse wird an jenem Tage zu lesen sein: »Heilig dem Herrn!« (Sach. 14, 20). Das bedeutet, wie wir bereits gesehen haben (siehe »Roß«!), daß sogar das Natürliche und Triebhafte geheiligt und ein Zeugnis für Gott sein wird.

Doch nicht nur im Blick auf die Menschenwelt, sondern auch hinsichtlich der Engel ist in der Schrift von Gerichts- und Gnadentagen die Rede. So spricht Judas 6 von Engeln, »die ihren ersten Zustand nicht bewahrt, sondern ihre eigene Behausung verlassen haben« und die darum »zum Gericht des großen Tages mit ewigen Ketten unter der Finsternis verwahrt« werden. In Jes. 24, 21. 22 lesen wir bezüglich der Engelwelt folgendes gewaltige Zeugnis: »Es wird geschehen an jenem Tage, da wird der Herr mit Strafen heimsuchen die Heerschar der Höhe in der Höhe ... Und sie werden in die Grube eingesperrt, wie man Gefangene einsperrt und in den Kerker eingeschlossen; und nach vielen Tagen werden sie in Gnaden heimgesucht werden.«

Wieviel schreckliche und wunderbare Gerichts- und Lichtstage hat doch die Schöpfung noch zu erwarten, ehe sie völlig zurechtgebracht sein wird!

Unsere gegenwärtige Weltzeit, in der Christus verborgen ist (Kol. 3, 3), wird »Nacht« genannt (Röm. 13, 12). Aber bald kommt der Tag, an dem der Herr unser Lebenswerk prüfen wird (1. Kor. 3, 13). Inmitten dieser Nachtzeit wandeln die Gläubigen als »Söhne des Tages« (1. Thess. 5, 5. 8) und schauen freudig aus auf den »Tag der Erlösung« (Eph. 4, 30).

Zur Zeit des Apostels Paulus gab es Leute, welche behaupteten, der Tag des Herrn wäre schon da (2. Thess. 2, 2). Das ist aber bis zur Stunde noch nicht der Fall. Denn zuvor muß der Antichrist geoffenbart werden (2. Thess. 2, 3). Dann aber sind die Glieder des Leibes des Christus nicht mehr auf Erden. Denn bei seinem Wiederkommen wird ja der Herr »in seinen Heiligen und in all denen, die ihm geglaubt haben, bewundert« (2. Thess. 1, 10).

Glückselig, wer im Geist und Glauben mit dem Dichter bekennen kann:

»Vor uns der Tag, und hinter uns die Nacht!«

TAL = FURCHT, ANGST

Es gibt eine Reihe von Tälern, die in der Schrift eine Rolle spielen. Denken wir nur an das Tal Siddim, das Erdharz- oder Dämonental (1. Mose 14, 3. 10), das Tal Gerar oder Wallfahrtstal (1. Mose 26, 17), das Tal Eskol oder Traubental (4. Mose 13, 23. 24; 32, 9; 5. Mose 1, 24), das Tal Achor oder Trübsalstal (Jos. 7, 24. 26; Jes. 65, 10; Hos. 2, 15), das Tal Kidron, das Schwarz- oder Finsternistal (2. Sam. 15, 23; 1. Kön. 2, 37; 15, 13; 2. Chron. 29, 16; Jer. 31, 40; Joh. 18, 1), das Tal Beraka, das Preis- oder Lobetal (2. Chron. 20, 26), das Tal Megiddo oder Verkündigungstal (Jos. 12, 21; 17, 11; Richt. 5, 19; Sach. 12, 11) u. a. m.

Mitunter ist das Tal ein Bild der Furcht und Angst. So singt David in Ps. 23, 4a: »Und ob ich schon wanderte im Tale des Todesschattens, so fürchte ich kein Unglück.«

Wenn der Herr kommt, soll jedes Tal erhöht werden (Jes. 40, 4), d. h. alle Angst und Furcht soll hinweggenommen werden.

Im Hohelied nennt sich die Geliebte nicht nur eine Lilie inmitten von Dornen (Hohel. 2, 2), sondern auch eine Lilie der Täler (2, 1). Das will sagen, daß sie in der Furcht steht, jeden Augenblick zertreten zu werden.

Einst wird Gott alle Völker in das Tal Josaphat (zu deutsch: Gott ist Richter) hinabführen, um mit ihnen zu rechten. In diesem Tal werden Furcht und Schrecken die stolzen Nationen ergreifen.

Das Trübsals- oder Unglückstal Achor, diese Fluchstätte des Zornes Gottes (Jos. 7, 24. 26), wird einmal zu einer »Tür der Hoffnung« werden (Hos. 2, 15). Das entspricht ganz der Art unseres großen Rettergottes: er läßt Licht aus der Finsternis leuchten

(2. Kor. 4, 6), verwandelt Fluch in Segen (5. Mose 23, 5), läßt Leben aus Toten erstehen (Röm. 11, 15) und bewirkt durch das Leiden der Jetztzeit ein »über die Maßen überschwengliches ewiges Gewicht von Herrlichkeit« (2. Kor. 4, 17).

TAU = SEGNUNG, WOHLTAT

Der Tau ist eine Gabe des Himmels (1. Mose 27, 28. 39; 5. Mose 33, 13. 28; Dan. 4, 15; Hag. 1, 10; Sach. 8, 12). Darum ist er ein oft gebrauchtes Bild von Segnung und Wohltat.

In Spr. 19, 12 wird Gottes Wohlgefallen »wie Tau auf das Gras« genannt, und der Herr bezeichnet sich selbst in Hosea 14, 5 als »wie der Tau«.

Zu Beginn seiner großen Abschiedsrede wünscht Mose, der Mann Gottes, daß seine Rede wie der Tau fließe (5. Mose 32, 2), und verheißt dem Stamm Joseph, daß sein Land »vom Köstlichsten des Himmels, vom Tau« gesegnet werde (5. Mose 33, 13; vgl. Vers 28).

Das Fehlen von Tau und Regen bedeutet für Palästina ein fluchvolles Verschmachten (2. Sam. 1, 21; 1. Kön. 17, 1; Hag. 1, 10).

Das Haupt des Geliebten (Christi) ist nach Hohel. 5, 2 voll Tau, seine Locken sind voll Tropfen der Nacht, und Jes. 26, 19 redet von einem »Tau des Lichtes«.

Der heilige Überrest, welcher Errettung und Wiederherstellung erfahren darf, wird in Mich. 5, 6 »wie ein Tau vom Herrn« genannt, und in Ps. 110, 3 lesen wir hinsichtlich des messianischen Reiches das Verheißungswort: »Dein Volk wird voller Willigkeit sein am Tage deiner Macht; in heiliger Pracht, aus dem Schoße der Morgenröte wird dir der Tau deiner Jugend kommen.«

TAUBE = REINHEIT, EINFALT

Der Geist Gottes kam auf den Herrn »wie eine Taube» (Matth. 3, 16), und in Mtth. 10, 16 ermahnt Jesus seine Jünger, »einfältig wie die Tauben« zu sein.

Der Geliebte des Hoheliedes vergleicht die Schönheit und die Augen seiner Braut verschiedenemale mit einer Taube, wenn er singt: »Du bist schön, deine Augen sind Tauben« (1, 15), »Meine

Taube im Geklüft der Felsen, laß mich deine Gestalt sehen« (2, 14), »Deine Augen sind Tauben hinter deinem Schleier« (4, 1), »Tue mir auf, meine Schwester, meine Freundin, meine Taube« (5, 2), »Eine ist meine Taube, meine Vollkommene« (6, 9).

Der Prophet fordert das hochmütige Moab auf, »wie die Taube« zu sein, die Städte zu verlassen und in den Felsgegenden zu wohnen (Jer. 48, 28).

Auf die prophetische Bedeutung des Raben und der Taube in Noahs Arche wurde schon hingewiesen (siehe »Rabe«!).

Noch eine umstrittene Stelle sei hier angeführt: Jes. 60, 8. Dort lesen wir: »Wer sind diese, die wie eine Wolke geflogen kommen und gleich Tauben zu ihren Schlägen?« (vgl. Hos. 11, 11). Ohne Zweifel bezieht sich diese Verheißung auf die Endzeit. Ob man in denen, die wie eine Wolke fliegen und gleich Tauben zu ihren Schlägen eilen, wirklich Flugzeuge sehen darf? Es könnte durchaus möglich sein, da im nächsten Vers von Schiffen, einem andern wichtigen Verkehrsmittel, die Rede ist.

TAUFE = IN DEN TOD GEHEN, STERBEN

Nach Röm. 6, 4 ist die Taufe ein Begraben in den Tod. Eigentlich bedeutet taufen ja nichts anderes als ein- oder untertauchen. Wir wollen hier nicht eingehen auf die verschiedenen Arten der Taufen, auf die Stellung, die die Taufe im Königreichsevangelium einerseits und bei der Gemeinde aus den Nationen andererseits einnimmt, auch soll uns nicht die umstrittene Frage von Wasser- und Geistestaufe in unserm engen Rahmen beschäftigen.

Die Lehre vom Taufen zählt nach Hebr. 6, 1. 2 zu den sechs Grundlagen des Glaubenslebens. Wenn schon den Empfängern des Hebräerbriefes, den gläubig gewordenen Priestern, gesagt wurde, daß sie über diese Grundlagen hinauswachsen sollten, wieviel mehr gilt diese Ermahnung uns, den Gliedern des Christus, denen die ganze Fülle Gottes gehört (Eph. 3, 19)!

Die Taufe Jesu im Jordan war, wenn man so sagen darf, ein Gegenstück oder Spiegelbild unserer Taufe. Denn während wir gewissermaßen als Sünder in den Tod der Taufe getaucht und reingewaschen dem Leben wiedergegeben werden (lies Kol. 2, 12!), so war bei dem Herrn genau das Umgekehrte der Fall. Er stieg im Gegensatz zu den Leuten von Jerusalem und Judäa nicht als

Sünder, sondern als völlig Reiner in den Jordan. Dort aber waren, bildlich gesprochen, die vielen Sünden der Hineingetauften. Diese Sünden der andern nahm nun der Herr auf sich. Während also die vor ihm Getauften rein aus der Taufe herauskamen, stieg Jesus mit ihrer Sünde belastet aus dem Todesstrom heraus. Darum konnte auch Johannes nach der Taufe Jesu das gewaltige Wort sprechen: »Siehe, das Lamm Gottes, welches der Welt Sünde hinwegträgt!« (Joh. 1, 29). Die Taufe Jesu war also nicht wie bei uns ein Bild des Abwaschens der Sünde, sondern vielmehr eine symbolische Handlung des Hineingetauchtwerdens in die Schuld der Menschheit und des Aufsichnehmens aller Sünde, die er dann als Lamm (vgl. den Sündenbock in 3. Mose 16!) an das Kreuz trug, um sie dort völlig zu sühnen.

Die Taufe hat, wie schon oben angedeutet, zwei Seiten. Sie ist nicht nur ein negativer Akt, ein Begraben in den Tod, sondern auch ein Mitauferwecktwerden durch den Glauben an die wirksame Kraft Gottes (Kol. 2, 12), ein Erretten durch die Auferstehung Jesu Christi (1. Petr. 3, 21), ja, sie bedeutet sogar ein Anziehen Christi (Gal. 3, 27)!

TIEFE = ANGST, GERICHT

»Deine Gerichte sind eine große Tiefe«, sagt David in Ps. 36, 6, und in Ps. 88, 6 beten die dem Gericht überlieferten Söhne Korahs: »Du hast mich in die tiefste Grube gelegt, in Finsternisse, in Tiefen.«

Offb. 2, 24 spricht von den »Tiefen Satans«, und Petrus schreibt in seinem zweiten Brief von Engeln, welche gesündigt hatten, daß sie in den tiefsten Abgrund hinabgestürzt wurden, um aufbewahrt zu werden für das Gericht (2, 4).

Ob die Schrift in manchen Zusammenhängen unter »Tiefen« nicht Wesen versteht, die sich im Gericht befinden? So lesen wir z. B. in Hab. 3, 10: »Die Tiefe ließ ihre Stimme erschallen, zur Höhe erhob sie ihre Hände.« Kann eine tote Sache, ein lebloses Ding eine Stimme erschallen lassen und die Hände zur Höhe erheben? Das kann doch nur ein Geschöpf! Darum sagt auch Paulus in Röm. 8, 39, daß weder die Tiefe noch irgend ein anderes Geschöpf uns zu scheiden vermag von der Liebe Gottes.

Auch die Tiefen stehen in der Hand dessen, der ein König über alle Götter ist (Ps. 95, 3. 4) und nicht nur in den Himmeln und auf der Erde, sondern auch in den Meeren und in allen Tiefen sein Wohlgefallen ausführt (Ps. 135, 6).

Gott ist ein Wiederbringer aus den Tiefen des Meeres (Ps. 68, 22), und schon David frohlockte darüber, daß der Herr trotz vieler Bedrängnisse und Übel seine Toten aus den Tiefen der Erde wieder heraufführt (Ps. 71, 20).

In Gottes guter Vaterhand werden selbst die Gerichtstiefen zu Segnungen (1. Mose 49, 25; 5. Mose 33, 13), so daß am Ende der Wege Gottes auch die Tiefen der Erde jauchzen (Jes. 44, 23) und die Wasserungeheuer und alle Tiefen ihn lobpreisen werden (Ps. 148, 7).

TIER, VIEH = NATÜRLICHES, SCHÖPFUNGSMÄSSIGES, TRIEBHAFTES

Tiere sind Abbilder des Natürlich-Schöpfungsmäßigen, des Seelisch-Triebhaften.

Der unerrettete Mensch unterscheidet sich auf seinem Weg zum Grab nur wenig von einem Tier, wie wir in Pred. 3, 19 lesen: »Was das Geschick der Menschenkinder und das Geschick der Tiere betrifft, so haben sie einerlei Geschick: wie diese sterben, so sterben jene, und einen Odem haben sie alle; da ist kein Vorzug des Menschen vor dem Tiere; denn alles ist Eitelkeit.«

Von Nebukadnezar sagt die Schrift, daß ihm das Herz eines Tieres gegeben wurde (Dan. 4, 16), und die Weltreiche werden gemäß ihrer inneren Wesensart in Form von Tierbildern dargestellt (Dan. 7, 3—8; Offb. 13, 1—18).

Sicherlich ist es kein Zufall, daß viele Nationen Tiere in ihren Wappen führen oder irgendwie durch Tiere gekennzeichnet sind. Spricht man nicht vom deutschen Adler, vom gallischen Hahn, vom russischen Bären, vom britischen Löwen und vom chinesischen Drachen?

Schon der Volksmund, der ja viele göttliche Wahrheiten ahnt, versinnbildlicht seelische Eigenschaften durch Tiere. Der Löwe ist ein Bild der Herrschaft und des Heldischen (Spr. 30, 30), der Stier stellt die Kraft, der Esel das Ertragen einer Last, das Lamm die Geduld, die Ameise den Fleiß, die Henne den Schutz, die Taube die Reinheit, die Schlange die List und das Roß den Mut dar. Es wäre eine dankbare und aufschlußreiche Arbeit, einmal die Schrift hinsichtlich aller darin vorkommenden Tiere durchzusehen und die Eigenschaften festzustellen, die sie verkörpern.

Gott hat ein Herz für die Tiere und ist um sie besorgt. Das geht aus vielen biblischen Zeugnissen hervor. Denken wir nur daran, daß der Herr auch um der vielen Tiere willen Ninive nicht zerstörte (Jona 4, 11)! »Wie stöhnt das Vieh!« lesen wir in Joel 1, 18 und finden im übernächsten Vers das ergreifende Zeugnis, daß die Tiere des Feldes lechzend zu Gott schreien.

»Menschen und Vieh rettest du, o Herr«, bezeugt David in Ps. 36, 6b und fordert kraft göttlicher Inspiration in Ps. 148, 10 das wilde Getier und alles Vieh, die kriechenden Tiere und das geflügelte Gevögel auf, in das Lob Gottes einzustimmen.

Unser hochmütiges, ungläubiges Herz vermag kaum zu fassen, daß auch einmal das Wort aus Gottes heiligem Munde wahr werden wird, das da verheißt: »Das Getier des Feldes wird mich preisen« (Jes. 43, 20).

TISCH = VERSORGUNG, SEGEN, GEMEINSCHAFT

Durch den Tisch werden Versorgung, Segen und Gemeinschaft bildlich dargestellt. »Sollte Gott in der Wüste einen Tisch zu bereiten vermögen?« sprachen die ungläubigen Juden (Ps. 78, 19), die es dem Herrn nicht zutrauten, daß er sie in der Wüste versorge; und das Bedienen der Tische in Apg. 6, 2 bedeutet die Versorgung der Armen in der Gemeinde.

Der Tisch ist auch ein Bild des Segens. So lesen wir in Hiob 36, 16b, daß Gott den Tisch der Getreuen mit Fett deckt, und Ps. 128, 3b spricht von dem Segen irdischer Fruchtbarkeit, wenn es dort heißt: »Deine Söhne werden gleich Ölbaumsprossen rings um den Tisch sein« (siehe auch Ps. 69, 22; Röm. 11, 9).

Am häufigsten ist vom Tisch als von einem Symbol der Gemeinschaft die Rede. Der erste Tisch, von dem die Bibel berichtet, ist der Schaubrottisch der Stiftshütte (2. Mose 25, 23ff.; 26, 35). Auf diesem Tisch lagen die Schaubrote. Gleichwie nun Christus als Lebensbrot sowohl das Brot Gottes ist, also dem Vater zur Speise dient, als auch unser Brot ist, von dem sich unser Glaube nährt, so ist es auch mit dem Schaubrot. Schaubrot bedeutet Brot des

Vorsatzes oder der Schaustellung (griech.: prothesis). Wie nun der Schaubrottisch mit seinen Broten sowohl von Gott als auch von den Priestern angeschaut wurde und so die Gemeinschaft des Herrn mit seinem Volk mittels der Priester darstellte, so ist es auch mit Gottes Vorsätzen. Gott handelt gemäß seiner eigenen Entschlüsse und Vorsätze, die er in Christo Jesu oder in sich selbst vor Grundlegung der Welt gefaßt hat. Aber nicht nur er, auch wir schauen glaubend und anbetend seine wunderbaren Vorsätze und Liebesratschlüsse an und leben darin und davon. Wir lernen glauben wie Gott glaubt, hoffen wie er hofft und lieben wie der Vater liebt. Im Anschauen seiner selbst werden wir seines ureigenen Wesens teilhaftig und haben so innerste Gemeinschaft mit ihm.

Mephiboseth, der Enkel Sauls, des Feindes Davids, durfte beständig an dessen Tisch essen (2. Sam. 9, 7), d. h. er hatte enge Gemeinschaft mit ihm.

»Du bereitest vor mir einen Tisch im Angesicht meiner Feinde«, frohlockt David in Ps. 23, 5, und in Matth. 8, 11 redet der Herr von den Segnungen des messianischen Reiches als von einem Zu-Tische-Liegen mit den Berufenen.

Die Gemeinschaft mit Dämonen bezeichnet Paulus als teilhaftig sein des Tisches der Dämonen (1. Kor. 10, 21), während der Tisch des Herrn innige Gemeinschaft mit ihm darstellt.

Laßt uns nie vergessen, daß Gottes Tisch allezeit reichlich für uns gedeckt ist, d. h. daß wir Stunde um Stunde seine liebende Versorgung erfahren dürfen und uns des Segens seiner Gemeinschaft erfreuen können!

TÖPFER = SCHÖPFERGOTT

In seiner Eigenschaft als Schöpfer hat Gott es nur mit dem rein Natürlichen zu tun. Alles Geschaffene ist vergänglich und der Verderblichkeit unterworfen. Es muß darum nach Zerbruch und Gericht von Gott gezeugt, aus Gott geboren und durch den Geist neugeschaffen werden.

Gott wird des öftern als Töpfer bezeichnet, und das gerichtsmäßige Zerstören des rein Natürlichen wird mit dem Zerschlagen von Töpfergefäßen verglichen (Ps. 2, 9; Jer. 19, 11; Jes. 30, 14; Offb. 2, 27).

In Röm. 9, 21 nennt Paulus Gott einen Töpfer, der mit dem Ton, seinen Geschöpfen, nach seinem Willen verfahren kann, und Hiob 41, 22 sagt vom Feind: »Er macht die Tiefe (siehe dieses!) sieden wie einen Topf.« Auch Jer. 1, 13 spricht von dem siedenden Topf und meint damit, wie aus dem Zusammenhang hervorgeht, das unter Gericht kommende Israel.

Hes. 24, 6 bezeichnet Jerusalem, die Stadt der Blutschuld, als einen Topf, an dem Rost ist und der nicht von ihm abgeht, und auch Jes. 29, 16 nennt das verkehrte Israel Ton und Gott seinen Töpfer.

Am bekanntesten ist das köstliche Gleichnis von Töpfer und Ton in Jer. 18, 1—6. Es offenbart die wichtige Wahrheit, daß alles Erste der Wege Gottes ein scheinbares Mißlingen ist und erst beim zweitenmal das zuvorbestimmte Ziel erreicht wird.

TOR = RICHTERLICHE WÜRDE UND GEWALT

Die Stadttore waren mit Türmen befestigt (2. Sam. 18, 24. 33). Der freie Platz, der sich innerhalb der Stadttore an die Tore anschloß, war im Morgenland immer der Mittelpunkt des öffentlichen Lebens.

Hier hielten die Ältesten Gericht (5. Mose 16, 18; 2. Sam. 15, 2; Jes. 29, 21; Hiob 29, 7; 31, 21; Spr. 22, 22; Amos 5, 10. 12. 15), und hier wurden Rechtsverträge abgeschlossen (1. Mose 23, 18; Ruth 4).

In diesem Lichte verstehen wir Worte wie 1. Mose 22, 17; 23, 10, wo »das Tor der Feinde« das Gericht über die Feinde bedeutet.

Jesus hat nach Hebr. 13, 12 »außerhalb des Tores« gelitten, d. h. er hat auf alle Würde und Gewalt verzichtet und sich jeglichen Rechtes begeben.

Lazarus lag am Tor des reichen Mannes (Luk. 16, 20). Das bedeutet, daß er völlig dessen Gewalt und richterlichen Entscheidungen unterworfen war.

Während Abraham abgesondert von allen wohnte, saß Lot im Tor Sodoms (1. Mose 19, 1) und quälte sich mit den Gottlosigkeiten der Bewohner (2. Petr. 2, 7. 8).

Klagende und trauernde Tore dieser Schöpfung (Jes. 3, 26) werden dereinst in der Vollendung aus Edelstein bestehen (Jes. 54, 12), und schmachtende Tore (Jer. 14, 2), die öde und in die Erde gesunken sind (Klgl. 1, 4; 2, 9), werden dann beständig offen sein und einen Ruhmesnamen bekommen (Jes. 60, 11. 18). So gestaltet Gott aus Fluchtträgern und Verderbensbringern Segenskanäle und Heilsvermittler für seine Schöpfung.

TÜR = ZUTRITT, EINGANG IN WELTEN UND WAHRHEITEN, DIENSTMÖGLICHKEIT

Die Lichtes- und Herrlichkeitswelt Gottes, sein Reich der Gnade und Liebe, ist uns nur in seinem Sohn zugänglich. Niemand kommt ohne ihn zum Vater. Darum nennt sich Jesus »die Tür« (Joh. 10, 9).

Eine verschlossene Tür bedeutet Ausschluß und Gericht. Gott schloß die Türe der Arche hinter Noah zu (1. Mose 7, 16), und die törichten Jungfrauen werden dereinst vor verschlossener Tür stehen (Matth. 25, 10).

In Offb. 3, 20 lesen wir von der Herzenstür, bzw. von der Tür in die Gemeinde zu Laodizäa, an die der Herr Einlaß bittend klopft.

Die Gemeinde zu Philadelphia hat zwar nur eine kleine Kraft, aber eine vom Herrn geöffnete Tür der Dienstmöglichkeit (Offb. 3, 8).

Apg. 14, 27 redet von der den Nationen geöffneten »Tür des Glaubens«, und der Apostel Paulus spricht dreimal von Möglichkeiten, seinen herrlichen Auftrag auszurichten, als von einer geöffneten Tür:

»Eine große und wirkungsvolle Tür ist mir aufgetan!«
»Mir wurde eine Tür aufgetan im Herrn!«
»Betet, daß Gott uns eine Tür des Wortes auftue!«
(1. Kor. 16, 9; 2. Kor. 2, 12; Kol. 4, 3).

Die durch Engel- und Naturgewalten geöffneten Türen von Apg. 5, 19 und 16, 26 sind prophetische Vorbilder und Hinweise auf die wunderbare Tatsache, daß bei Gott die »Ausgänge vom Tode« stehen (Ps. 68, 20) und er Gefangene ins Glück hinausführt (Ps. 68, 6).

Zur rechten Zeit und Stunde wird er gemäß seiner köstlichen allumfassenden Verheißungen die eisernen Riegel aller Sündengebundenheit und die ehernen Türen jeglicher Gerichtsknechtschaft sprengen und zerschlagen (Ps. 107, 16).

TURM = STÄRKE, SCHUTZ

Bei der Befestigung der Städte spielten Türme, die meist auf der Mauer oder über einem Tor errichtet wurden, eine wichtige Rolle. Sie sind darum ein Bild der Stärke und des Schutzes.

Auf den Türmen standen Wächter und schauten nach Feinden und Gefahren aus (2. Kön. 9, 17; 17, 9; Hab. 2, 1).

Die Eigenkraft und das Selbstvertrauen, die sich beim Turmbau von Babel offenbarten, führten zum Gericht (1. Mose 11, 1—9; vgl. Jes. 2, 15; 30, 25).

In Spr. 18, 10 lesen wir: »Der Name des Herrn ist ein starker Turm; der Gerechte läuft dahin und ist in Sicherheit (oder ist unerreichbar).«

Wer den Namen (besser: die Namen) Gottes weiß, kennt sein urinnerstes Wesen. Darum ist sein Name ein starker Turm, in dem man geborgen, sicher und unerreichbar ist. So bezeugt auch Gott in Ps. 91, 14: »Ich will ihn (den Glaubenden) in Sicherheit setzen, weil er meinen Namen kennt.«

Zutiefst gesehen ist niemand anders als Gott selber der Turm, in den man allezeit fliehen kann und in dem man vor dem Feinde völlig geschützt ist. Deshalb frohlockt der königliche Sänger in Ps. 61, 3: »Du bist mir eine Zuflucht gewesen, ein starker Turm vor dem Feinde.«

UNKRAUT = SATANSKINDER, FLUCH

Unkraut ist ein Bild des Bösen als Gott mißfällige Frucht. Klar und unzweideutig sagt der Herr in Matth. 13, 38: »Das Unkraut sind die Söhne des Bösen.« Dieses Unkraut, eigentlich Taumellolch, sieht dem Weizen sehr ähnlich und kann leicht mit ihm verwechselt werden. Darum gebot der Herr auch den Knechten, mit dem Ausreißen des Unkrautes zu warten, bis beides ausgereift und deutlich zu unterscheiden ist. Dieser Taumellolch ist eine Grasart, deren Körner eine betäubende Wirkung haben können, weil in ihnen durch Wucherung eines Pilzes oft ein gewisses Gift erzeugt wird.

Unkraut ist eine Frucht göttlichen Fluches (1. Mose 3, 17. 18), und Gott klagt darüber, daß auf dem Feld und in den Häusern seines Volkes »Gestrüpp und Dornen« aufschießen (Jes. 32, 13).

Einst kommt die herrliche Verheißungszeit, wo die Wüste gleich Eden und ihre Steppe gleich dem Garten des Herrn werden wird. »Wonne und Freude werden darin gefunden werden, Danklied und Stimme des Gesangs« (Jes. 51, 3), und »keinerlei Fluch wird mehr sein« (Offb. 22, 3a)!

VERWELKEN = ZWECK VERFEHLEN, MISSRATEN, ZUGRUNDE GEHEN

»Der vom Weibe geborene Mensch ist kurz an Tagen und mit Unruhe gesättigt. Wie eine Blume kommt er hervor und verwelkt«, lesen wir in Hiob 14, 1. 2, und von den Gottlosen sagt Bildad, der Schuchiter: »Unten werden seine Wurzeln verdorren, und oben wird sein Gezweig verwelken« (Hiob 18, 16).

Auch David bezeugt von den Übertretern, daß sie wie das Gras schnell hinwelken und wie das grüne Kraut verwelken (Ps. 37, 2).

Gott ruft der zur Hure gewordenen ehemaligen treuen Stadt (Jes. 1, 21) im 30. Vers zu: »Ihr werdet sein wie eine Terebinthe, deren Laub verwelkt ist«, und der Prophet klagt in Jes. 64, 6: »Wir verwelkten allesamt wie ein Blatt, und unsere Missetaten rafften uns dahin wie der Wind«.

Die Unfruchtbarkeit und Gerichtsreife seines Volkes beschreibt Gott mit den Worten: »Wegraffen werde ich sie! Keine Traube am Weinstock und keine Feige am Feigenbaum, und das Blatt ist verwelkt: so will ich ihnen solche bestellen, die sie verheeren werden« (Jer. 8, 13; vgl. Joel 1, 10. 12; Nah. 1, 4).

Nicht nur die Menschen müssen, sei es innerlich durch Buße oder äußerlich durch Gericht, diesen schmerzlichen Weg des Zugrundegehens erleben und erleiden, selbst »alles Heer des Himmels« wird zerschmelzen und wie ein abfallendes Weinstockblatt und ein verwelkendes Feigenblatt zugrunde gehen (Jes. 34, 4).

Welch ein Segen, daß es dereinst Bäume geben wird, deren Blätter nicht verwelken, sondern zur Heilung der Nationen dienen werden (Hes. 47, 12; Offb. 22, 2)!

Von dem wunderbaren Lebensbaum Gottes, dem Christus, steht in Ps. 1, 3 geschrieben, daß sein Blatt nicht verwelkt und daß alles, was er tut, gelingt (oder: glücklich hinausgeführt wird). Wer vermag das in seinem Vollumfang zu fassen!

VOGEL = BÖSER GEIST, FURCHT, FLUCHT

In Matth. 13, 4 spricht der Herr von Vögeln, die den ausgestreuten, guten Samen wegpicken. Der 19. Vers gibt die Erklärung dieses Gleichnisses: »So oft jemand das Wort vom Reich hört und nicht versteht, kommt der Böse und reißt weg, was in sein Herz gesät war.«

Wir wollen in diesem Zusammenhang beachten, daß die Tätigkeit des Feindes in erster Linie nicht darin besteht, daß er die Menschen zu allerlei Tatsünden verführt, sondern daß er einfach kein Verständnis des Wortes Gottes aufkommen läßt! Das gibt uns einen tiefen Einblick in die Art und Weise, wie der Böse arbeitet.

Vögel sind Bilder der bösen Mächte unter dem Himmel. Das erkennen wir aus Offb. 18, 2. Dort lesen wir: »Gefallen, gefallen ist Babylon, die große, und ist eine Behausung von Dämonen geworden und ein Gewahrsam jedes unreinen Geistes und ein Gewahrsam jedes unreinen und gehaßten Vogels.«

Vögel werden auch oft als Symbole der Furcht und der Flucht gebraucht. So lesen wir in Ps. 11, 1: »Fliehet wie ein Vogel nach euerm Berge!« In Ps. 102, 7 steht geschrieben: »Ich bin wie ein einsamer Vogel auf dem Dache«, und in Ps. 124, 7 frohlockt David: »Unsere Seele ist entronnen wie ein Vogel aus der Schlinge des Vogelstellers.« Auch Spr. 6, 5 verknüpft das Bild des Vogels mit dem Gedanken der Furcht und der Flucht: »Reiße dich los ... wie ein Vogel aus der Hand des Vogelstellers!«

»Wie einen Vogel haben mich heftig gejagt, die ohne Ursache meine Feinde sind«, sagt Jeremia in Klgl. 3, 52, und Hosea 11, 11 vergleicht die Furcht der Menschen mit zitternden Vögeln.

Raubvögel helfen, wenn auch gegen ihr eigenes Wissen und gegen ihre scheinbar selbstgefaßten Absichten, die Ratschlüsse Gottes durchführen und all sein Wohlgefallen vollenden. Das ersehen wir z. B. aus Jes. 46, 10. 11, wo Gott bezeugt: »Ich spreche: Mein Ratschluß soll zustande kommen, und all meinen Willen (oder: Wohlgefallen) werde ich vollführen; der ich einen Raubvogel rufe von Osten her, aus fernem Lande den Mann meines Ratschlusses. Ich habe geredet und werde es auch kommen lassen, ich habe entworfen und werde es auch ausführen« (vgl.: Adler!).

Wenn der heilige Sänger in Ps. 148, 10 auch die Vögel auffordert, in das Lob Gottes einzustimmen, so ist das für den Glauben keine orientalische Übertreibung, sondern Inspiration und Prophetie, die in ungeahnter und wunderbarer Weise dereinst auch in Erfüllung gehen wird.

VORHAUT = NATÜRLICHE BOSHEIT, UNREINIGKEIT

Es gibt ein Evangelium der Beschneidung und ein Evangelium der Vorhaut. Das erstere wurde Petrus für die Juden und Judengenossen und das letztere Paulus für die Auswahl aus den Nationen anvertraut (Gal. 2, 7).

Die Vorhaut ist ein Bild der Unreinheit der Nationen, die darum in vielen Zusammenhängen »Unbeschnittene« genannt werden (2. Mose 12, 48; Richt. 14, 3; 15, 18; 1. Sam. 14, 6; 17, 26. 36; 2. Sam. 1, 20; Jes. 52, 1; Jer. 9, 26).

Schon der alttestamentliche Prophet rief den in toten Formen erstarrten Juden zu: »Beschneidet euch für den Herrn und tut hinweg die Vorhäute eurer Herzen, ihr Männer von Juda und ihr Bewohner von Jerusalem, damit mein Grimm nicht ausbreche wie ein Feuer und unauslöschlich brenne wegen der Bosheit euerer Handlungen!« (Jer. 4, 4). Daraus ersehen wir, daß die natürliche Vorhaut nur ein Bild der Bosheit und Unreinigkeit des menschlichen Herzens ist. Darum spricht die Schrift nicht nur von einem Unbeschnittensein am Fleisch, sondern auch von einem Unbeschnittensein an Lippen (2. Mose 6, 12. 30), an Ohren (Jer. 6, 10) und am Herzen (Jer. 9, 26; Apg. 7, 51), d. h. Israels Reden, Hören und Sinnen waren böse und ungereinigt.

Wohl dem, der zu fassen vermag, daß in Christo alle und jede Unreinheit völlig und restlos abgetan ist und daß wir in ihm all das an Lösungen, Segnungen und Herrlichkeiten besitzen, was keine Zeremonie, keine noch so fromme Bemühung und Leistung je zustandebringen könnte!

WAGEN = MACHT, STÄRKE

Der Wagen ist, soweit die Schrift davon berichtet, in erster Linie ein Kampfgerät und steht vielfach mit Krieg, Macht und Stärke in Verbindung (2. Mose 14, 6. 7 u. a. m.). Darum wird auch oft mit dem Abschaffen des Krieges das Verbrennen der Wagen genannt (Ps. 46, 9; Jos. 11, 6. 9; Nah. 2. 4; Micha 5, 9). So sagt z. B. auch Sach. 9, 10: »Ich werde die Wagen ausrotten aus Ephraim und die Rosse aus Jerusalem, und der Kriegsbogen wird ausgerottet werden. Und er wird Frieden reden zu den Nationen, und seine Herrschaft wird sein von Meer zu Meer und vom Strom bis an die Enden der Erde.«

Ist es uns noch nicht aufgefallen, daß der Herr, als er in seiner Erniedrigung auf Erden wandelte, nie auf Wagen, sondern nur in Schiffen fuhr? Das ist weder nebensächlich noch zufällig! Der Wagen ist ein Bild der Macht und der Stärke. Bei seinem ersten Kommen war aber der Herr der unter die Engel Erniedrigte. Darum geziemte es ihm nicht, auf Wagen zu fahren.

Wenn er aber in Macht und Herrlichkeit zum Gericht wiederkommt, dann wird er auf Wolkenwagen thronen (Jes. 66, 15). Dereinst wird auch der wunderbare Gotteswagen von Hesekiel 1, gegen den alle irdischen Wagen armselige Geräte sind, in Erscheinung treten.

Von solchen Engel- und Wolkenwagen lesen wir u. a. in Ps. 68, 17: »Der Wagen Gottes sind zwei Zehntausende, Tausende und aber Tausende ...«, und in Ps. 104, 3 steht geschrieben, daß der Herr die Wolken zu seinem Gefährt macht.

WALD = FLEISCHLICH-SEELISCHE HERRLICHKEIT

Wir fanden, daß der Baum ein Bild des Menschen in seinem natürlichen Wachstum ist. Dementsprechend ist der Wald ein Symbol für Völker und Volksmassen in ihrer fleischlich-seelischen Herrlichkeit, wie wir aus Jes. 10, 18 ersehen, wo geschrieben steht: »Er wird die Herrlichkeit seines Waldes ... von der Seele bis zum Fleische vernichten, daß es sein wird, wie wenn ein Kranker hinsiecht« (lies den ganzen Zusammenhang von Vers 5 ab!).

Da aber das Natürlich-Seelische für Gott unfruchtbar ist (1. Kor. 15, 45—47), so ist der Wald auch ein Abbild der Unfruchtbarkeit. Gott nennt Israels Unfruchtbarkeit einen Wald, wenn er in Hos. 2, 12 droht: »Ich werde ihren Weinstock und ihren Feigenbaum verwüsten, von welchem sie sagte: Diese sind mein Lohn, den mir meine Buhlen gegeben haben. Und ich werde dieselbe zu einem Walde machen, und die Tiere des Feldes werden sie abfressen.« Auch Jer. 26, 18 läßt uns erkennen, daß der Wald ein Bild der

Unfruchtbarkeit ist. Denn dort lesen wir: »Zion wird als Acker gepflügt werden, und Jerusalem wird zu Trümmerhaufen und der Berg des Hauses zu Waldeshöhen werden.«

Weil alles Fleischlich-Seelische dem Gericht verfällt, so wird auch der Wald in vielen Schriftzusammenhängen mit Gericht in Verbindung gebracht. In Ps. 29, 9 lesen wir: »Die Stimme des Herrn entblößt die Wälder«, und Ps. 83, 14. 15 beschreibt das Gericht über die Feinde Gottes mit folgenden Worten: »Wie Feuer den Wald verbrennt, ... also verfolge sie mit deinem Wetter, und mit deinem Sturmwinde schrecke sie hinweg!« Nach Jes. 9, 18 zündet die Gesetzlosigkeit die Dickichte des Waldes an.

Gewaltig ist das Bild vom Gericht über Israel, wie wir es in Jes. 10, 33. 34 aufgezeichnet finden: »Siehe, der Herr der Heerscharen haut mit Schreckensgewalt die Äste herunter; und die von hohem Wuchse werden gefällt, und die emporragenden werden erniedrigt. Und er schlägt die Dickichte des Waldes nieder mit dem Eisen, und der Libanon fällt durch einen Mächtigen.«

Der Prophet erhält vom Herrn folgenden Auftrag: »Sprich zu dem Walde des Südens: ... ich will in dir ein Feuer anzünden, welches jeden grünen Baum und jeden dürren Baum in dir verzehren wird; die lodernde Flamme wird nicht erlöschen, und vom Süden bis zum Norden werden alle Angesichter dadurch versengt werden« (Hes. 21, 3). Sach. 11, 2 bezeugt das vollzogene Gericht: »Heule, Zypresse! denn die Zeder ist gefallen, denn die Herrlichen sind verwüstet. Heulet, Eichen Basans! denn der unzugängliche Wald ist niedergestreckt.«

Im Neuen Testament ist nur einmal vom Wald die Rede, nämlich in Jak. 3, 5. Dort wird uns gesagt, daß die Zunge, so klein sie ist, großes Übel in der Welt anzurichten vermag. Dabei werden die Zunge mit einem Feuer und die Menschen mit einem Wald (oder: großem Holzstoß) verglichen.

Weil aber das Ziel Gottes nicht Vernichtung alles Fleischlich-Seelischen, sondern vielmehr Errettung, Umgestaltung und geistleibliche Vollendung ist, darum finden wir bezüglich des Waldes wunderbare Verheißungen. Greifen wir nur etliche heraus!

David singt von dem kommenden Königreich: »Dann werden jubeln die Bäume des Waldes« (1. Chron. 16, 33), und Gott, der nicht nur Schöpfer, sondern auch Erlöser aller seiner Kreaturen ist, ruft in Ps. 50, 10 aus: »Mein ist alles Getier des Waldes!« In Ps. 96, 12 lesen wir: »Dann werden jubeln alle Bäume des Waldes«, und

Jes. 44, 23 bezeugt im Blick auf die geschehene Erlösung: »Brechet in Jubel aus, du Wald und jeder Baum darin!«

WASCHEN = REINIGEN VON SÜNDEN

Im heißen Orient spielen Waschungen eine viel größere Rolle als bei uns. Von besonderer Bedeutung waren die kultischen Waschungen, die dem Volk, in erster Linie aber der Priesterschaft galten.

Der Herr bekämpfte die pharisäische Veräußerlichung der Waschungen, wie wir in Matth. 15, 2 und Mark. 7, 2—5 lesen.

Schon die Propheten hatten die äußeren Waschungen als Abbild innerer Reinigung von Sünden erkannt. So lesen wir in Jes. 1, 16: »Waschet euch, reiniget euch! Schaffet die Schlechtigkeit euerer Handlungen mir aus den Augen, lasset ab vom Übeltun!«

Jer. 2, 22 steht geschrieben: »Ja, wenn du dich mit Natron wüschest und viel Laugensalz nähmest: schmutzig bleibt deine Ungerechtigkeit vor mir, spricht der Herr«, und in Jer. 4, 14 heißt es: »Wasche dein Herz rein von Bosheit, Jerusalem, damit du gerettet werdest!«

David betet in Ps. 51, 2. 7: »Wasche mich völlig von meiner Ungerechtigkeit, und reinige mich von meiner Sünde ... Entsündige mich mit Ysop, und ich werde rein sein; wasche mich, und ich werde weißer sein als Schnee.« Der Seher auf Patmos singt einen Lobpreis auf »den, der uns liebt und uns von unsern Sünden gewaschen hat in seinem Blut« (Offb. 1, 5), und von der unzählbaren Schar, die aus der großen Drangsal kommt, lesen wir, daß sie ihre Gewänder gewaschen und weiß gemacht hat im Blute des Lammes (Offb. 7, 14).

Selbst schwere Zorngerichte, die bis zur Vertilgung führen, dienen letztlich zum Abwaschen der Schuld. Das ersehen wir z. B. aus Jes. 4, 4, wo geschrieben steht: »... wenn der Herr den Unflat der Töchter Zions abgewaschen und die Blutschulden Jerusalems aus dessen Mitte hinweggefegt haben wird durch den Geist des Gerichts und durch den Geist des Vertilgens.«

Für »waschen« gibt es im Griechischen drei Wörter: plyno, nipto und lyo. Plyno ist das Waschen lebloser Dinge (Offb. 7, 14). Nipto bedeutet so viel wie abspülen und bezeichnet das Reinigen eines Teiles des Körpers (Matth. 6, 17; 15, 2; Mark. 7, 3;

Joh. 9, 7. 11. 15; 13, 5. 6. 8. 10. 12. 14; 1. Tim. 5, 10). Lyo endlich wird gebraucht, wenn es sich um das Baden des ganzen Körpers handelt (Joh. 13, 10; Hebr. 10, 22; 2. Petr. 2, 22; Offb. 1, 5).

Es gibt eine alttestamentliche Schriftstelle, die in der Septuaginta alle drei Ausdrücke bringt: 3. Mose 15, 11. Dort lesen wir: »Jeder, den der Flüssige anrührt, und er hat seine Hände nicht im Wasser »abgespült«, der soll seine Kleider »waschen« und sich im Wasser »baden«, und er wird unrein sein bis an den Abend.«

Von besonderer Wichtigkeit hinsichtlich unseres Glaubensstandes und Glaubenswandels ist Joh. 13, 10: »Wer gebadet ist, hat nicht nötig sich zu waschen, ausgenommen die Füße, sondern er ist ganz rein.« Da wir hier im verfluchten Staub einer gottlosen Welt leben, stehen wir ständig in Gefahr, die Füße zu beschmutzen. Darum müssen wir uns immer wieder reinigen von dauernden Befleckungen. Doch wird durch diese unser grundsätzliches Reinsein in Christo keineswegs angetastet.

Gleichwie der Priester, der zum heiligen Dienst ins Innere der Stiftshütte eintrat, zuerst am ehernen Waschfaß Hände und Füße reinigen mußte, so sollen und dürfen auch wir uns täglich von allem Ungöttlichen hinwegreinigen, um ein heiliges, dem Hausherrn nützliches Gefäß darzustellen (2. Tim. 2, 21).

WEIB = NEIGUNGEN, GRUNDSÄTZE

Das Weib ist die leiblich-seelisch-geistige Ergänzung des Mannes und schattet, da ja der Mann das Weib begehrt und wählt, dessen Neigungen und Grundsätze ab.

1. Kor. 11, 7 sagt, daß das Weib des Mannes Herrlichkeit (Abglanz oder Darstellung) ist, wie der Mann die Herrlichkeit Gottes, d. h. sein Repräsentant ist.

Von drei Frauen Abrahams wird uns berichtet: von Hagar, Sara und Ketura. Was Hagar und Sara abschatten, erklärt uns Paulus in Gal. 4, 21—31. Hagar ist ein Bild der Knechtschaft des Gesetzes, und Sara symbolisiert die Freiheit der Verheißung. Hagar deutet also auf den vergangenen Gesetzeshaushalt hin, während Sara die Gläubigen der Jetztzeit versinnbildlicht.

Was aber bedeutet Ketura? Darüber lesen wir in 1. Mose 25, 1—4. Sie gebar dem Abraham 6 Söhne. Diese hatten zusammen 10 Söhne. Darum ist von 16 Söhnen der Ketura die Rede. Vier ist die

Zahl der Erde, und 16 ist die mit sich selbst vervielfachte 4. Daß die 16 eine Zahl ist, die auf ausgesprochen Gesetzlich-Irdisches hinweist im Gegensatz zum gesetzesfreien Geistig-Geistlichen, ersehen wir z. B. aus dem Vergleich von Vers 19—21 und Vers 22 und 23 in Gal. 5. Dort werden uns eine neunfache Frucht des Geistes, aber 16 Werke des Fleisches genannt. Daß die Werke des Fleisches der von aller Gesetzesknechtschaft freien neunfachen Geistesfrucht vorausgehen und daß von vielen Werken, aber von nur einer Frucht die Rede ist, sei hier nur angedeutet. Das alles ist durchaus nicht belanglos und zufällig, sondern, wie alles in der Schrift, von tiefer Bedeutung.

Während wir in Hagar ein Bild des verflossenen Gesetzeshaushaltes und in Sara ein Symbol der gegenwärtigen Heilszeit sehen, schattet Ketura das messianische Reich mit seinen reichen irdischen Segnungen vor. Von Bedeutung ist dabei 1. Mose 25, 5, wo uns gesagt wird, daß nicht etwa die Söhne der Ketura, sondern vielmehr Isaak, der Sohn der Verheißung, »alles, was Abraham hatte«, erhielt (vgl. Kol. 2, 9. 10; Eph. 3, 19).

Wir erkennen also in Hagar den Gesetzeshaushalt vor Christi Geburt, in Sara die gegenwärtige Gnadenzeit, in der die Gemeinde, der Sohn und Erbe Gottes, zubereitet wird, und in Ketura den zukünftigen Äon des messianischen Königreiches mit seinen irdischen Füllesegnungen.

Betrachten wir noch kurz ein anderes Weib aus dem 1. Buch Mose: die Asnath! Sie ist das einzige Weib Josephs, von dem die Schrift berichtet. Ihr Name bedeutet »Verderben« oder »Todeszeichen«. Joseph ist ohne Zweifel eines der herrlichsten Vorbilder auf Christus. Gleichwie sich nun der geschichtliche Joseph die Asnath zum Weibe wählte, so richtet sich Christi, des wahren Joseph, wunderbare Liebe auf die in Tod und Verderben liegende Schöpfung, um sie für sich zu erwählen und sie all seiner Segnungen teilhaftig werden zu lassen. Solche inneren Zusammenhänge sind für den Glauben gar köstliche und tröstliche Durchblicke, für die er loben und anbeten lernt. Wir sehen also in den Weibern von Abraham und Joseph Neigungen und Grundsätze göttlicher Gnadenwahl enthüllt.

So könnten wir noch andere Frauen betrachten, z. B. die Ehebrecherin Bathseba, die in Verbindung mit der Sünde Davids Israels Fluch und Schande vorschattet, ferner Salomos tausend Weiber, ein Vorbild auf die Fülle der Nationen, die er, als er alt geworden war, in die gleiche Segensstellung erhöhte wie sein erstes Weib u. a. m.

Gott gebe uns erleuchtete Augen des Herzens, daß uns immer tiefere und herrlichere Wahrheiten aus seinem unerschöpflichen Wort erschlossen werden und wir nicht solchen gleichen, die blind und taub, träge und satt an den unerforschlichen Reichtümern der Schrift vorbeigehen!

WEIDE = ERQUICKUNG, VERSORGUNG

Das Weiden und Hüten der Herde ist ein oft gebrauchtes Bild der Erquickung und der Versorgung in irdischer und geistlicher Hinsicht.

Den Märtyrern der Drangsalszeit ist verheißen, daß das Lamm sie weiden und zu Lebensquellen leiten wird (Offb. 7, 17); Micha 5, 3 sagt von dem aus Bethlehem-Ephrata stammenden Messias, daß er seine Herde weiden wird in der Kraft Gottes, in der Hoheit des Namens des Herrn, seines Gottes, so daß die Seinen in Sicherheit wohnen; und Hes. 34, 14 verheißt den zerstreuten Schafen des Volkes Gottes fette Weide und gute Trift (vgl. Joh. 10, 9).

In Spr. 10, 21a lesen wir das feine Wort: »Die Lippen des Gerechten weiden viele.« Jes. 65, 25 kennzeichnet das messianische Friedensreich durch die Verheißung: »Wolf und Lamm werden beisammen weiden.«

Petrus erhält in Joh. 21, 15—17 den Auftrag, die Herde Christi zu weiden, und Paulus gibt in Apg. 20, 28 den Ältesten zu Ephesus die Anweisung, die Gemeinde Gottes zu hüten.

Bezüglich des Lohnes für geistliche Dienste fragt der Apostel in 1. Kor. 9, 7: »Wer weidet eine Herde und ißt nicht von der Milch der Herde?« (Beachte aber den ganzen Zusammenhang von Vers 1—18!).

Petrus ermahnt in seinem ersten Brief in 5, 2 die Ältesten, die geistliche Versorgung der Gemeinde nicht um schändlichen Gewinnes willen, sondern freiwillig und in herzlicher Bereitschaft auszuüben.

Falsche Hirten weiden sich selbst (Hes. 34, 2). Auch Judas 12 spricht von eingeschlichenen falschen Brüdern, die sich selbst weiden.

Die Schrift kennt auch ein Weiden als Gerichtshandlung (vgl. Hes. 34, 16). Der Tod weidet im Scheol die dahingestreckten Toren (Ps. 49, 14), und Offb. 2, 27 und 12, 5 sprechen davon, daß der Herr gottlose Nationen dereinst mit eiserner Gerichtsrute weiden wird.

Möchten wir Hirten nach dem Herzen Gottes sein, die die anvertraute Herde mit Erkenntnis und Einsicht weiden, wie in Jer. 3, 15 verheißen ist: »Ich werde euch Hirten geben nach meinem Herzen, und sie werden euch weiden mit Erkenntnis und Einsicht.«

WEIN = FREUDE

»Der Wein erfreue des Menschen Herz!« lesen wir in Ps. 104, 15, und aus Richt. 9, 13 ersehen wir, daß er nicht nur die Menschen, sondern auch die Götter, d. h. die Engel erfreut.

Menschen mit betrübter Seele sollen Wein bekommen (Spr. 31, 6), damit sie wieder fröhlich werden; aber die Freude, die Gott ins Herz zu geben vermag, ist größer als die zur Zeit des Mostes (Ps. 4, 7). »Wein erheitert das Leben«, sagt Pred. 10, 19, und in Sach. 10, 7 lesen wir von den Ephraimiten: »Ihr Herz wird sich freuen wie vom Wein.«

Diese mannigfachen Belege zeigen uns, daß der Wein ein häufig gebrauchtes Bild der Freude ist. Darum ist auch die Weinlese ein Freudenfest, bei dem gejubelt und gejauchzt wird (Jes. 16, 10).

Die Schrift redet auch vom Wein als von einem Heilfaktor, wie ja echte, wahre Freude Leib, Seele und Geist belebt. So goß der barmherzige Samariter Öl und Wein (ein Bild des Geistes Gottes und der Freude; vgl. Apg. 13, 52: »Die Jünger wurden mit Freude und Heiligem Geist erfüllt!«) in die Wunden des unter die Räuber Gefallenen, und Paulus gebot seinem geistlichen Sohn Timotheus, um seines Magens und seines häufigen Unwohlseins willen ein wenig Wein zu gebrauchen (1. Tim. 5, 23).

In Jes. 55, 1 bietet Gott Dürstenden und Besitzlosen Wein und Milch, also Freude und Glaubensnahrung (siehe »Milch«!) an.

In Offb. 6, 6 wird dem Reiter auf dem schwarzen Pferd, der die Teuerung darstellt, geboten: »Das Öl und den Wein beschädige nicht!« Was will uns das sagen? Auch wenn Not und Teuerung kommen, so dürfen die Mächte, die die Welt bewegen, den in den

Gläubigen wohnenden Heiligen Geist und ihre tiefe innere Freude nicht antasten.

Wohl uns, wenn wir das in seliger Gewißheit glauben, festhalten und erfahren dürfen!

WEIZEN = GÖTTLICHE FRUCHT, CHRISTUS

Der Weizen ist ein Abbild göttlicher Frucht. Darum sagt Mark. 4, 28: »Die Erde bringt von selbst Frucht hervor, zuerst Gras, dann eine Ähre, dann vollen Weizen in der Ähre.«

Während der Herr die wertlose Spreu mit unauslöschlichem Feuer verbrennen läßt, sammelt er die gottgefällige Frucht des Weizens in die Scheunen (Matth. 3, 12; 13, 30).

Gott will sein Volk im Falle des Gehorsams mit dem Fette des Weizens speisen, wie in Ps. 81, 13. 16; 147, 14 verheißen ist, d. h. er will ihm reiche Frucht schenken.

Der Apostel Paulus vergleicht in 1. Kor. 15, 35—37 unsern Leib mit einem Weizenkorn. Die Auferstehung wird die herrliche Pracht offenbaren, die durch das Sterben des Weizenkorns geschaffen wird.

Die gleichen, überaus wichtigen Grundgedanken göttlicher Fruchtbarkeit bezeugt der Herr in Joh. 12, 24. 25, wo er sagt: »Wahrlich, wahrlich, ich sage euch: Wenn das Weizenkorn nicht in die Erde fällt und stirbt, bleibt es allein; wenn es aber stirbt, bringt es viel Frucht. Wer sein Leben liebt, wird es verlieren; und wer sein Leben in dieser Welt haßt, wird es zum ewigen Leben bewahren.«

Das doppelte »Wahrlich« oder »Amen«, das diese Worte einleitet, weist auf ihre große Wichtigkeit hin. Wer ist das in die Erde fallende, sterbende Weizenkorn? Wer ist der, der im Vollsinn des Wortes »viel Frucht« bringt? Niemand anders als der Herr selbst! Aber auch alle die Seinen werden mehr oder weniger gleiche Wege geführt, wenn auch die Rettungs- und Zubereitungsmethoden irdischer Heilskörperschaften überwiegend gerichtlicher Art, die der Gemeinde, des Leibes des Christus, hingegen ausgesprochen gnadenmäßig sind.

Möchte auch dein und mein Leben die gottgemäße, ihm wohlgefällige Frucht zeitigen!

WELLE, WOGE = UNGESTÜM, UNBESTÄNDIGKEIT, ZWEIFEL

Wellen und Wogen sind oft Bilder von Zweifel und Unbeständigkeit, von Trotz und Ungestüm. Darum sagt Jak. 1, 6: »Der Zweifelnde ist gleich einer Meereswoge, die vom Winde bewegt und hin und her getrieben wird.«

Jud. 13 vergleicht eingeschlichene Gottlose, die sogar an den Liebesmahlen der jüdisch-christlichen Urgemeinden teilnahmen, als wilde Meereswogen, die ihre eigenen Schändlichkeiten ausschäumen.

Weil Babel andere Völker bedrückte, wird ihm Gericht angedroht. Jer. 51, 42 schildert dieses Gericht im Bild einer ungestümen Meerflut: »Das Meer ist heraufgestiegen über Babel; mit seiner Wellen Brausen ist es bedeckt.«

Da Gott letztlich alles nach seinem Willen lenkt und leitet, so benützt er auch »das Brausen der Wellen, das Getümmel der Völkerschaften« (Ps. 65, 7) für seine Gerichtspläne. »Ich bin der Herr, dein Gott, der das Meer erregt, und seine Wogen brausen«, sagt er in Jes. 51, 15; und das gleiche Selbstzeugnis finden wir in Jer. 31, 35.

In Hes. 26, 3 vergleicht Gott das Heraufführen vieler ungestümer Nationen zum Strafgericht an Tyrus mit einem Meer, wenn es seine Wellen herbeibringt. Aber die Völker können und dürfen nicht tun, was sie wollen, sondern sind, auch wenn sie es nicht wissen. Gottes Zucht und Willen unterworfen. Darum sagt er in Jer. 5, 22: »Wollt ihr mich nicht fürchten und vor mir nicht zittern, der ich dem Meere Sand zur Grenze gesetzt habe, eine ewige Schranke, die es nicht überschreiten wird; und es regen sich seine Wogen, aber sie vermögen nichts, und sie brausen, aber sie überschreiten nicht.« Nach Hiob 38, 11 spricht Gott zu dem brausenden Meer, dessen Windeln und Gewänder Gewölk und Wolkendunkel sind (Vers 8 und 9): »Bis hierher sollst du kommen und nicht weiter, und hier sei eine Schranke gesetzt dem Trotze deiner Wellen.«

Nicht die Wogen und Wirren des Weltgeschehens, nicht die Ängste und Zweifel unseres eigenen törichten Herzens sind richtunggebend für unsern inneren Menschen, sondern die unwandelbare Liebe und Treue dessen, der stärker ist als das Brausen und Wüten der Stürme in und um uns.

WIND, STURM = GEISTESSTRÖMUNG IN GERICHT ODER GNADE

Gericht, Unglück und Schrecken werden oft durch Sturm und Wind dargestellt. So sagt David in Ps. 55, 8: »Ich wollte eilends entrinnen vor dem heftigen Winde, vor dem Sturme«, und Spr. 1, 27 spricht von der Zeit, »wenn euer Schrecken kommt wie ein Unwetter und euer Unglück hereinbricht wie ein Sturm, wenn Bedrängnis und Angst über euch kommen.«

Jes. 10, 3 fragt das ungehorsame Volk: »Was wollt ihr tun am Tage der Heimsuchung und beim Sturme, der von ferne daherkommt?« Der herannahende Feind wird in Jes. 21, 1 mit daherfliegenden Stürmen verglichen, und Jer. 25, 32 steht geschrieben: »Siehe, Unglück geht aus von Nation zu Nation, und ein gewaltiger Sturm macht sich auf von dem äußersten Ende der Erde.«

Gerichtsstürme sind eine ernste Sprache Gottes, wie denn auch Hiob 38, 1 und 40, 1 davon sprechen, daß der Herr im Sturme redet. In Ps. 50, 3 lesen wir: »Unser Gott kommt, und er wird nicht schweigen; Feuer frißt um ihn her, und rings um ihn stürmt es gewaltig«, und in Ps. 83, 15 bittet Asaph bezüglich der Feinde Gottes: »Verfolge sie mit deinem Wetter, und mit deinem Sturmwinde schrecke sie hinweg!«

Auch der verderbende Sturmwind ist ein Werkzeug Gottes, wie Jes. 28, 2 bezeugt: »Siehe, der Herr hat einen Starken und Mächtigen, gleich einem Hagelwetter, einem verderbendem Sturmwinde; wie ein Wetter gewaltiger, überflutender Wasser reißt er zu Boden mit Macht.« Ferner sagt Hes. 13, 13: »Darum, so spricht der Herr: Ich will einen Sturmwind losbrechen lassen in meinem Grimm, und ein überschwemmender Regen wird kommen in meinem Zorn, und Hagelsteine im Grimm, zur Vernichtung.« »Elende, Sturmbewegte und Ungetröstete« nennt Gott sein unter Gerichtsschlägen leidendes Volk Israel (Jes. 54, 11).

Der Sturm arbeitet nicht nach eigenem Willen, sondern wird »bestellt«, wie Ps. 107, 25 geschrieben steht: »Er spricht und bestellt einen Sturmwind, der hoch erhebt seine Wellen.« Nahum 1, 3 sagt uns, daß Sturmwind und Ungewitter Wege Gottes sind, und Amos 4, 13 spricht davon, daß G o t t »den Wind schafft«.

So furchtbar aber auch die Gerichtsstürme waren, sind und in der Endzeit sein werden, — es gibt köstliche Zusagen, die hinsichtlich aller Stürme im weiten Weltenall im Vollumfang gelten, mögen wir sie sachlich in der Natur, persönlich in unserem Herzen, prophetisch für Israel und die Völkerwelt oder symbolisch für die gottwidrigen Mächte fassen.

Ps. 107, 29 bezeugt von Gott: »Er verwandelt den Sturm in Stille, und es legen sich die Wellen.« In Jer. 30, 23. 24 lesen wir von einem »sausenden Sturmwind«, der auch »Zornglut des Herrn« genannt wird. Er wird sich »wenden« (oder umkehren), wenn er die Herzensgedanken Gottes ausgeführt haben wird. Und diese Gedanken sind erstens sehr tief (Ps. 92, 5), zweitens »köstlich« (Ps. 139, 17) und drittens »Gedanken des Friedens und nicht zum Unglück«, sondern um »Ausgang und Hoffnung zu gewähren« (Jer. 29, 11). Welch gewaltige Ausblicke geben doch solche oft so unscheinbaren Worte!

Nicht nur gerichtsmäßige und auf Irrtum und Bosheit beruhende Geistesströmungen innerhalb der Gemeinde (Eph. 4, 14) werden durch Sturm und Wind dargestellt, auch das Wirken und Walten des Geistes Gottes wird manchmal mit dem Wehen des Windes verglichen. Denken wir nur an Joh. 3, 8: »Der Wind weht, wo er will, und du hörst sein Sausen; aber du weißt nicht, woher er kommt und wohin er geht; also ist jeder, der aus dem Geist geboren ist.« Oder erinnern wir uns an das Pfingsterlebnis der Jünger Jesu, wo das Wirken des Heiligen Geistes mit dem Daherfahren eines gewaltigen Windes verglichen wird (Apg. 2, 2)!

Sowohl der Nordwind der Gerichte als auch der Südwind der Gnade müssen mitwirken, daß der Wohlgeruch des Gartens unseres Herzens träufle und Christus an und in uns eine ihm wohlgefällige Frucht finde (Hohel. 4, 16).

WITWE = VEREINSAMUNG, ELEND, SCHANDE

Jes. 54, 4 spricht von der »Schande der Witwenschaft« des Volkes, und Jeremia ruft in Klgl. 1, 1 aus: »Wie sitzt einsam die volkreiche Stadt; ist einer Witwe gleich geworden die Große unter den Nationen!«

Das üppige, selbstsichere Babel glaubt die Schmach der Witwenschaft nicht erdulden zu müssen und spricht in ihrem Herzen: »Ich bin's, und gar keine sonst! ich werde nicht als Witwe sitzen, noch Kinderlosigkeit kennen« (Jes. 47, 8; Offb. 18, 7).

Weil die Witwe ein Bild der Schmach und Schande ist — denn eine Witwe konnte nicht mehr das geheime Ziel aller israelitischen Mütter, den Messias zu gebären, erreichen —, darum durfte ein Priester keine Witwe heiraten, wie 3. Mose 21, 14 geschrieben steht.

Aber gerade deshalb, weil Witwenschaft Vereinsamung, Elend und Schande abschattet, ist Gott in besonderer Weise um die Witwen besorgt und bedroht alle die mit Gericht und Strafe, die Witwen und Waisen bedrängen und bedrücken. Außer sehr vielen Stellen des Alten Testaments spricht auch das Neue davon. Denken wir nur an 1. Tim. 5, 3. 16 und Jak. 1, 27!

Ja, weil Gott gerade das erwählt und zur Durchführung seiner Heilspläne benützt, was töricht, schwach, verachtet, ja nichts ist (1. Kor. 1, 27. 28), so gefiel es ihm auch je und je wohl, Witwen als Vermittlerinnen seiner Segnungen zu gebrauchen. So sagte er zu dem Propheten Elias: »Mache dich auf, gehe nach Zarpath, das zu Zidon gehört und bleibe daselbst; siehe, ich habe daselbst einer Witwe geboten, dich zu versorgen« (1. Kön. 17, 9).

Wenn dereinst alles neu geworden ist (Offb. 21, 5), dann wird es auch keine Witwenschaft in geistig-geistlichem Sinn mehr geben, sondern es wird für alle Schöpfung ganz und gar wahr geworden sein, was wir in Jer. 33, 11 lesen: »Es wird wiederum gehört werden die Stimme der Wonne und die Stimme der Freude, die Stimme des Bräutigams und die Stimme der Braut, die Stimme derer, welche sagen: Lobet den Herrn der Heerscharen, denn der Herr ist gütig, denn seine Güte währt ewiglich! die Stimme derer, welche Lob in das Haus des Herrn bringen.«

WOLF = VERFOLGUNG, GRAUSAMKEIT

»Der Wolf raubt und zerstreut«, sagt der Herr in Joh. 10, 12, und der sterbende Jakob weissagt in 1. Mose 49, 27: »Benjamin ist ein Wolf, der zerreißt; am Morgen verzehrt er Raub, und am Abend verteilt er Beute.«

Diese Verheißung hat sich zuletzt auch an Paulus erfüllt. Zweimal betont der Apostel, daß er dem Stamm Benjamin entsproßt (Röm. 11, 1; Phil. 3, 5). Auch er war am Morgen seines Lebens ein Räuber, ein Zerstörer der Gemeinde, so daß er sich den größten der Sünder nennt (1. Tim. 1, 15). Aber an seinem Lebensabend verteilte er reiche Beute aus der Fülle der ihm anvertrauten Gottesgeheimnisse.

Bezüglich Israels sagt Gott: »Seine Fürsten in ihm sind wie Wölfe, die Beute zerreißen« (Hes. 22, 27), und der Herr warnt in Matth. 7, 15 seine Jünger: »Hütet euch aber vor den falschen Propheten, die in Schafskleidern zu euch kommen, inwendig aber sind sie reißende Wölfe.«

Während Jesus die Seinen als wehrlose Lämmer bezeichnet, nennt er die Feinde Wölfe (Luk. 10, 3), und Paulus spricht von Irrlehrern und bösen Arbeitern, als von »verderblichen Wölfen«, welche sich in die Gemeinde Jesu Christi einschleichen (Apg. 20, 29).

Auch hinsichtlich des Wolfsprinzips der Grausamkeit und Verfolgung gibt die Schrift herrliche Verheißungen. »Der Wolf wird bei dem Lamme weiden«, sagt Jes. 11, 6 bezüglich der Zeit, da das »Reis aus dem Stumpfe Isais« die gottverordnete Frucht der Gerechtigkeit und Treue bringt.

Jes. 65, 25 spricht ebenfalls davon, daß Wolf und Lamm, die Bosheitsmächte und der Christus, beisammen weiden werden und deutet damit an, daß einmal alle Feindschaft abgetan sein wird, was ja auch 1. Kor. 15, 25 und 26 klar verheißt.

WOLKE = SEGENSGEGENWART, FLÜCHTIGKEIT, VERGÄNGLICHKEIT

Die Wolke wird öfter als Bild der Segensgegenwart, aber auch als Symbol der Flüchtigkeit und Vergänglichkeit gebraucht.

»Die Herrlichkeit des Herrn erschien in der Wolke« (2. Mose 16, 10) und »rief Mose aus der Wolke« (2. Mose 24, 16). »Die Wolke bedeckte das Zelt der Zusammenkunft« (2. Mose 40, 34) und »war über ihnen« (4. Mose 10, 34). »Der Herr kam in der Wolkensäule hernieder« (4. Mose 12, 5), und das Weichen der Wolke bedeutete Fluch und Krankheit (4. Mose 12, 10). Wir sehen also, daß die Segensgegenwart und Leitung Gottes oft durch eine Wolke versinnbildlicht wird (Neh. 9, 12; Ps. 99, 7; Matth. 17, 5).

»Wohlgefallen ist wie eine Wolke des Spätregens«, lesen wir in Spr. 16, 15, und das Kommen des Herrn wird manchmal mit einer Wolke in Verbindung gebracht (Luk. 21, 27; Apg. 1, 9; Offb. 1, 7).

Wolken sind aber auch öfter Sinnbilder der Vergänglichkeit. So spricht Judas 12 von Gottlosen als von »Wolken ohne Wasser, von

Winden hingetrieben«, und in Hiob 7, 9 wird das Sterben der Menschen mit einer schwindenden, dahinfahrenden Wolke verglichen. Auch sein entschwundenes Heil versinnbildlicht der Dulder aus Uz durch eine vorübergezogene Wolke (Hiob 30, 15), und der Prediger nennt die Beschäftigung mit Nichtigkeiten ein Hinschauen auf Wolken (11, 4).

Hosea sagt von wertloser Frömmigkeit, sie sei »wie die Morgenwolke« (Hos. 6, 4) und nennt auch die Götzendiener »wie die Morgenwolke« (13, 3).

Mögen wir nun die Wolke als Bild der Segnung oder der Vergänglichkeit fassen, immer untersteht sie, wie alles und jedes Ding und Geschöpf der weltallweiten Kreatur, Gottes Willen und Gebot. Darum sagt der Herr in Jes. 5, 6: »Ich will den Wolken gebieten«, und Ps. 78, 23 bezeugt: »Er hatte den Wolken oben geboten.«

WOLLE = REINHEIT

Wenn wir in der Schrift von Wolle lesen, so finden wir, daß sie meist als weiß oder rein bezeichnet wird. Der Psalmist sagt von Gott, daß er »Schnee gibt wie Wolle« (147, 16), und in Jes. 1, 18 lesen wir: »Wenn euere Sünden wie Scharlach sind, wie Schnee sollen sie weiß werden; wenn sie rot sind wie Karmesin, wie Wolle sollen sie werden.«

Dan. 7, 9 berichtet uns: »Ich schaute, bis Throne aufgestellt wurden und ein Alter an Tagen sich setzte: sein Gewand war weiß wie Schnee, und das Haar seines Hauptes wie reine Wolle«, und Offb. 1, 14 sagt vom Herrn, daß sein Haupt und seine Haare »weiß wie weiße Wolle und wie Schnee« waren.

Aus diesen Zusammenhängen ersehen wir, daß Wolle oft als Bild der Reinheit gebraucht wird.

WURM = VERÄCHTLICHKEIT, ARMSELIGKEIT, ZUSCHANDENWERDEN

Im Gegensatz zu Mond und Sternen, den Bildern für Engelmächte, wird der Mensch wegen seiner Armseligkeit als Wurm und Made bezeichnet (Hiob 25, 6). So betet auch der Gekreuzigte in Ps. 22, 6: »Ich aber bin ein Wurm und kein Mann.«

Der Überrest des Volkes heißt in Jes. 41, 14 »Wurm Jakob«, und Hab. 1, 14 sagt uns, daß Gott den Menschen macht »wie das Gewürm, das keinen Herrscher hat.«

Um seinem törichten Propheten eine Lehre zu erteilen, »bestellte Gott einen Wurm« (Jona 4, 7), und im Tal Hinnom bei Jerusalem dienten zum Verzehren des Unrates und der Leichen dorthin geworfener Verbrecher ein fortwährend brennendes Feuer und immer nagende Würmer. Das wird auch später wieder so sein (Jes. 66, 24).

Der hochmütige Herodes, der sich vom Volk als Gott verehren ließ, verschied, »von Würmern gefressen« (Apg. 12, 21—23).

Aus diesen Zusammenhängen ersehen wir, daß der Wurm Verächtlichkeit und Zuschandenwerden kennzeichnet. Doch gilt gerade solch armseligen »Würmern« Gottes wunderbares »Fürchte dich nicht!« wie wir in Jes. 41, 14 lesen: »Fürchte dich nicht, du Wurm Jakob, du Häuflein Israel; ich helfe dir, spricht der Herr, und dein Erlöser ist der Heilige Israels.«

WURZEL = URSPRUNG, FESTIGKEIT, ÜBERREST

In Jes. 53, 2 wird der Herr »ein Wurzelsproß aus dürrem Erdreich« genannt. Das dürre Erdreich ist das unfruchtbare Israel, aus dem Christus dem Fleische nach kam.

Röm. 11, 16 spricht von der heiligen Wurzel des Menschheitsbaumes, die für die Heiligkeit der Zweige, der anderen Völker, garantiert, und Jer. 17, 7. 8 redet von Christus als dem gesegneten Mann, der auf Gott vertraut (vgl. Matth. 27, 43) und dessen Wurzeln am Bache, d. h. in Gott sind.

Auch unser Ursprung ist in Gott. Die »starken Wurzeln unserer Kraft« sind letztlich nirgends anders als »in ihm«, wie Kol. 2, 7 bezeugt.

Wurzeln sind ein Bild der Festigkeit. Darum kleidet der Täufer seine Gerichtsbotschaft an Israel, das dem Gericht politischer und religiöser Entwurzelung und Zerstörung preisgegeben wird, in die Worte: »Schon ist die Axt an die Wurzel der Bäume gelegt; jeder Baum nun, der nicht gute Frucht bringt, wird abgehauen und ins Feuer geworfen« (Matth. 3, 10). Was aber keine Wurzel hat, verbrennt und verdorrt (Matth. 13, 6). So ergeht es Israel bis zur Stunde.

Die Wurzel wird aber auch als Symbol des Überrestes gebraucht. Darum lesen wir in Dan. 4, 15 von dem Wurzelstock, der in der Erde gelassen werden soll, und in Hiob 14, 7—9 steht geschrieben: »Für den Baum gibt es Hoffnung: wird er abgehauen, so schlägt er wieder aus, und seine Schößlinge hören nicht auf. Wenn seine Wurzel in der Erde altert und sein Stumpf im Boden erstirbt, vom Dufte des Wassers sproßt er wieder auf und treibt Zweige wie ein Pflänzling.« Auch dieses Wort hat, wie jedes Zeugnis in der Schrift, sinnbildliche und prophetische Bedeutung.

»Die Wurzel des Gerechten wird nicht erschüttert werden«, sagt Spr. 12, 3b. Jes. 27, 6 enthält die herrliche Verheißung, daß selbst Völker unter dem Fluch Wurzeln schlagen, blühen und knospen und die Fläche des Erdkreises mit Früchten füllen werden. Jes. 37, 31. 32 bestätigt diese Gotteszusage mit folgenden Worten: »Das Entronnene ..., das übrig geblieben ist, wird wieder wurzeln nach unten und Frucht tragen nach oben ... Der Eifer des Herrn der Heerscharen wird solches tun.«

WÜSTE = UNFRUCHTBARKEIT, JAMMER, GOTTESFERNE

Die Wüste ist ein treffendes Bild der Unfruchtbarkeit, des Jammers und der Gottesferne. Gleicht nicht oft auch unser Leben, selbst nachdem wir die Errettung aus dem Ägypten der Finsternis erfahren haben, einer Wüstenwanderung? Steht nicht in 1. Kor. 10, 6 geschrieben: »Diese Dinge aber (Israels Wüstenzug) sind als Vorbilder für uns geschehen, daß wir nicht nach bösen Dingen gelüsten, gleichwie auch jene gelüsteten?« Und bestätigt das nicht Vers 11 des gleichen Kapitels: »Alle diese Dinge aber widerfuhren jenen als Vorbilder und sind geschrieben worden zu unserer Ermahnung, auf welche die Enden der Zeitalter gekommen sind?« Die Welt, die wir während unseres Leibeslebens zu durchpilgern haben, ist in Bezug auf Gott tot und wird darum »Wüste« genannt.

»Er hat mich zur Wüste gemacht, siech den ganzen Tag«, sagt der weinende Prophet in Klgl. 1, 13b, und Hohel. 8, 5 schreibt von der Braut, daß sie, wenn sie dereinst aus der Wüste der Gottesferne kommt, sich auf ihren Geliebten, Christus, lehnt.

Während Isaak, das Vorbild der Verheißung, am Brunnen lebendiger Wasser weilte (1. Mose 25, 11), wohnte der finstere Ismael, das Symbol fleischlicher Gesetzlichkeit (Gal. 4), in der Wüste (1. Mose 21, 20).

Der Unglaube fragt: »Sollte Gott in der Wüste einen Tisch zu bereiten vermögen?« (Ps. 78, 19). Aber gerade in der Wüste kann Gott zu unsern Herzen reden (Hos. 2, 14) und uns Gnade schenken (Jer. 31, 2).

Wer ist im letzten und tiefsten Grunde der Sündenbock, der mit der Schuld des ganzen Volkes beladen und in die Wüste geschickt wird (3. Mose 16, 10. 21. 22)? Es ist Christus, der die Sünde der Welt trägt (Joh. 1, 29)!

Auch für die Wüste gibt es herrliche Verheißungen. Wenn Gottes Geist ausgegossen wird, werden selbst die »ewigen Höhlen« und die Wüste zum Fruchtgefilde (Jes. 32, 14. 15); in Jes. 35, 1. 6b lesen wir: »Die Wüste und das dürre Land werden sich freuen, und die Steppe wird frohlocken und aufblühen wie eine Narzisse ...; denn es brechen Wasser hervor in der Wüste und Bäche in der Steppe«, und Jes. 51, 3 bezeugt: »Der Herr tröstet alle ihre Trümmer; und er macht ihre Wüste gleich Eden, und ihre Steppe gleich dem Garten des Herrn. Wonne und Freude werden darin gefunden werden, Danklied und Stimme des Gesanges.«

ZEDER = GLÜCKSELIGKEIT, SCHÖNHEIT, UNVERWESLICHKEIT

Das wohlriechende Holz der Zeder ist vor Wurmfraß sicher und wurde deshalb zum Tempelbau benützt (2. Sam. 7, 7; 1. Kön. 6, 9. 18. 36; 7, 12). Darum spricht auch der heilige Sänger von »Zedern Gottes« (Ps. 80, 10).

»Gleich Zedern am Gewässer« nennt Bileam die Wohnungen des Volkes (4. Mose 24, 6), und Ps. 92, 12 vergleicht den Gerechten mit einer Zeder auf dem Libanon.

In Hohel. 5, 15 sagt die Braut von ihrem Geliebten, seine Gestalt sei »auserlesen wie die Zedern« und will damit seine Schönheit hervorheben. Hes. 31, 3 bezeugt von dem stolzen und glücklichen Weltreich Assyrien: »Siehe, Assur war eine Zeder auf dem Libanon, mit schönen Zweigen, ein schattendes Dickicht und von hohem Wuchs; und sein Wipfel war zwischen den Wolken.«

Wenn auch diese Assurzeder wegen ihres Stolzes gefällt und vernichtet wurde (lies das ganze Kapitel!), so wird dennoch am Ende wahr werden, was der inspirierte Sänger sagt, wenn er in Ps. 148, 9 »alle Zedern« auffordert, Gott zu loben.

ZEPTER = GEWALT, VOLLMACHT, REGENTSCHAFT

Das Zepter oder der Herrschaftsstab wird meistens als Sinnbild der Regentschaft und Gewalt gebraucht. In 1. Mose 49, 10 steht geschrieben: »Nicht weichen wird das Zepter von Juda noch der Herrscherstab zwischen seinen Füßen hinweg, bis daß Schilo kommt, und ihm werden die Völker gehorchen.«

In dieser Weissagung wird die gewaltige Zeitspanne von zweitausend Jahren zwischen dem ersten und dem zweiten Kommen des Herrn überbrückt und nicht besonders genannt. Das ist in vielen Fällen so, da ja die gegenwärtige Haushaltung ein »Geheimnis« ist, das nur dem Apostel Paulus anvertraut war, niemals aber klarer Lehrgegenstand nichtpaulinischer Schriften ist.

Die Zeit der verheißenen Christusherrschaft wird verschiedene Male mit einem Zepter in Verbindung gebracht. So lesen wir in 4. Mose, 24, 17: »Ich sehe ihn, aber nicht jetzt, ich schaue ihn, aber nicht nahe; es tritt hervor ein Stern aus Jakob, und ein Zepter erhebt sich aus Israel und zerschlägt die Seiten Moabs und zerschmettert alle Söhne des Getümmels.« Vergleichen wir damit Ps. 2, 9: »Mit eisernem Zepter wirst du sie zerschmettern, wie ein Töpfergefäß sie zerschmeißen.«

Gott spricht von seinem Herrscherstab oder seinem Gesetzgeber (Ps. 60, 7; 108, 8) und verheißt, daß das Zepter der Gesetzeslosen zerbrochen wird, wie in Ps. 125, 3 und Jes. 14, 5. 6 geschrieben steht: »Das Zepter der Gesetzlosigkeit wird auf dem Lose der Gerechten nicht ruhen... Zerbrochen hat der Herr den Stab der Gesetzlosen, den Herrscherstab, welcher Völker schlug im Grimme mit Schlägen ohne Unterlaß, Nationen unterjochte im Zorn mit Verfolgung ohne Einhalt.«

In dem letzten Zeugnis ist es wichtig, auf die beiden Ausdrücke »ohne Unterlaß« und »ohne Einhalt« zu achten. Wohl straft Gott je und je seine Geschöpfe und züchtigt sie hart, aber zeitlich unbegrenzten Zorn, der über die Äonen hinausginge, kennt er nicht. Der Herr sei gepriesen für das köstliche »bis« in Jer. 23, 20 und anderen Stellen! (Vgl. Jes. 54, 7. 8; Offb. 15, 1; Ps. 30, 5; 103, 9; Mich. 7, 18b!)

Die Wichtigkeit des Zepters ersehen wir vielleicht am besten aus dem Buch Esther. Lesen wir nur drei Stellen nach: 4, 11; 5, 2 und 8, 4. Die Schrift sagt dort: »Alle Knechte des Königs und das Volk der Landschaften des Königs wissen, daß für einen jeden, Mann und Weib, der zu dem König in den inneren Hof hineingeht, ohne daß er gerufen wird, ein Gesetz gilt, nämlich daß er getötet werde, denjenigen ausgenommen, welchem der König das goldene Zepter entgegenreicht, daß er am Leben bleibe... Es geschah, als der König die Königin Esther im Hofe stehen sah, erlangte sie Gnade in seinen Augen; und der König reichte Esther das goldene Zepter entgegen, das in seiner Hand war, und Esther nahte herzu und rührte die Spitze des Zepters an... Der König reichte Esther das goldene Zepter entgegen. Da erhob sich Esther und stand vor dem König.«

Wohl uns, daß wir nicht um die Huld irgend eines irdischen Machthabers zu betteln und zu bangen brauchen, sondern daß uns Gott in Christo sein ganzes Herz entgegenneigt und eine solche Fülle von Gnade darreicht, wie sie die kühnsten Wünsche eines Geschöpfes nicht auszusinnen vermögen!

Gleichwie es für einen Unberufenen todeswürdige Sünde ist, einem Herrscher zu nahen, so wäre es für uns, die Berufenen, ein Unrecht, nicht all das zu glauben und zu bezeugen, was uns Gott aus Gnade zugeeignet und geschenkt hat. Es ist darum töricht und völlig zwecklos, über göttliche Wahrheiten zu streiten, da doch nur der Geist Gottes sie erschließt und offenbart. Was dem einen verborgen ist und darum von ihm nicht verstanden werden kann, ist dem andern anvertraut zum seligen Genuß und heiligen Dienst. Möchten wir auf der Stufe, auf der wir aus Gnaden stehen dürfen, treu erfunden werden!

ZUCHTMEISTER = GESETZ, ENGEL

In 1. Kor. 4, 15 stellt Paulus die Tätigkeit eines geistlichen Vaters dem Dienst der Zuchtmeister gegenüber. Dabei ist es von Bedeutung, daß er von zehntausend Zuchtmeistern redet. Zehntausend (griechisch: Myriade) ist eine ausgesprochene Zahl der Engel (Offb. 5, 11; 9, 16).

Daß dieser Zuchtmeisterdienst durch Engel vermittelst des Gesetzes geschieht, geht aus einer Reihe von Schriftzusammenhängen hervor. So sagt Gal. 3, 19. 24. 25: »Es (das Gesetz) wurde... angeordnet durch Engel... Also ist das Gesetz unser Zuchtmeister gewesen... Wir sind nicht mehr unter einem Zuchtmeister...«

Von großer Wichtigkeit ist in diesem Zusammenhang auch Kol. 2, 16—23. Der Apostel der Fülle spricht dort tadelnd von »Anbetung der Engel« oder »Engelsdienst«, welcher im Befolgen von Speiseverordnungen und andern Gesetzen besteht. »Was lasset ihr euch Satzungen aufbürden?« ruft er in heiliger Empörung aus (Vers 20). Denn durchs Gesetz wurde die bedingungslose Gnade Gottes auf den trügerischen, befleckten Boden menschlicher Leistung und Frömmigkeit gestellt und so entwertet.

Der in uns wohnende Geist ist nicht der Geist der Furcht. Wir brauchen Gottes Gnade und Wohlgefallen nicht zu verdienen, sondern dürfen in heiliger Freude ausrufen: »Abba, lieber Vater!« Haben wir es doch nicht mit einem finstern, drohenden Zuchtmeister, sondern mit einem liebenden Vater der Barmherzigkeit zu tun!

ZUNGE – SPRACHE, BEKENNTNIS, ZEUGNIS

»Die Zunge kann keiner der Menschen bändigen«, bezeugt Jakobus 3, 8 und nennt sie »ein unstetes Übel voll tödlichen Giftes.« Welch ein ernstes, schwerwiegendes Wort! Doch was der Mensch nicht kann, das vermag Gott in herrlicher Weise zu tun.

Wenn sein Geist einen Menschen erfaßt und erfüllt, dann vermag dieser mit »neuen Zungen« zu reden (Apg. 2, 4), und dann wird aus der »Geißel der Zunge« (Hiob 5, 21) eine frohlockende Zunge (Apg. 2, 26!).

Glückselig der, dessen »Zunge voll Jubels« (Ps. 126, 2) und »der Griffel eines fertigen Schreibers« ist (Ps. 45, 1)! »Die Zunge des Gerechten ist auserlesenes Silber« (Spr. 10, 20), d. h. sie verkündigt Versöhnung und Erlösung, und »die Zunge der Weisen ist Heilung« (Spr. 12, 18).

»Lindigkeit der Zunge ist ein Baum des Lebens, aber Verkehrtheit in ihr ist eine Verwundung des Geistes«, lehrt Spr. 15,4. Wieviel Verwundung des Geistes gibt es doch auch unter den Gläubigen! Fürwahr, »Tod und Leben stehen in der Gewalt der Zunge, und wer sie liebt, wird ihre Frucht essen« (Spr. 18, 21)!

Laßt uns aus den mancherlei köstlichen Verheißungen, die hinsichtlich der Zunge gegeben sind, nur einige herausgreifen!

In Jes. 32, 4 lesen wir: »Die Zunge der Stammelnden wird fertig und deutlich reden«, und Jes. 35, 6 sagt von den Zuständen im messianischen Königreich: »Aufjauchzen wird die Zunge der Stummen!«

Von einem heiligen Gottesschwur berichtet Jes. 45, 23: »Ich habe bei mir selbst geschworen, aus meinem Mund ist ein Wort in Gerechtigkeit hervorgegangen, und es wird nicht rückgängig werden, daß ... jede Zunge mir schwören (bekennen, lobpreisen) wird.«

Phil. 2, 9—11 zeigt uns die Erhöhungsstufen Christi, die die Folgen seiner siebenstufigen Selbsterniedrigung von Vers 6—8 sind. Der 11. Vers lautet: »... jede Zunge (nämlich der Himmlischen, der Irdischen und der Unterirdischen) bekenne (preise, frohlocke), daß Jesus Christus Herr ist, zur Verherrlichung Gottes, des Vaters.«

ZWEIG, SPROSS, ZEMACH = LEBEN AUS DEM TODE

Es hat Gott wohlgefallen, aus dem schlechtesten aller Völker (Hes. 16, 47) seinen Sohn dem Fleische nach geboren werden zu lassen. Darum wird Christus, wie wir sahen, als »Wurzelsproß aus dürrem Erdreich« bezeichnet (Jes. 53, 2), ein Schößling aus den Wurzeln des Stumpfes Isais (Jes. 11, 1). Er ist der Sproß der Gerechtigkeit, der Recht und Gerechtigkeit üben wird im Lande (Jer. 33, 15).

Viermal wird Christus Sproß oder Zemach genannt, und zwar wird er dargestellt

1. als König (Jer. 23, 5) entsprechend dem Matthäusevangelium, in dem der Herr als König geschildert wird;
2. als Knecht (Sach. 3, 8) entsprechend dem Markusevangelium, das Christus als Knecht zeichnet;
3. als Mann oder Mensch (Sach. 6, 12) entsprechend dem Lukasevangelium, wo wir Jesus als Menschensohn und Weltheiland finden, und
4. als Herr oder Gott (Jes. 4, 2: Sproß des Herrn oder Sproß Herr) entsprechend dem Johannisevangelium, das den Herrn Jesus den »Logos« und Gottessohn nennt.

Nur zwei unscheinbare Verheißungen über den Sproß oder Schößling seien hier angeführt: Jes. 11, 10 und 1. Mose 49, 22. Die erste Schriftstelle lautet: »Der Wurzelsproß (Zemach) steht da als Panier der Völker; nach ihm werden die Nationen fragen, und seine Ruhestätte wird Herrlichkeit sein.« Wie wird es sein, wenn dereinst die Nationen, die bis jetzt den Sohn Gottes verwerfen, nach ihm fragen werden!

1. Mose 49, 22 spricht von Joseph, einem der erhabensten und reinsten Vorbilder Christi. Es heißt von ihm, daß seine Schößlinge über die Mauer treiben. So werden die Segenswirkungen und Lebensmitteilungen des Herrn jede Mauer der Scheidung, jeden Zaun der Trennung und jeden Damm der Verdammnis überbrücken, bis daß der Sohn Gottes das Wohlgefallen seines Vaters glücklich zum Ziel gebracht haben wird (Jes. 53, 10).

Wie wunderbar, daß Gott aus dem verworfenen Fluchvolk, diesem dürren Holz am Menschheitsbaum (Luk. 23, 31), den verheißenen Lebenssproß der Schöpfung, den Zemach als Erstling und Anbruch einer neuen Kreatur, erstehen ließ! Fürwahr, unser Vater in Christo Jesu wirkt Leben aus Toten (Röm. 11, 15)!

Weitere Bücher aus dem Paulus-Verlag:

Karl Geyer: **Ich bin gewiß!**

Der Weg zur Heilsgewißheit. Ein schlichtes, klares biblisches Zeugnis, das in die Tiefe der Selbsterkenntnis und auf die Höhe der geschenkten Heilsgewißheit führt. (95 Seiten, DM 11.80, PPWW 23)

Heinz Schumacher: **Die Lehre der Bibel**

Im Rahmen der Heilsgeschichte dargestellt. In Kürze führt Heinz Schumacher durch das Heils- und Schöpfungsgeschehen der Schrift. Von »vor Grundlegung der Welt« bis zur »Weltvollendung« sind alle wesentlichen Stationen angeführt. (144 Seiten, DM 14,80, PPWW 6)

Dr. Paul Müller: **Unser Leben im Licht der Liebe Gottes**

Im Mittelpunkt dieses reichhaltigen Buches stehen die Auslegungen dreier hervorragender Kapitel des Apostels Paulus:

- Das Hohelied des Christenglaubens (Röm. 8);
- das Hohelied der Christenhoffnung (1. Kor. 15);
- das Hohelied der Liebe (1. Kor. 13).

Mit Lebensbild des Verfassers. (120 Seiten, DM 12.80, PPWW 25)

Die Namen der Bibel und ihre Bedeutung im Deutschen

Nach Deutungen von Th. Burgstahler und G. Kahn und unter Vergleich von Wörterbüchern und älteren Namensbüchern herausgegeben von Heinz Schumacher. (224 Seiten, DM 19,80)

»Eine Einleitung von 20 Seiten zeigt den Sinn des Namens sowie die Bildung der biblischen Namen. Dann folgt ein geradezu erschöpfendes Wörterbuch, das jeden biblischen Namen verdeutscht und aus dem Hebräischen oder Griechischen ableitet, dazu die Fundstelle angibt. Eine sehr hilfreiche Schrift, die alles Nötige gibt, was der Fragende wissen möchte und sollte.«

Friso Melzer in »Muttersprache«